BRUTALISMO

BRUTALISMO
título original: *Brutalisme*
Achille Mbembe

© Achille Mbembe, 2020
© n-1 edições, 2021
ISBN 978-65-81097-27-1

Embora adote a maioria dos usos editoriais do âmbito brasileiro, a n-1 edições não segue necessariamente as convenções das instituições normativas, pois considera a edição um trabalho de criação que deve interagir com a pluralidade de linguagens e a especificidade de cada obra publicada.

COORDENAÇÃO EDITORIAL Peter Pál Pelbart e Ricardo Muniz Fernandes
DIREÇÃO DE ARTE Ricardo Muniz Fernandes
TRADUÇÃO Sebastião Nascimento
ASSISTÊNCIA EDITORIAL Inês Mendonça
PREPARAÇÃO Flavio Taam
REVISÃO Renier Silva
EDIÇÃO EM LATEX Paulo Henrique Pompermaier
CAPA E PROJETO GRÁFICO Érico Peretta
IMAGEM DA CAPA istockphoto

A reprodução parcial deste livro sem fins lucrativos, para uso privado ou coletivo, em qualquer meio impresso ou eletrônico, está autorizada, desde que citada a fonte. Se for necessária a reprodução na íntegra, solicita-se entrar em contato com os editores.

AMBASSADE
DE FRANCE
AU BRÉSIL
Liberté
Égalité
Fraternité

Cet ouvrage a bénéficié du soutien des Programmes d'aides à la publication de l'Institut Français. | Este livro contou com o apoio à publicação do Institut Français.

2ª edição | 1º reimpressão | Outubro, 2023
n-1edicoes.org

BRUTALISMO
Achille Mbembe

tradução **Sebastião Nascimento**

n-1
edições

Aos meus três países, e em partes iguais.

11 PREÂMBULO

23 INTRODUÇÃO
A combustão do mundo
O *pharmakon* da Terra

Capítulo 1
37 A dominação universal
A cadeia de gestos
Punções
Distúrbios da identidade

Capítulo 2
65 Fraturação
O corpo da Terra
Escalada
Fronteirização
Clausura e expurgo

Capítulo 3
87 Animismo e visceralidade
A vida demoníaca
A zona obscura
Misérias do nosso tempo
Anti-identidade

Capítulo 4
113 Virilismo
Abalo dos sentidos
O *phallos*
Sociedades onanistas e pulsão ejaculatória
Pânico genital

Capítulo 5
143 Corpos-fronteiras
Pessoas "em demasia"
Matemáticas populacionais
Neomalthusianismo

Capítulo 6
165 Circulações
A humanidade enjaulada
Sedentarização a fórceps
Encravamento
Contração do mundo

Capítulo 7
187 A comunidade dos cativos
Desejo de se iludir
Partir
Saliências
Metafísicas do "lugar de onde se vem"
O movimento imóvel

Capítulo 8
217 Humanidade potencial e política do vivente
Paganismo e idolatria
Diferença e apocalipse
Grilhão de dívidas
Perda de mundo
A capacidade de verdade

251 CONCLUSÃO

PREÂM-BULO

Tomo o conceito de brutalismo de empréstimo ao pensamento arquitetônico.[1] Em minha mente, porém, trata-se de uma categoria eminentemente política. Como poderia ser de outra forma, se existe uma dimensão da própria arquitetura que é, desde o início, política – a política de materiais que, inertes ou não, são por vezes considerados indestrutíveis? Por outro lado, o que é o político senão uma apreensão de elementos de toda ordem aos quais se tenta dar forma, se necessário pela força, um exercício de torção e remodelação por excelência?

Além disso, a arquitetura é uma forma de política na medida em que inevitavelmente desencadeia uma tensão – ou, se assim preferirem, uma distribuição do fator força entre atos de demolição e de construção –, muitas vezes com base no que se poderia chamar de blocos elementares. A política é, por sua vez, uma prática instrumental, um trabalho de montagem, organização, modelagem e redistribuição, inclusive espacialmente, de conjuntos

---

1. A respeito do movimento brutalista, ler especialmente Reyner Banham, *The New Brutalism: Ethic or Aesthetic?* London: Architectural Press, 1966. Ver também Alexander Clement, *Brutalism: Post-War British Architecture.* Ramsbury: Crowood Press, 2011. No que se refere ao resgate do conceito no campo da música e em particular na música eletroacústica, ver Mo H. Zareei, Dugal McKinnon, Dale A. Carnegie & Ajay Kapur, "Sound-based Brutalism: An Emergent Aesthetic", *Style and Genre in Electroacoustic Music* 21 (Special Issue 1), 2006: 51-60.

corpóreos vivos, mas essencialmente imateriais. E é no ponto em que a imaterialidade, a corporeidade e os materiais se encontram que se deve situar o brutalismo.[2]

Situadas ambas no ponto de articulação entre os materiais, a corporeidade e o imaterial, a arquitetura e a política não pertencem apenas ao mundo dos símbolos e da linguagem. Elas também são constitutivas do mundo técnico, do mundo dos objetos e corpos e, sobretudo, dos recortes, do que precisa ser aparado, atenuado e moldado, forjado e erguido, em suma, verticalizado e, com isso, recolocado em movimento. Seu ponto de intervenção é a zona material como região da matéria viva, cruzamento incandescente de múltiplas intensidades do qual o bruto, sob a figura do fogo, do concreto, do chumbo ou do aço, é o manancial, que já de saída dispensa as velhas oposições entre o mundo do espírito e da alma, de um lado, e o mundo dos objetos, do outro. É esse elemento bruto que é submetido aos processos metamórficos de estampagem e trituração, de pilhagem, de incisão, de dissecção e, se necessário, de mutilação.

Arquitetura e política são, portanto, uma questão de disposição adequada de materiais e corpos, uma questão de quantidades, volumes, escalas e medidas, de distribuição e modulação da força e da energia. Alçar o vertical a posição privilegiada é um dos traços concretos do brutalismo, quer se aplique a corpos ou a materiais. Mas ambas são acima de tudo uma questão de trabalho com, contra, sobre, por cima e através de elementos.

---

2. "Corporeidade", neste caso, não se refere apenas ao que há de maciço no corpo e em tudo o que objetivamente o compõe (a pele e suas cores, os órgãos tomados individualmente, os ossos que lhe conferem a estrutura, o sangue que circula nas veias, os nervos, o sistema piloso que o recobre como a vegetação, os micróbios que povoam a sua fauna, a água sem a qual ele sucumbiria à aridez etc.). A corporeidade também se refere ao modo como o corpo é objeto de percepção, ou seja, como é criado e recriado pelo olhar, pela sociedade, pela tecnologia, pela economia ou pelo poder; o modo como se posiciona em relação a tudo o que o cerca ou que se move e cria um mundo ao seu redor.

Neste ensaio, invoco a noção de brutalismo para descrever uma época dominada pelo *páthos* da demolição e da produção, numa escala planetária, de reservas de obscuridade. E de dejetos de todo tipo, restos, resquícios de uma gigantesca demiurgia. Não trataremos de fazer a sociologia ou a economia política da brutalização, muito menos de traçar-lhe um quadro histórico. Tampouco abordaremos a violência em geral ou as formas de crueldade e sadismo geradas pela tirania. Tomando como ponto de partida a extraordinária riqueza de material socioetnográfico atualmente disponível (que é referido amplamente nas notas), o objetivo é realizar *cortes* que nos permitam desenhar um *afresco*, fazer as perguntas de maneira diferente e, acima de tudo, dizer uma palavra sobre o que define esta época, à qual muitos nomes foram agregados e que é dominada por três questões centrais: o cálculo em sua forma computacional, a economia em sua forma neurobiológica e a matéria viva à mercê de um processo de carbonização.[3]

No centro dessas três indagações está a questão da transformação dos corpos humanos e, de maneira geral, do futuro das "populações" e da mutação tecnológica das espécies, humanas ou não. Mas as lesões e feridas causadas por esses deslocamentos não são acidentes ou meros danos colaterais. Se de fato a humanidade se tornou uma força geológica, então não se pode mais falar de história como tal. Toda história agora é, por definição, geo-história, inclusive a história do poder. Por brutalismo, refiro-me ao processo pelo qual o poder como força geomórfica

---

3. Para a vertente euro-americana desses debates, ler William E. Scheuerman, "Hermann Heller and the European Crisis: Authoritarian Liberalism Redux?", *European Law Journal* 21, n. 3, 2015; Michael A. Wilkinson, "Authoritarian Liberalism in the European Constitutional Imagination: Second Time as Farce?", *European Law Journal* 21, n. 3, 2015; Wendy Brown, "Sacrificial Citizenship: Neoliberalism, Human Capital, and Austerity Politics", *Constellations* 23, n. 1, 2016; Paul Stubbs e Noemi Lendvai-Bainton, "Authoritarian Neoliberalism, Radical Conservatism and Social Policy within the European Union: Croatia, Hungary and Poland", *Development and Change*, 10 dez. 2019: <https://doi.org/10.1111/dech.12565>.

agora se constitui, se expressa, se reconfigura, atua e se reproduz por *fraturamento* e *fissuração*. Também tenho em mente a dimensão molecular e química desses processos. A toxicidade, isto é, a multiplicação de substâncias químicas e resíduos perigosos, não constitui afinal uma dimensão estrutural do presente? Essas substâncias e resíduos (incluindo resíduos eletrônicos) não só atingem a natureza e o meio ambiente (ar, solo, água, cadeias alimentares), mas também os corpos assim expostos ao chumbo, ao fósforo, ao mercúrio, ao berílio e aos agentes de refrigeração.

Por meio das técnicas políticas de fraturamento e fissuração, o poder recria não apenas o humano, mas também outras espécies, efetivamente. O material que ele tenta (re)moldar ou transformar em novas espécies é tratado de maneira similar à que se utiliza quando se lida com rochas e xistos a serem dinamitados para extrair gás e energia. Vista sob essa luz, a função dos poderes contemporâneos é, portanto, mais do que nunca, possibilitar a extração,[4] o que exige uma intensificação da repressão. Disso faz parte a perfuração de corpos e mentes. Tendo o estado de exceção se tornado a norma, e o estado de emergência, permanente, trata-se de fazer pleno uso da lei com o intuito de multiplicar os estados de não direito e de desmantelar todas as formas de resistência.

Às lógicas de fraturamento e fissuração convém acrescentar também as do esgotamento e da depleção. Uma vez mais, fraturamento, fissuração e depleção não se referem apenas aos recursos, mas também aos corpos vivos expostos ao esgotamento físico e aos mais variados tipos de riscos biológicos, não raro invisíveis (intoxicações agudas, cânceres, anomalias congênitas, distúrbios neurológicos, alterações hormonais). Reduzida a uma fina camada e a uma superfície, é a totalidade da matéria viva que está sujeita a ameaças sísmicas. A dialética da demolição e da "criação

---

4. Claudia Aradau e Martina Tazzioli, "Biopolitics Multiple: Migration, Extraction, Subtraction", *Millennium*, 19 dez. 2019: <*https://doi.org/10.1177/0305829819889139*>.

destrutiva", na medida em que tem por alvo os corpos, os nervos, o sangue e o cérebro dos humanos, assim como as entranhas do tempo e da Terra, está no cerne dos reflexos que se seguem.[5] Brutalismo é o nome dado a esse gigantesco processo de despejo e evacuação, mas também de descarga dos recipientes e de esvaziamento das substâncias orgânicas.[6]

Por intermédio desse nome, tentamos delinear o que se poderia chamar de uma *imagem-pensamento*. Procuramos pintar os contornos de um *cenário matricial* ou, pelo menos, de um fundo do qual se desprende uma miríade de situações, de histórias, de atores. Quaisquer que sejam essas diferenças e a despeito das identidades particulares, fraturamento e fissuração, esvaziamento e depleção obedecem, no entanto, a um mesmo código mestre: a universalização da condição negra, o devir-negro de uma enorme parcela de uma humanidade atualmente confrontada com perdas excessivas e com uma profunda síndrome de esgotamento das suas capacidades orgânicas.[7]

Essa questão das reservas de obscuridade e, consequentemente, das figuras do tempo e das figuras do poder tem me assombrado desde pelo menos o último quartel do século xx.[8] Em minha reflexão, ela sempre andou de mãos dadas com o questionamento a respeito daquilo que nos tornamos, daquilo que poderíamos ter realizado e que poderíamos ter sido, a África, o planeta, a humanidade

---

5. Para outras abordagens, ver Martijn Konings, *Capital and Time: For a New Critique of Neoliberal Reason*. Stanford: Stanford University Press, 2018; Adriano Cozzolino, "Reconfiguring the State: Executive Powers, Emergency Legislation and Neoliberalization in Italy", *Globalizations* 16, n. 3, 2019: 336-352.

6. Susanne Soederberg, "Evictions: A Global Capitalist Phenomenon", *Development & Change*, 2 fev. 2018: <https://doi.org/10.111/dech.12383>.

7. Achille Mbembe, *Crítica da Razão Negra*. Trad. Sebastião Nascimento. São Paulo: n-1 edições, 2017.

8. *Id.*, *De la postcolonie. Essai sur l'imagination politique dans l'Afrique contemporaine*. Paris: Karthala, 2000; reeditado por Paris: La Découverte, 2020.

e, de modo mais geral, os seres vivos.[9] Longe de nos abrirmos para a melancolia, a questão era lançarmos as bases para uma crítica das relações entre memória, potencialidade e "futuridade".

Era uma questão de compreender por que tudo o que circula, tudo o que passa, a começar pelo tempo que corre, continuava sendo questão primordial para todo e qualquer poder. Todo poder almeja efetivamente, se não se tornar o próprio tempo, ao menos anexar e colonizar suas propriedades intrínsecas. Em sua abstração, não é traço ínsito ao tempo ser inesgotável, objetivamente incalculável e, acima de tudo o mais, inapropriável? Além de tudo, ele é indestrutível. E talvez seja essa última propriedade, a indestrutibilidade, que fascine o poder em última instância. É por isso que, em sua essência, todo poder aspira a fazer-se tempo ou, pelo menos, a ingerir suas qualidades. Ao mesmo tempo, o poder é de ponta a ponta uma técnica de instrumentação e de construção. Ele precisa de cal, concreto, cimento, argamassa, vigas, brita, chumbo, aço – e corpos feitos de osso, carne, sangue, músculos e nervos. Demolir é, de fato, uma tarefa gigantesca.

As práticas de demolição, quebra, apedrejamento, pilhagem e esmagamento estão no cerne do brutalismo em sua acepção política. Elas não são o exato equivalente da devoração, da autofagia ou do canibalismo (independente da definição que se dê a esses termos) que se tinha o costume de identificar com as sociedades antigas ou primitivas.[10] Impelidas tanto por máquinas antigas quanto pelas mais avançadas tecnologias computacionais, elas são profundamente futuristas e terão um impacto singular sobre

---

9. *Ibid.*

10. Ver Anselm Jappe, *La Société autophage. Capitalisme, démesure et autodestruction.* Paris: La Découverte, 2017. Para uma interpretação catabólica dessas práticas, ler Joseph Tonda, *Le Souverain moderne. Le corps du pouvoir en Afrique centrale, Congo et Gabon.* Paris: Karthala, 2005, e também *L'Impérialisme postcolonial. Critique de la société des éblouissements.* Paris: Karthala, 2015.

o futuro da Terra. Elas têm uma dimensão a um só tempo geológica, molecular e neurológica.

Percebi isso somente no momento de escrever este livro: parte de minhas reflexões desde o último quartel do século xx versava sobre a prática e a experiência do poder enquanto exercício de demolição dos seres, das coisas, dos sonhos e da vida no contexto africano moderno. Ficara impressionado com a quantidade de energia dedicada, especialmente na base da escala social, aos intermináveis atos de remendagem, quando não de reparação, daquilo que havia sido quebrado, despedaçado ou simplesmente engolido pela ferrugem, deixado em um estado de prolongado abandono.

Demorei a perceber que muitas das práticas de demolição não eram produto do acaso. Em muitos casos, estávamos diante de formas de regulação da vida que funcionavam com base na multiplicação de situações aparentemente intoleráveis, por vezes absurdas e inextricáveis, não raro insuportáveis. Isso porque esses contextos eram regidos pela lei da impossibilidade e da demolição.[11] O que de início me pareceu um traço específico do que eu havia chamado de pós-colônia começou a perder sua singularidade, à medida que meu trabalho passava por múltiplas reapropriações nos mais diversos contextos. Percebi que se tratava de uma trama cuja escala era muito maior que o continente africano. A bem da verdade, este nada mais era além de um laboratório de mutações de alcance global.[12] Desde então, é com a reflexão sobre essa inflexão

---

11. Ler Achille Mbembe, "Désordres, résistances et productivité", *Politique africaine* 42, 1991: 2-8; "Pouvoir, violence et accumulation", *Politique africaine* 39, 1990: 7-34; "Prosaics of Servitude and Authoritarian Civilities", *Public Culture* 5, n. 1, 1992; "Du gouvernement privé indirect", *Politique africaine* 73, 1999: 103-121; "Necropolitics", *Public Culture* 15, n. 1, 2003: 11-40 [*Necropolítica: biopoder, soberania, estado de exceção, política da morte*. Trad. Renata Santini. São Paulo: n-1 edições, 2018]; "Essai sur le politique en tant que forme de la dépense", *Cahiers d'études africaines* 173-174, 2004: 151-192.

12. Achille Mbembe, *Crítica da Razão Negra*. Trad. Sebastião Nascimento. São Paulo: n-1 edições, 2017; *Políticas da inimizade*. Trad. Sebastião Nascimento. São Paulo: n-1 edições, 2020.

global do condão africano e sobre seu correlato, o devir-africano do mundo, que, conjuntamente com outros, venho trabalhando.[13]

O momento, de fato, é de forja e martelo, de brasa e bigorna, e o ferreiro talvez seja o derradeiro avatar dos grandes sujeitos históricos. Um vasto empreendimento de ocupação territorial, de domínio sobre os corpos e os imaginários, de desmontagem, dissociação e demolição está em curso.[14] Ele conduz, praticamente em toda parte, a "estados de emergência" ou "estados de exceção", que logo se estendem e se tornam permanentes.[15] As modalidades contemporâneas de demolição se cristalizam, enquanto as clássicas dicotomias forma/matéria, matéria/material, material/imaterial, natural/artificial e fim/meio são profundamente questionadas. A lógica das oposições foi substituída pela das permutações, convergências e conversões múltiplas. Não há mais nenhuma matéria intrinsecamente disponível e dócil. Ela existe apenas coconstituída a partir de uma heterogeneidade de matrizes e conexões.

Está em curso uma inegável mudança de época, mas também de condição, engendrada pelas transformações da biosfera e da tecnosfera. Esse processo, que tem desencadeado tremores sem precedentes, é global. Seu objetivo é precipitar a mutação da espécie humana e acelerar-lhe a passagem para uma nova condição, ao mesmo tempo plástica e sintética e, consequentemente, maleável e extensível. Para organizar a passagem para uma nova dispensação terrestre (um novo *nomos* da Terra), é realmente

---

13. Felwine Sarr, *Habiter le monde. Essai de politique relationnelle*. Montréal: Mémoire d'encrier, 2018; Achille Mbembe e Felwine Sarr (orgs.), *Politique des Temps*. Paris: Philippe Rey/Jimsaan, 2019.

14. Ler Adi Ophir, Michal Givoni e Sari Hanafi, *The Power of Inclusive Exclusion: Anatomy of Israeli Rule in the Occupied Palestinian Territories*. New York: Zone Books, 2009; John Reynolds, "Repressive Inclusion", *Journal of Legal Pluralism and Unofficial Law* 49, n. 3, 2017: 268-293.

15. Haley Duschinski e Shrimoyee Nandini Ghosh, "Constituting the Occupation: Preventive Detention and Permanent Emergency in Kashmir", *Journal of Legal Pluralism and Unofficial Law* 49, n. 3, 2017: 314-337.

necessário, se não abolir a sociedade, ao menos esculpi-la e, eventualmente, substituí-la por um nanomundo, o dos dispositivos celulares, neuronais e computacionais. Mundo de tecidos plásticos e de sangue sintético, ele será povoado por corpos e entidades meio naturais e meio artificiais.[16] É preciso, num gesto final de hibridização da matéria e do espírito, repatriar o humano de volta ao ponto de junção do material, do imaterial e do incorpóreo, apagando de uma vez por todas os resquícios de barro inscritos na testa e na face da humanidade desde que a Terra a acolheu em sua superfície e em suas entranhas.

A transformação da humanidade em matéria e energia é o projeto final do brutalismo. Neste ensaio, a atenção incide singularmente sobre a monumentalidade e o gigantismo desse projeto. É um vasto empreendimento, pois não é apenas a arquitetura do mundo que terá de ser remodelada, mas o tecido da própria vida e suas diversas membranas. Como se verá, as reflexões contidas neste ensaio não são outra coisa senão um longo argumento a favor de uma nova consciência planetária e da refundação de uma comunidade de seres humanos em solidariedade com todos os seres vivos. O pertencimento a um terreno comum, tangível, palpável e visível não ocorrerá, porém, sem luta. Como pressentiu Frantz Fanon, porém, a autêntica luta é em sua primazia uma questão de reparação, a começar pela reparação daquilo que se quebrou.

* * *

16. Julie Kent e Darian Meacham, "'Synthetic blood': Entangling Politics and Biology", *Body & Society*, 14 jan. 2019, *<https://doi.org/10.1177/1357034X18822076>*.

Se esse argumento em favor de uma nova política da reparação tem algum mérito que seja, devo-o à solicitude de incontáveis amigas, amigos e instituições, a começar pelo Witwatersrand Institute for Social and Economic Research (WISER) em Joanesburgo, onde tenho desfrutado, desde 2001, de extraordinária liberdade e de condições de trabalho incomparáveis. Expresso minha gratidão à diretora do Instituto, a professora Sarah Nuttall, e aos meus colegas Keith Breckenridge, Isabel Hoffmeyr, Sherine Hassim, Pamila Gupta, Jonathan Klaaren, Hlonipha Mokoena, Richard Rottenburg, Adila Deshmukh e Najibha Deshmukh.

As Ateliers de la pensée [Oficinas do Pensamento] de Dakar têm sido um verdadeiro laboratório, local de um contínuo diálogo com Felwine Sarr, Elsa Dorlin, Nadia Yala Kisukidi, Françoise Vergès, Abdurahmane Seck e Bado Ndoye. Fui agraciado com a hospitalidade de muitas instituições e de muitos círculos estrangeiros. Foi esse o caso, em especial, do Jakob-Fugger Zentrum da Universidade de Augsburg (Alemanha), da cátedra Albertus Magnus da Universidade de Colônia, do Institut d'analyse du changement dans l'histoire et les sociétés contemporaines [Instituto de Análise da Mudança na História e nas Sociedades Contemporâneas] da Universidade Católica de Louvain (Bélgica), da Litteraturhuset, em Oslo (Noruega), do Franklin Humanities Institute da Duke University (Estados Unidos), do Whitney Humanities Center da Yale University (Estados Unidos), da Gerda Henkel Stiftung, em Düsseldorf, e do Ernst Bloch-Zentrum, em Mannheim (Alemanha), do Thalia Theater, em Hamburgo, do Düsseldorfer Schauspielhaus, da Maison du Banquet et des générations, em Lagrasse, do laboratório LLCP (Les logiques contemporaines de la philosophie [As lógicas contemporâneas da filosofia]) e do UMR LEGS (Laboratoire en études de genre et de sexualité [Laboratório em Estudos de Gênero e Sexualidade]) da

Universidade de Paris 8-Vincennes, em Saint-Denis, e do Forum Philo Le Monde Le Mans, da Universidade de Le Mans (França).

Como no passado, pude contar com a amizade fiel e o apoio inabalável de David Goldberg, Paul Gilroy, Jean e John Comaroff, Charlie Piot, Ian Baucom e Éric Fassin. A editora La Découverte, Stéphanie Chevrier, Pascale Iltis, Delphine Ribouchon e Bruno Auerbach me proporcionaram um grande incentivo.

Fragmentos de capítulos foram publicados sob diversos formatos em *Le Débat*, *Esprit*, *Le Monde* e AOC.

INTRO-
DUÇÃO

Podemos agir como se a aceleração tecnológica e a transição para uma civilização computacional representassem o novo caminho para a salvação.[1] Tudo acontece como se, na verdade, a curta história da humanidade na Terra já estivesse esgotada. O próprio tempo teria perdido toda a potencialidade. Com o sistema da natureza ora descontrolado, restaria apenas contemplar o fim do mundo. Por conseguinte, a tarefa do pensamento consistiria apenas em prenunciá-lo, daí o atual aumento do poder dos mais variados tipos de narrativa escatológica e do discurso da colapsologia.[2]

A combustão do mundo

É provável que isso domine efetivamente as décadas por vir, e já se dissemina contra um pano de fundo de múltiplas ansiedades. Por um lado, os reflexos predatórios que marcaram as fases iniciais do desenvolvimento do capitalismo por toda parte estão se tornando mais agudos, à medida que a máquina se liberta de todo tipo de ancoragem e arbitragem e se apodera dos seres vivos

---

1. Um exemplo desse tecno-otimismo é Christopher J. Preston, *The Synthetic Age: Outdesigning Evolution, Resurrecting Species, and Reengineering our World*. Cambridge: MIT Press, 2018.
2. Mabel Gergan, Sara Smith e Pavithra Vasudevan, "Earth Beyond Repair: Race and Apocalypse in Collective Imagination", *Environment and Planning D: Society and Space*, 7 fev. 2018: <*https://doi.org/10.1177/0263775818756079*>.

como matéria-prima;[3] por outro, do ponto de vista da produção de sinais que dialogam com o futuro, seguimos andando em círculos. No Norte, em particular, as antigas pulsões imperialistas agora se conjugam com a nostalgia e a melancolia.[4] Isso porque, acometido de fadiga moral e tomado pelo tédio, o centro se vê hoje irremediavelmente consumido por um desejo exacerbado de fronteiras e pelo medo do colapso, daí os mal-disfarçados clamores não mais à conquista propriamente dita, mas à secessão.[5]

Se a propensão é para nos retrairmos e nos fecharmos, é em parte porque não acreditamos mais no futuro.[6] Tendo o tempo explodido e tendo a duração sido evacuada, a única coisa que conta agora é a urgência.[7] A Terra estaria contaminada de vez.[8] Não se espera mais nada a não ser o próprio fim. Além disso, a vida no limiar dos extremos está se tornando a norma, nossa condição comum. A concentração de capital em poucas mãos nunca atingiu níveis tão altos como hoje.[9] Em escala mundial, uma plutocracia devoradora nunca deixou de atuar aqui e alhures

---

3. Shoshana Zuboff, *The Age of Surveillance Capitalism: The Fight for a Human Future at the New Frontier of Power*. Cambridge: Harvard University Press, 2018.

4. Paul Gilroy, *Postcolonial Melancholia*. New York: Columbia University Press, 2006.

5. Luiza Bialasiewicz, "Off-shoring and out-sourcing the borders of Europe: Libya and EU border work in the Mediterranean", *Geopolitics* 17, n. 4, 2012: 843-866. Ler também Laia Soto Bermant, "The Mediterranean Question: Europe and Its Predicament in the Southern Peripheries", in Nicholas De Genova, *The Borders of Europe*. Durham: Duke University Press, 2017.

6. Para uma tentativa de reproblematização do futuro para além da ideologia do progresso, ver Arjun Appadurai, *Condition de l'homme global*. Paris: Payot, 2013. Ler, além disso, o dossiê "The Futures Industry", *Paradoxa* 27, s.d. A respeito das relações entre o futuro e as fronteiras da vida, ver Juan Francisco Salazar, "Microbial Geographies at the Extremes of Life", *Environmental Humanities* 9, n. 2, 2017: 398-417.

7. Amanda H. Lynch e Siri Veland, *Urgency in the Anthropocene*. Cambridge: MIT Press, 2018.

8. Francois Jarrige e Thomas Le Roux, *La Contamination du monde. Une histoire des pollutions à l'âge industriel*. Paris: Seuil, 2017.

9. Ver Ian G. R. Shaw e Marv Waterstone, *Wageless Life: A Manifesto for a Future beyond Capitalism*. Minneapolis: University of Minnesota Press, 2019.

para capturar e sequestrar os bens da humanidade e, em breve, a totalidade dos recursos da vida.[10]

Ao mesmo tempo, camadas inteiras da sociedade enfrentam o risco cada vez maior de uma desclassificação vertiginosa.[11] Há não muito tempo, elas tinham a possibilidade de mudar de status e experimentar uma mobilidade ascendente. Agora, com a corrida ladeira abaixo, estão condenadas a lutar para reter e talvez assegurar o pouco que lhes resta. Em vez de atribuir a culpa por seus revezes ao sistema que os provoca, elas imputam, no entanto, a ameaça de pauperização que enfrentam a outros ainda mais infelizes que elas, já lesados em sua existência material, e exigem mais brutalidade contra aquelas e aqueles que foram despojados de quase tudo.[12]

O desejo de violência e de endogamia e o crescimento das ansiedades ocorrem num contexto de conscientização – muito mais acentuada do que antes – da nossa finitude espacial. De fato, a Terra está em constante contração. Como um sistema finito em si mesmo, atingiu seus limites. A distinção entre a vida e a não vida é ainda mais reveladora. Um corpo vivo só existe em relação com a biosfera, da qual ele é um componente integral. A biosfera não é apenas uma realidade física, orgânica, geológica, vegetal ou atmosférica. Como muitos cientistas estão redescobrindo, ela também é tecida pelo fio de realidades numenais, aquelas que estão na origem do sentido existencial.[13] Alguns viveram

---

10. Ver Aeron Davis, "Top CEOs, Financialization and the Creation of the Super-Rich Economy", *Cultural Politics* 15, n. 1, 2019. Ver também Iain Hay e Samantha Muller, "That Tiny Stratospheric Apex that Owns Most of the World", *Geographical Research* 50, n. 1, 2012: 75-88. Ler Melinda E. Cooper, *Life as Surplus: Biotechnology and Capitalism in the Neoliberal Era*. Seattle: University of Washington Press, 2008.
11. Saskia Sassen, *Expulsões. Brutalidade e complexidade na economia global*. Trad. Angélica Freitas. São Paulo: Paz e Terra, 2016.
12. Ler James Tyner, *Dead Labor: Toward a Political Economy of Premature Death*. Minneapolis: University of Minnesota Press, 2019.
13. Ver Stefan Helmreich, *Sounding the Limits of Life: Essays in the Anthropology of Biology and Beyond*. Princeton: Princeton University Press, 2016; Istvan Praet e Juan

essa experiência dos limites antes de outros. Para muitas regiões do Sul, na verdade, *recriar a vida a partir do invivível* tem sido a condição reinante ao longo de séculos.[14] A novidade é que agora compartilhamos essa provação com muitos outros, a quem nenhum muro, nenhuma fronteira, nenhuma bolha e nenhum enclave serão capazes de proteger no futuro.

A experiência da combustão do mundo e da oscilação para os extremos não é observada apenas no esgotamento vertiginoso dos recursos naturais, dos combustíveis fósseis ou dos metais que sustentam a infraestrutura material das nossas existências.[15] Ela também se manifesta de uma forma tóxica na água que bebemos,[16] no alimento que consumimos, na tecnosfera,[17] até mesmo no ar que respiramos.[18] Ela está em ação nas transformações sofridas pela biosfera, como atestam fenômenos como a acidificação dos oceanos, a elevação do nível das águas, a destruição de ecossistemas complexos, em suma, a mudança climática, o reflexo de fuga e a corrida migratória para aqueles cujos meios de vida foram saqueados. Na realidade, é o próprio sistema de suporte de vida da Terra que está sendo afetado e, com ele, talvez a capacidade dos humanos de produzir história com outras espécies.

Francisco Salazar, "Introduction: Familiarizing the Extraterrestrial/Making our Planet Alien", *Environmental Humanities* 9, n. 2, 2018: 309-324.

14. Kathryn Yusoff, *A Billion Black Anthropocenes or None*. Minneapolis: University of Minnesota Press, 2019.

15. Para um estudo de caso, ler Pierre Bélanger (org.), *Extraction Empire: Undermining the Systems, States, and Scales of Canada's Global Resource Empire*. Cambridge: MIT Press, 2018.

16. Bérengère Sim, "Poor and African American in Flint: The Water Crisis and Its Trapped Population", in François Gemenne, Caroline Zickgraf e Dina Ionesco (orgs.), *The State of Environmental Migration 2016*. Liège: Presses universitaires de Liège, 2016.

17. Miriam L. Diamond, "Toxic Chemicals as Enablers and Poisoners of the Technosphere", *The Anthropocene Review* 4, n. 2, 2017: 72-80.

18. Ler Josh Berson, *The Meat Question: Animals, Humans, and the Deep History of Food*. Cambridge: MIT Press, 2019.

Nem mesmo nossa concepção de tempo está imune ao questionamento.[19] Por mais que as velocidades estejam em constante disparada e as distâncias incessantemente sendo conquistadas, o tempo concreto, o da carne do mundo e da sua respiração e o do Sol que envelhece, não é mais extensível ao infinito.[20] No fundo, ele agora passa a ser contado para nós.[21] Estamos em plena era da combustão do mundo. Portanto, é à urgência que estamos confrontados. Mas, diante da realidade da urgência, da fragilidade e da vulnerabilidade, muitos dos povos da Terra sofreram essa provação antes de nós, em decorrência dos incontáveis desastres que marcaram sua história, a história dos extermínios e de outros genocídios, dos massacres e do esbulho, a litania das razias escravagistas, dos deslocamentos forçados, do confinamento em reservas,[22] das paisagens carcerárias,[23] das devastações coloniais[24] e das carcaças humanas ao longo das fronteiras minadas.[25]

A possibilidade de uma ruptura genérica paira, assim, sobre a própria membrana do mundo, sujeita como está a uma radioatividade corrosiva.[26] Ela é impulsionada, por um lado, pela escalada

---

19. Dipesh Chakrabarty, "Le climat de l'histoire: quatre thèses", *La Revue internationale des livres et des idées* 15, 2010 [2009]: 22-31.

20. James Lovelock, *Novacene: The Coming Age of Hyperintelligence*. Cambridge: MIT Press, 2019.

21. Marcus Hall, "Chronophilia; or, Biding Time in a Solar System", *Environmental Humanities* 11, n. 2, 2019: 373-401.

22. Gary Fields, *Enclosure: Palestinian Landscapes in a Historical Mirror*. Berkeley: University of California Press, 2017.

23. Brett Story, *Prison Land: Mapping Carceral Power Across Neoliberal America*. Minneapolis: University of Minnesota Press, 2019.

24. Ver "Reflections on the Plantationocene: A Conversation with Donna Haraway and Anna Tsing", 18 jul. 2019: <*www.edgeffects.net*>.

25. Jason De León, *The Land of Open Graves: Living and Dying on the Migrant Trail*. Berkeley: University of California Press, 2015.

26. Mochamad Adhiraga Pratama, Minoru Yoneda, Yoko Shimada, Yasuto Matsui e Yosuke Yamashiki, "Future projection of radiocesium flux to the ocean from the largest river impacted by Fukushima Daiichi Nuclear Power Plant", *Scientific Reports* 5, 2015. Ler, ademais, Sven Lütticken, "Shattered Matter, Transformed Forms: Notes on Nuclear Aesthetics", *e-flux* 94, 2018 (primeira parte) e 96, 2019 (segunda parte).

tecnológica e pela intensificação daquilo que chamamos aqui de brutalismo e, por outro lado, pelas lógicas de combustão e pela produção lenta e indefinida dos mais variados tipos de nuvens de cinzas, de chuva ácida, em suma, de ruínas, em meio às quais são obrigados a viver aqueles cujos mundos ruíram.[27] Estritamente falando, a era da combustão do mundo é uma era pós-histórica.[28] A perspectiva de um evento desses reacendeu antigas disputas, a começar pela disputa em torno de uma nova divisão da Terra. Também ressuscitou antigos pesadelos, a começar pelo da divisão do gênero humano em diferentes espécies e variedades, cada uma delas marcada por especificidades supostamente irreconciliáveis.[29]

Talvez isso explique o renascimento em escala global do desejo de endogamia e das práticas de seleção e triagem que haviam marcado a história da escravidão e da colonização, dois momentos de ruptura provocados pela tempestade de aço, tanto quanto alimentados pelo combustível que foi o racismo na modernidade.[30] Ao contrário dessas épocas, a nova pulsão de seleção agora se baseia nos mais variados tipos de nanotecnologia.[31] Desta vez, já não se trata apenas de máquinas, mas de algo ainda mais gigantesco, algo sem limites aparentes, na confluência do cálculo, das células e dos neurônios, e que parece desafiar a própria experiência do pensamento.[32] A tecnologia se fez biologia e neurologia. Tornou-se uma realidade

---

27. Matthew S. Henry, "Extractive Fictions and Postextraction Futurisms: Energy and Environmental Injustice in Appalachia", *Environmental Humanities* 11, n. 2, 2019: 402-426.
28. Clive Hamilton, Christophe Bonneuil e François Gemenne (orgs.), *The Anthropocene and the Global Environmental Crisis: Rethinking Modernity in a New Epoch*. London: Routledge, 2015.
29. Daniel Martinez HoSang e Joseph E. Lowndes, *Producers, Parasites, Patriots: Race and the New Right-Wing Politics of Precarity*. Minneapolis: Minnesota University Press, 2019.
30. Achille Mbembe, *Crítica da Razão Negra, op. cit.*
31. Ruha Benjamin, *Race After Technology: Abolitionist Tools for the New Jim Code*. London: Polity, 2019.
32. Luciana Parisi, "Instrumentality, or the Time of Inhuman Thinking", 15 abr. 2017: *<https://bit.ly/3zw9Tdp>*.

figurativa, e é o conjunto das relações fundamentais dos humanos com o mundo que tem saído abalado com isso.

Enquanto tudo se encaminha para uma unificação sem precedentes do planeta, o velho mundo dos corpos e das distâncias, da matéria e das vastidões, dos espaços e das fronteiras persiste, metamorfoseando-se. Mais ainda, a transformação do horizonte de cálculo continua a andar de mãos dadas com o espetacular retorno do animismo, do culto ao eu e aos objetos, enquanto a extensão quase indefinida das lógicas de quantificação acarreta uma inesperada aceleração do devir-artificial da humanidade. Esse devir-artificial da humanidade e seu correlato, o devir-humano dos objetos e das máquinas, constituem talvez a verdadeira substância daquilo que alguns chamam atualmente de a "grande substituição".

Brutalismo é seu verdadeiro nome, a apoteose de uma forma de poder sem contornos nem limites e que renunciou tanto ao mito da saída quanto ao de um *outro mundo por vir*. Em termos concretos, o brutalismo se caracteriza pela estreita imbricação de várias figuras da razão: a razão econômica e instrumental; a razão eletrônica e digital; e a razão neurológica e biológica. Ele se baseia na profunda convicção de que não há mais distinção entre seres vivos e máquinas. A matéria em última instância é a máquina, isto é, nos dias de hoje, o computador em seu sentido mais amplo, tanto nervo, cérebro, quanto realidade numinosa. É nela que reside a centelha da vida. De agora em diante, os mundos da matéria, da máquina e da vida constituem uma coisa só. Como vetores privilegiados do neovitalismo que alimenta o neoliberalismo, o animismo e o brutalismo acompanham nossa transição para um novo sistema técnico mais reticular, mais automatizado, a um só tempo mais concreto e mais abstrato. Nessas condições, será possível fazer da Terra e dos seres vivos não apenas espaços de provocação intelectual, mas conceitos propriamente políticos e *eventos passíveis de pensamento*?

Encontramos a ideia de uma ruptura genérica, ao mesmo tempo telúrica, geológica e quase tecnofenomenal, na base do pensamento afrodiaspórico moderno. Ela se faz particularmente presente nas três correntes representadas pelo afropessimismo, pelo afrofuturismo e pelo afropolitanismo. Cada uma dessas correntes é movida pelo tema da semente que caiu em um terreno desolado e tenta capturar raios de luz para poder sobreviver em um ambiente hostil. Lançada em um mundo desconhecido e confrontada com extremos, realmente, como poderá essa semente germinar onde há tão pouco e onde tudo leva à dessecação? Quais sistemas radiculares precisam ser desenvolvidos e quais partes subterrâneas precisam ser mantidas? Em cada uma dessas três correntes, e particularmente no afrofuturismo, a invenção de um novo mundo é, a cada vez, um ato vibratório. Esse ato deriva do que poderia ser chamado de imaginação radical.[33] A característica do ato vibratório é transpor e superar aquilo que é dado e suas limitações. É nesse sentido que o ato vibratório integra a atividade técnica, se por atividade técnica entendemos a capacidade de atualização, implementação e manifestação de uma reserva de potência.[34]

Nessas três correntes, a África paradoxalmente representaria, além da chaga, essa reserva de potência, ou então essa *potência de reserva*, sendo a única capaz de repatriar o humano não à Terra, mas ao Cosmos. Força potencialmente constitutiva, na realidade, tanto em sua forma, em suas vibrações, quanto em sua matéria, capaz que é de propiciar um campo ilimitado de permutações e estruturas novas. No presente ensaio, partimos, pois, da hipótese de que *é no continente africano, berço da humanidade, que a questão da Terra se colocará a partir de agora da maneira mais inaudita, mais complexa e mais paradoxal.*

---

33. Erik Steinkog, *Afrofuturism and Black Sound Studies: Culture, Technology, and Things to Come*. London: Palgrave Macmillan, 2019.
34. Hadi Rizk, *L'Activité technique et ses objets*. Paris: Vrin, 2018, p. 147.

É, de fato, onde as possibilidades de declínio são as mais gritantes. Mas é também onde as oportunidades de *metástase criativa* são as mais propícias, onde algumas das questões globais relacionadas à questão da reparação se manifestam com maior acuidade, a começar pela reparação dos seres vivos como um todo, pela persistência e durabilidade dos corpos humanos em movimento e em circulação, dos objetos que são nossos companheiros, mas também da *parcela de objeto* doravante indissociável daquilo que se tornou a humanidade. *Vibranium* da Terra (no sentido em que outros falam de um *sensorium*), é também onde todas as categorias que serviram para imaginar o que são a arte, a política, as necessidades, a ética, a técnica e a linguagem são questionadas da forma mais radical, ao mesmo tempo que não param de surgir formas paradoxais de vida.

Além disso, essa inflexão planetária da condição africana e a tendência à africanização da condição planetária serão talvez os dois principais acontecimentos filosóficos, culturais e artísticos do século XXI. De fato, é aqui que as grandes questões do século, aquelas que interpelam da maneira mais imediata a raça humana, serão colocadas com a maior urgência e a maior acuidade, quer se trate do repovoamento em curso do planeta, dos grandes movimentos populacionais e do imperativo da desfronteirização, do futuro da vida e da razão ou da necessária descarbonização da economia. Em virtude de suas gigantescas jazidas animistas, qualquer pensamento global se verá inevitavelmente compelido a confrontar o signo africano.

O *pharmakon* da Terra

É por essa razão que por "signo africano" se deve entender daqui em diante aquilo que sempre excede o que é dado a ver. Aliás, é a manifestação desse excedente e desse mais além das aparências que a criação afrodiaspórica contemporânea vem ensaiando. É isso que ela vem se esforçando para carregar com uma energia própria. No cenário mundial, a África é mais uma vez objeto de intensa atividade, ao mesmo tempo psíquica e onírica, tal como no início do século xx. De dentro e em suas diversas diásporas, há um interesse renovado no sonho de uma nação altiva, poderosa e única no seio da humanidade, ou de uma civilização (a palavra não é excessiva) capaz de enxertar em tradições autóctones milenares um núcleo tecnológico futurista.

A produção cinematográfica exibe uma terra que abriga riquezas insondáveis, todo tipo de minerais, *matérias-primas* que, sem dúvida, fazem dela *o pharmakon da Terra*. Ficção científica, dança, música e literatura evocam rituais de ressurreição quase telúricos, quando, deposto no barro ou envolto pelo solo vermelho ocre, o corpo do rei inicia sua jornada para junto dos ancestrais, levado pela sombra de Osíris, e passa a dialogar com os mortos. A moda e a fotografia se apoderam de fantasias de uma beleza solar, em um turbilhão de cores e um furacão de formas.

Por toda parte surgem corpos com cores resplandecentes, do preto azul-escuro ao preto sol, preto fogo, preto marrom e amarelado, preto argila, preto cobre e prata, preto lunar, preto vulcânico e preto cratera, verdadeiros hinos à multiplicidade, à proliferação e à disseminação. O que dizer, aliás, da matéria em harmonia com o mundo dos sonhos e das máquinas, elas próprias esculpidas à imagem do mundo dos animais, das aves, da flora, da fauna e de um ambiente aquático ancestral? E, acima de tudo, como não evocar a mulher? Pois, quando se trata da duração e do renascimento do mundo, não é ela, afinal, tanto o enigma quanto o segredo?

Aqui, tudo sempre se conjugou no plural. A própria vida consiste em aprender a juntar elementos compostos, díspares e, no limite, incompatíveis, e depois estabelecer equivalências entre eles, transformá-los uns nos outros. Somam-se a esse politeísmo social o movimento, as *circulações*. As vastidões aparentemente imóveis são, na realidade, trabalhadas tanto na superfície quanto subterraneamente pelo movimento expansivo.[35] Não há limite de tempo que não seja um corte em movimento. Existe, portanto, um devir-planetário da África que é o contraponto do devir-africano do planeta. A crítica terá que assumir essa planetariedade como sua tarefa precípua.

Quanto ao resto, qualquer projeto de reparação da Terra terá que levar em conta aquilo que, neste ensaio, chamamos de o *devir-artificial da humanidade*. O século XXI se inicia com um espetacular retorno do animismo.[36] Não se trata do animismo do século XIX, mas de um animismo novo, que se expressa não segundo o modelo do culto dos antepassados, mas do culto do eu e dos nossos múltiplos duplos que são os objetos. Estes são, mais do que nunca, o signo por excelência dos estados inconscientes da nossa vida psíquica.

É pela mediação deles que cada vez mais são vividas experiências de alta intensidade emocional, e é por meio deles que

---

35. Peter Mitchell, *African Connections: Archaeological Perspectives on Africa and the Wider World*. Walnut Creek: AltaMira, 2005; Sonja Magnavita, "Initial Encounters: Seeking Traces of Ancient Trade Connections between West Africa and the Wider World", *Afriques. Débats, méthodes et terrains d'histoire* 4, 2013. Ler também o dossiê da revista (#6, 2015) dedicado às redes comerciais e às conexões entre a África Oriental e o Oceano Índico.
36. A respeito das transformações do conceito e das suas potencialidades heurísticas no presente, consultar Nurit Bird-David, "Animism Revisited", *Current Anthropology* 40, 1999: 67-91; Karl Sierek, "Image-Animism: On the History of the Theory of a Moving Term", *Images-Revues* fora de série #4, 2013.

agora tende a se expressar aquilo que não é diretamente simbo-lizável. Não há mais, por um lado, a humanidade e, por outro, um sistema dos objetos, em relação ao qual os humanos se situa-riam como algo sobressalente. Agora somos atravessados de lado a lado pelos objetos, trabalhados por eles tanto quanto nós os trabalhamos. Há um devir-objeto da humanidade que é o contra-ponto do devir-humano dos objetos. Nós somos o minério que nossos objetos são incumbidos de extrair. Eles agem conosco, eles nos fazem agir e, acima de tudo, eles nos animam.

São sobretudo as tecnologias digitais que tornam possível a redescoberta desse poder de animação e dessa função psicopros-tética. Em consequência disso, o novo animismo se confunde com a razão eletrônica e algorítmica, que é tanto seu meio quanto seu envelope, e até mesmo seu motor. Em termos políticos, esse novo animismo é um emaranhado de paradoxos. Em seu cerne mais profundo se encontram as virtualidades da emancipação. Talvez seja um prenúncio do fim das dicotomias. Mas também poderia servir como um vetor privilegiado para o neovitalismo que alimenta o neoliberalismo. Portanto, faz-se necessária a crí-tica do novo espírito animista. O objetivo dessa crítica seria, as-sim, contribuir para a *proteção da matéria viva contra as forças da dessecação*. Reside aí, na verdade, a força de significação do objeto africano no mundo contemporâneo.

Feita a partir dos artefatos pré-coloniais, essa crítica é tam-bém uma crítica da matéria e do princípio mecânico propria-mente dito. A esse princípio mecânico o objeto africano contra-põe o da respiração, ínsito a toda forma de vida. Além disso, os objetos africanos sempre foram a manifestação do que se encon-tra além da matéria. Feitos de matéria, eles são na realidade um apelo estridente à sua superação e à sua transfiguração. Nos sis-temas africanos de pensamento, o objeto é um discurso sobre o mais além do objeto. Ele atua, junto a outras forças animadas, no marco de uma economia regenerativa e simbiótica. Uma crítica intransigente à civilização em vias de imaterialização na qual estamos imersos teria muito a ganhar ao se inspirar nessa história e nessa epistemologia.[37] O que elas nos ensinam senão que a vida não se basta a si mesma? Ela não é inesgotável. O neovitalismo, por outro lado, afirma que ela será capaz de sobreviver a todo tipo de situações extremas, até mesmo catastróficas. De acordo com essa lógica, podemos destruí-la o quanto quisermos.[38]

O neovitalismo tampouco sabe viver com a perda. À medida que a humanidade prossegue em sua corrida desenfreada rumo aos extremos, o esbulho e a privação serão a sina de todos. Cada vez mais é provável que o que nos é tirado não tenha preço e nunca nos possa ser restituído. A ausência de qualquer possibilidade de restituição ou restauração talvez sinalize o fim do museu, entendido não como a extensão de um gabinete de curiosidades, mas como a figura por excelência do passado da humanidade, um passado do qual seria como o monte de testemunho. Restaria apenas o antimuseu, não o museu sem objetos ou a morada fugidia dos objetos sem museu, mas uma espécie de celeiro do futuro, cuja função seria abrigar o que deve nascer, mas que ainda não chegou.

Antecipar uma presença potencial, mas ainda não constatada, e que ainda não assumiu uma forma estável talvez devesse ser o ponto de partida para qualquer crítica futura cujo horizonte seja forjar um terreno comum. Seria partir não da ausência, não do que está vago, mas da *presença antecipatória*. Pois sem esse terreno comum e, portanto, sem desfronteirização, a Terra não será reparada e a matéria viva não será reposta em circulação.

37. Luciana Parisi e Tiziana Terranova, "Heat-Death: Emergence and Control in Genetic Engineering and Artificial Life", *CTheory*, 10 mai. 2000.
38. Ver Ian Klinke, "Vitalist Temptations: Life, Earth and the Nature of War", *Political Geography* 72, 2019: 1-9.

A DOMINAÇÃO UNIVERSAL

No decorrer dos últimos quatro séculos, a raça humana embarcou numa corrida gigantesca, a um só tempo irresistível e vertiginosa, cujo caráter hoje se considera quase cósmico. Corrida para onde? Teremos que esperar até o final para responder à pergunta com certeza. Essa corrida exigiu a fabricação de uma quantidade imensurável de ferramentas e dispositivos, a captação da força inerente à matéria em geral e sua transformação em energia e movimento. Na confluência do corpo e do movimento, da matéria e da energia, surgiu, por exemplo, a combustão, também os metais de fundição, assim como o mundo dos motores, das peças que rugem, dos órgãos artificiais e das máquinas andantes, aos quais se deve acrescentar a atividade imaginária, em suma, aquilo que André Leroi-Gourhan chamou de "cadeias de gestos".[1]

A cadeia de gestos

Com isso, a espécie humana sofreu mutações decisivas, que, aliás, é de duvidar que tenham acabado. A fábula cartesiana do homem hidráulico feito de ossos, nervos, artérias, tendões e veias semelhantes

---

1. André Leroi-Gourhan, *Le Geste et la Parole*, ii: *La mémoire et les rythmes*. Paris: Albin Michel, 1965, p. 60.

aos tubos das máquinas pode ainda não ter se materializado.[2] Mas não estamos longe de dotar a própria máquina, se não de uma consciência, pelo menos de um sistema nervoso. Ao homem-músculo se sobreporia o homem-cérebro, o homem-na-máquina, a máquina-no-homem, derramamento vulcânico no ponto de convergência entre a criação orgânica e a artificial.[3]

A meta dessa corrida seria a conquista do universo, o emprego da potência, sua projeção e seu desenfreio visando a supremacia universal. Por "força" e "potência" não se deve compreender somente a explosão borbotoante dos corpos e dos músculos, do fogo, da máquina, da eletricidade, dos laminadores, dos gases ou ainda daquilo que chamaríamos de novos materiais, ou mesmo o tipo de "tempestade de aço" da qual a bomba seria a recapitulação derradeira.[4]

Por "força" deve-se entender, em suma, a *apropriação do inapropriável*. Não é esse, em última instância, o próprio objeto da tecnologia moderna, seu sol resplandecente? Afinal, não foi precisamente essa a razão pela qual uma persistente tradição da metafísica ocidental fez dela *o Outro do ser humano*, aquilo em relação ao qual não há limite?[5]

---

2. Ver a edição de Adam e Tanery das *Œuvres* de Descartes, especialmente a quinta parte do *Discours de la méthode* [*Discurso do método*. Trad. Maria Ermantina Galvão. São Paulo: Martins Fontes, 1996]. Ler também Jean-Pierre Cavaillé, *Descartes. La fable du monde*. Paris: Vrin, 1991; e Dennis Des Chenes, *Spirits and Clocks: Machine and Organisms in Descartes*. Ithaca: Cornell University Press, 2001.

3. Bernadette Bensaude-Vincent e William R. Newman (orgs.), *The Artificial and the Natural: An Evolving Polarity*. Cambridge: MIT Press, 2007.

4. Ler Ernst Jünger, *Tempestades de aço*. Trad. Marcelo Backes. São Paulo: Cosac & Naify, 2013; *eu et sang*. Paris: Christian Bourgois, 1998.

5. Utilizamos o conceito de "tecnologia" aqui em sua acepção mais estilizada. Poderíamos ter recorrido a outras expressões, como "o gesto técnico" ou mesmo "o tecnológico", como se diz "o político" ou "o religioso". A respeito disso, ler André Leroi-Gourhan, *Évolution et techniques*, I: *L'homme et la matière* e II: *Milieu et techniques*. Paris: Albin Michel, 1945. Não se trata de uma abordagem ontológica da tecnologia. É sabido que, enquanto uma parte do tecnológico acontece efetivamente na própria potência da matéria, só existe tecnologia nos distintos modos de emprego dessa potência, ou seja, na forma como ela é posta em movimento por atores situados, ao longo de tempos e espaços sociais diversos.

É certamente significativo que essa tradição tenha contraposto à "força" não a "fraqueza", mas a linguagem, esse dom que supostamente faz de todo ser humano o sujeito da palavra. Por muito tempo, ela pretendeu que a linguagem era própria à espécie humana, um dos traços singulares que lhe conferiam não apenas singularidade, mas também seu gênio. Gênio este que era atestado pelo exercício da razão, mas também por seu corolário, a capacidade de livre renúncia. De fato, embora não houvesse nenhum limite para o que lhe era possível fazer, o ser humano, e só ele, era capaz de autolimitação. A tecnologia era o *Outro do homem* porque, deixada a si mesma, era incapaz de se autolimitar. Considerava-se que havia sido graças à linguagem e por meio da linguagem que a humanidade conseguira se elevar ao mais alto nível entre os seres vivos. A própria vida se confundia com a capacidade de realizar atos notáveis, sendo a fala o primeiro deles.

Mais ainda, foi graças à linguagem que ela foi capaz de se dedicar a esta atividade exclusiva dos seres humanos que era a atividade simbólica, isto é, uma forma de organizar os signos de tal forma que produzissem sentido. Ao dominar o conhecimento dos signos, a humanidade dotou-se dos meios para perceber a si mesma e o real, para habitar o espaço e o tempo e, acima de tudo, para participar da revelação e manifestação da verdade. Foi, portanto, pela via da linguagem que a humanidade conseguiu se estabelecer definitivamente no universo e obter o direito de ali residir. Nessas condições, a língua havia se tornado sua morada, seu abrigo terrestre ou, dito de outra forma, sua chave de acesso ao ser, ao sentido e à verdade. Mas a linguagem não era tudo.

A essa potência de simbolização somava-se outra, a capacidade de fabricar todo tipo de ferramentas e instrumentos, como se ao gesto simbólico tivesse que corresponder a todo custo o gesto técnico. Desde logo, uma variante da metafísica ocidental estabeleceu uma distinção entre esses dois gestos, como se eles se referissem a dois impérios distintos, embora mantivessem complexas relações um com o outro.[6] Daí a repartição entre, de um lado, o regime dos signos, do sentido, dos fins e do valor (língua, cultura, discurso e civilização) e, de outro, o reino do fazer, o prosaico domínio das ferramentas e dos artefatos, dos instrumentos, das máquinas e dos órgãos (a técnica). Ela se convenceu de que um estava a serviço do outro. Aos seus olhos, o domínio técnico se justificava somente na medida em que estivesse ordenado para o cumprimento do destino da humanidade, a saber, a revelação e a manifestação da verdade. A ordem simbólica era, por sua vez, o lugar privilegiado para essa revelação. Supondo que fosse válida em todos os lugares e para todos, essa grande repartição agora parece obsoleta.

O que dizer, porém, de um de seus pilares centrais, a ideia de que a humanidade não está dada, que ela é incessantemente levada a se atualizar? Pois esse seria o outro dogma, cujo crédito também parece estar se esgotando. De acordo com a representação hipostática da humanidade herdada do idealismo grego, o exercício da verdade seria o real destino da espécie humana. A própria história da humanidade consistiria no alargamento do campo da verdade e de sua manifestação. Seria esse o sentido de sua estadia no mundo e seria isso que faria dela a *última espécie*. Fronteira final da evolução biofísica, não haveria nenhuma outra da sua categoria além dela. Que tenha sido por meio da linguagem que ela foi fundamentalmente ordenada para a produção de símbolos e para a distribuição do sentido, eis aí precisamente o que a distinguiria do resto dos entes, assim como de outras entidades animadas e inanimadas. Sua vontade de poder estaria assim justificada e, com

6. Lewis Mumford, *Technique et civilisation*. Paris: Seuil, 1950 [1934].

ela, o projeto de domínio do universo. Só ela seria capaz de se objetivar, ou seja, de estar a um só tempo dentro e fora de si mesma.[7] Só ela engendraria a vida. Esse era o mito, e era deslumbrante.

Mais do que qualquer outro, o pensamento especulativo ocidental tê-lo-ia perpetuado de maneira desvairada. De acordo com ele, haveria uma "essência do homem". Corresponder a essa essência seria a finalidade última de nossa presença no universo. Pois da correspondência do homem à sua essência dependeria o advento derradeiro do domínio simbólico, o da verdade. Ser impedido de corresponder à própria "essência" – e, portanto, viver indefinidamente a cisão – representaria o ápice da tragédia humana. Estaria, desse modo, frustrado o propósito de dominação universal, mediante o qual a liberdade seria chamada a se manifestar e a verdade a se revelar. Permanecer mestre do universo, continuar a viver nele não teria outro significado, e a tecnologia seria apenas um meio a serviço desse desejo de realização e plenitude.

Se a humanidade fabricou ferramentas, não foi apenas para melhorar suas condições materiais ou unicamente para satisfazer suas necessidades vitais. Também não foi para perder mais rápido o controle sobre elas ou para se descobrir, numa reviravolta inaudita, sob o domínio das próprias fabricações. Do ponto de vista da presença da humanidade no universo, a tecnologia assumiu uma função eminentemente escatológica. Ao remover todos os obstáculos que se interpunham entre a humanidade e sua essência, a tecnologia precisava devolver a humanidade a si mesma. Em outras palavras, precisava contribuir para a manifestação derradeira e radiante da verdade. A crença era, de fato, que haveria um fim para a História. Fim esse que marcaria a superação da alienação e a realização da humanidade. A "supressão da alienação" abriria o caminho para "o retorno do homem a si

---

7. Gilbert Hottois, *Le Signe et la Technique. La philosophie à l'épreuve de la technique*. Paris: Vrin, 2018 [1984].

mesmo". O futuro em si consistia em nada menos que o grande "movimento de volta às origens", o prelúdio à "reconciliação universal", que incluiria a reconciliação do ser humano com a natureza.[8] Essa função escatológica da técnica seria de longa duração.

Ao contrário do que amiúde se supôs, essa liberação desimpedida e desenfreada de uma potência quase ilimitada de fabricação não levou necessariamente à desmitologização do mundo. Por outro lado, e diga-se o que se disser, nada garante que a espécie humana tenha se desvinculado por completo de qualquer conexão com o resto do mundo vivo. Os seres humanos certamente se muniram de uma aparelhagem exteriorizada, mas, se esse fosse seu objetivo, isso de modo algum foi capaz de "desanimizar" por inteiro o universo como tal. Poderia até ser que tivesse anexado e digerido alguns dos mistérios. Mas longe disso. Paradoxalmente, e talvez de modo inesperado, a tecnologia reinseriu a humanidade em um movimento de cunho cósmico. Ela precipitou o advento não tanto de um universo asseptizado e incapaz de acomodar diferentes formas de vida, mas de um mundo no qual não pode mais haver um exterior que não seja calculável e, por conseguinte, apropriável.

O capitalismo teria sido um dos impulsionadores do projeto de um *mundo sem exterior inapropriável*. Não se tratava, a rigor, de um esforço de desligamento do humano em relação a outras formas de vida, como se tem repetido com demasiada frequência. Em sua essência, a natureza certamente deveria deixar de ser entendida como uma totalidade animizada e autônoma. O ser humano se arrogou a tarefa de subjugá-la e marcá-la com seus rastros e pegadas. Mais ainda, porém, o ser então situado no centro do universo e o mundo deveriam a partir dali ser o resultado de um processo de *fabricação calculista*. A estrutura fundamental da matéria deveria finalmente ser trespassada e revelada, a

---

8. Kostas Axelos, *Marx, penseur de la technique*. Paris: UGE, 1974 [1961], vol. I, p. 8 e vol. II, p. 82-85.

divisão entre humano e não humano abolida e a vulnerabilidade radical do ser humano suprida pelas potências do não humano. Capitalismo e tecnociência seriam os demiurgos dessa obra.

À medida que se inicia o século XXI, o caminho para esse *mundo da natureza fabricada e do ser fabricável* está bem demarcado. A tecnologia finalmente conseguiu se estabelecer como o destino ontológico de todos os seres vivos.[9] A questão já não consiste em saber se o irracionalismo é capaz de andar de mãos dadas com a tecnolatria.[10] Não se trata mais de preconizá-la ou opor-se a ela. Que a "técnica antropofágica" "estupra", degrada ou despoja a natureza, que ela "devora os homens e tudo o que é humano", que ela consome seus corpos como combustível e seu sangue como "líquido de refrigeração" ou que ela "assassina a vida" (Ernst Niekisch), tudo isso já sabemos, mas não é tudo.

Para muitos de nossos contemporâneos, a tecnologia é hoje uma realidade ao mesmo tempo material e imaterial, psíquica, pessoal e interior. Ela já não pertence apenas ao mundo exterior, membrana que define a fronteira entre um interior (a humanidade) e um exterior (a natureza). É nossa clínica, o lugar em que se manifestam, em sua sombria clareza, as três realidades constituintes do mundo vivo, a saber, a realidade biológica, orgânica, vegetal e mineral dos corpos de qualquer espécie, a realidade psíquica dos afetos e a realidade social das trocas, da linguagem e das interações.[11] É por intermédio dela que se realizam hoje em dia a atividade do pensamento e o trabalho de figuração, simbolização e memorização. É nela também que jazem as reservas de

---

9. Sobre as dimensões geológicas da tecnologia, ler Peter K. Haff, "Technology as a Geological Phenomenon: Implications for Human Well-Being", in Jan Zalasiewicz et al., *A Stratigraphical Basis for the Anthropocene*. London: Geological Society, 2014: 301-309. Ver também Bronislaw Szerszynski, "Viewing the technosphere in an interplanetary light", *The Anthropocene Review*, 19 out. 2016: <https://doi.org/10.1177/2053019616670676>.

10. Jeffrey Herf, *Le Modernisme réactionnaire. Haine de la raison et culte de la technologie aux sources du nazisme*. Paris: L'Échappée, 2018 [1984].

11. Tristan Dagron, *Pensée et cliniques de l'identité*. Paris: Vrin, 2019, p. 41.

sonho. O que se pode dizer sobre as vivências alucinatórias características do nosso tempo e, naquilo que se refere aos humanos em particular, sobre a atividade figurativa, sobre a massa de projeções paranoicas ou sobre o material psíquico pré-formado que com tamanha avidez consumimos?[12]

Não resta dúvida de que nosso tempo está se esgotando. Ainda assim, a aventura humana na Terra está longe de se ver acabada, e as mutações da espécie também. Mas as perspectivas que eles traçam partem de um ponto em que o trabalho de fabricação de um mundo sem exterior incalculável e inapropriável passa a ser tudo. Quase não há mais nenhuma divisão entre o humano e a matéria, o humano e a máquina, ou entre o humano e o objeto técnico, a coisa. De agora em diante, o humano não está mais apenas acoplado à máquina, à matéria e ao objeto. Não está mais simplesmente alojado em suas dobras e pregas. Ele literalmente encontrou nelas os lugares privilegiados de sua encarnação, e elas, em contrapartida, estão em processo de se recobrir, se não com seu rosto, pelo menos com sua máscara. Não existe mais a tecnologia de um lado e, do outro, aquilo que a filosofia ocidental costumava chamar de a "verdade do ser".[13] Os dois agora formam um só feixe, uma única morada. Pelo menos é essa a nova crença.

Pode-se dizer, assim, que a era da alienação, tal como a era da secularização, chegou ao fim. A tecnologia não é mais simplesmente um meio, uma ferramenta ou mesmo um fim. Ela se fez verbo e carne. É a figura epifânica da matéria viva, doravante economia, biologia e escatologia em simultâneo.[14] Não se tornou

---

12. William Davies, *The Happiness Industry: How the Government and Big Business Sold Us Well-Being*. New York: Verso, 2016; Eva Illouz e Edgar Cabanas, *Happycratie. Comment l'industrie du bonheur a pris le contrôle de nos vies*. Paris: Premier Parallèle, 2018.

13. Martin Heidegger, *Pensées directrices. Sur la genèse de la métaphysique, de la science et de la technique modernes*. Paris: Seuil, 2019, p. 318.

14. Ler Michael S. Burdett, *Eschatology and the Technological Future*. London: Routledge, 2017. Para dois estudos de caso, ver Cecilia Calheiros, "La fabrique d'une prophétie es-

religião apenas no sentido de um casamento inesperado entre o mundo dos mistérios, o mundo imaterial e o mundo da racionalidade.[15] Basta ver como, nos Estados Unidos, por exemplo, a possibilidade de um sublime tecnológico é reproduzida tanto em histórias de ficção científica quanto nas profecias transumanistas. São muito poucos os que ainda duvidam das raízes *New Age* da sociedade digital ou das novas formas de espiritualidade típicas do neognosticismo informático.[16] As condições para um reencantamento do mundo estão reunidas em discursos sobre as nanotecnologias, as biotecnologias, as tecnologias da informação ou as ciências cognitivas.[17] Até mesmo nos sistemas contemporâneos de engenharia e no tecnoxamanismo se veem diluídas as fronteiras entre religião, ciência e mitologia.[18]

Consumada essa mutação, inicia-se assim outro tipo de prova existencial. O ser agora é posto à prova apenas como um conjugado indissociavelmente humano e não humano.[19] A transformação da força em palavra final da verdade do ser sinaliza o início da era mais recente do homem, a era historial, a era do ser fabricável em um mundo fabricado. Para essa era, encontramos um nome: brutalismo, o grande fardo de ferro do nosso tempo, o peso das matérias brutas.[20]

chatologique par la cybernétique: le cas du projet WebBot", *Raisons politiques* 4, n. 48, 2012: 51-63; e Abou Farman, "Cryonic Suspension as Eschatological Technology in the Secular Age", in Antonius C. G. M. Robben (org.), *A Companion to the Anthropology of Death*. Hoboken: Wiley-Blackwell, 2018.

15. Pierre Musso, *La Religion industrielle. Monastère, manufacture, usine. Une généalogie de l'entreprise*. Paris: Fayard, 2017.

16. Baptiste Rappin, "'Esprit californien, es-tu là ?' Les racines *New Age* de la société digitale", *Études digitales* 5, 16 abr. 2019: 56-65.

17. Stéphanie Chifflet, "La techno-religion NBIC", *Études digitales* 5, 16 abr. 2019: 47-55.

18. Ler Carlos Eduardo Souza Aguiar, "Technochamanisme et les mutations de l'imaginaire mystique contemporain", *Études digitales* 5, 16 abr. 2019: 87-95.

19. Yuk Hui, *On the Existence of Digital Objects*. Minneapolis: University of Minnesota Press, 2016.

20. Ver Reyner Banham, *Le Brutalisme en architecture. Éthique ou esthétique?* Paris: Dunod, 1970 [1966]. Ler também Laurent Stalder, "'New Brutalism', 'Topology' and

Tende-se a pensar no brutalismo como um momento de into-xicação passageira. Liberado de tudo, o poder se dedicaria provi-soriamente à carnificina e ao derramamento de sangue.[21] Ele pro-vocaria o morticínio ao mesmo tempo que, de tempos em tempos, sentiria a raiva e a fúria de seus alvos, sob a forma de revoltas ou le-vantes sem perspectiva alguma.[22] Ele se envolveria em guerras dis-pendiosas, nas quais a violência extrema passaria por uma banali-zação. Por "brutalização" deve-se entender, portanto, "selvageriza-ção", a internalização da violência da guerra que permitiria a acei-tação de todas as suas dimensões, inclusive as mais paroxísticas.[23]

O brutalismo não se resume, no entanto, apenas aos horrores da guerra e outras atrocidades. Ele é, em certa medida, a forma pela qual a intoxicação que comporta o poder traduz o horror e as situações extremas nos interstícios do cotidiano e, mais especifi-camente, nos corpos e nos nervos daqueles e daquelas que ele bru-taliza. Esse processo de miniaturização e de molecularização está na origem de um metabolismo social. Em tais contextos, demolir, matar ou ser morto não constituem necessariamente a ilustração de um retorno ao estado de natureza. O ato de matar não se opera apenas com o fuzil, o canhão, o revólver ou o cutelo. Não importa a arma; aquele a quem é infligida a morte e que a sofre desaba, mas não sem soltar um grito estrangulado. Visto desse ângulo, o brutalismo consiste na produção de uma sequência de coisas que, em um dado momento, conduzem a uma série de eventos fatais.

'Image': Some Remarks on the Architectural Debates in England around 1950", *The Journal of Architecture* 13, n. 3, 2008: 263-281; e Francesco Tentori, "Phoenix Bruta-lism", *Zodiac* 18, 1968: 257-266.

21. Ler David T. Johnson, "Governing through Killing: The War on Drugs in the Philippi-nes", *Asian Journal of Law and Sociology* 5, n. 2, 2018; David Garland, *Peculiar Institution: America's Death Penalty in an Age of Abolition.* Cambridge: Harvard University Press, 2010.

22. Franklin Zimring, *When Police Kill.* Cambridge: Harvard University Press, 2017.

23. George Mosse, *De la Grande Guerre au totalitarisme. La brutalisation des sociétés européen-nes.* Paris: Hachette, 1999.

O brutalismo é também um modo de ministrar a força. Ela se baseia na produção de sequências múltiplas e complexas, que quase inevitavelmente provocam ferimentos, uma fatalidade, um grito estrangulado, o colapso de um ser humano ou, mais geralmente, de um ente, e em seguida tudo se reaviva, tudo recomeça. É nesse reinício permanente e nessa rotinização que talvez resida sua especificidade. Apesar de que, ao ato de matar, deve-se acrescentar a exultação e a volúpia, o prazer de matar, de executar sumariamente e não raro em massa.[24] Ou simplesmente a frieza glacial.[25]

Sob o brutalismo, o assassinato deixa de ser uma exceção. A transposição do estado de guerra para dentro de um estado civil acarreta a normalização das situações extremas. O Estado passa a cometer crimes comuns contra a população civil. A figura do assassino, do chefe de gangue ou do sicário se metamorfoseia à medida que os instintos de crueldade são liberados, e o medo jorra das entranhas. A luta é travada corpo a corpo, mas pode ocorrer também à distância ou a grande altitude. Em todo caso, corpos, ou fragmentos de corpos, vão pelos ares. E sempre os gritos, o poder de tirar a vida ou de reduzi-la a mil pedaços.[26]

Pode-se reconhecer o brutalismo pela utilização, na esfera civil, de técnicas próprias ao campo de batalha.[27] A título de exemplo, a polícia cerca a multidão e faz uso de munição menos letal contra manifestantes desarmados. Recorre a disparadores de balas de borracha de 44 mm e outros dispositivos de disparo de balas ditas

24. Joanna Bourke, *An Intimate History of Killing: Face-to-Face Killing in Twentieth Century Warfare*. London: Granta, 1999.

25. Ler Henry De Man, *The Remaking of a Mind: A Soldier's Thoughts on War and Reconstruction*. New York: Scribner, 1919.

26. Ver especialmente Georges Gaudy, *Le Chemin-des-Dames en feu (décembre 1916-décembre 1917)*. Paris: Plon, 1923; Jean Norton Cru, *Témoins*. Paris: Les Étincelles, 1929; Blaise Cendrars, *Œuvres complètes*, vol. IV. Paris: Denoël, 1962; e Antoine Redier, *Méditations dans la tranchée*. Paris: Payot, 1916.

27. Oliver Davis, "Theorizing the Advent of Weaponized Drones as Techniques of Domestic Paramilitary Policing", *Security Dialogue* 50, n. 4, 2016: 344-360.

defensivas, granadas ditas de dispersão, bombas de efeito moral e não hesita sequer em usar granadas explosivas de gás lacrimogênio GLI-F4, apesar de proibidas. Na maioria dos casos, trata-se de armas de guerra.[28] Alguns dos portadores de armas se escondem na multidão. Usam roupas civis. Outros vão encapuzados, enquanto outros usam capacetes de moto ou de skate. Não levam distintivos nem braçadeiras. Durante a ação, ferem muitos dos manifestantes. Visam os membros inferiores, os membros superiores ou o tronco? Acontece que sempre acabam atingindo os manifestantes na cabeça. Alguns ficam cegos. Outros perdem as mãos.[29]

A relutância em matar e a interdição do assassinato vêm sendo corroídas. Os instintos outrora censurados vêm sendo liberados.[30] As condutas de guerra são valorizadas enquanto tais e migram para o campo civil. A desumanização se torna uma prática habitual, a descarga das pulsões violentas passa a ser legitimada e encorajada, reina a busca pelo dissemelhante e proliferam as técnicas de exculpação. A vida civil é regulada por unidades especiais. A "limpeza" se converte em programa. Livrar-se de indivíduos sem que ninguém exija explicações se torna a norma, assim como liquidar os feridos e matar os prisioneiros.[31] Mas o brutalismo também opera com base numa desrealização tanto de seus feitos quanto de seus efeitos. A desrealização consiste em

28. William I. Robinson, "Accumulation Crisis and Global Police State", *Critical Sociology* 45, n. 6, 2018: 848-858.

29. Edward Lawson, Jr., "Police Militarization and the Use of Lethal Force", *Political Research Quarterly*, 2 jul. 2019; Caren Kaplan e Andrea Miller, "Drones as 'Atmospheric Policing': From US Border Enforcement to the LAPD", *Public Culture* 31, n. 3, 2019: 419-445.

30. Elke Schwarz, "Prescription Drones: On the Techno-Biopolitical Regime of Contemporary 'Ethical Killing'", *Security Dialogue* 47, n. 1, 2015: 59-75.

31. Para uma avaliação dessas condutas em situação de guerra, ler Antoine Prost, "Les limites de la brutalisation. Tuer sur le front occidental, 1914-1918", *Vingtième Siècle* 81, 2004: 5-20.

esconder a natureza hedionda da violência e particularmente da morte em massa, mas uma morte molecular.[32]

Há ainda o mito do homem viril, a figura crística, símbolo da nova religião cívica, aquela que, embora operando unicamente graças ao ferimento, ou mesmo à morte em massa, dissimula-a constante e permanentemente.[33] Sem contar a dimensão sexual.[34]

Visto sob esse prisma, o brutalismo não está no limite do político. Tampouco é um evento reduzido às circunstâncias do momento. É ao mesmo tempo político e estético. É uma política que desencadeia um metabolismo social cuja finalidade é a aniquilação ou incapacitação de classes distintas da população, e que, na era do Antropoceno, conquista essa aniquilação ou incapacitação por meio da gestão de resíduos de todos os tipos.[35] O brutalismo é, desse ponto de vista, uma forma de naturalização da guerra social. A guerra em geral é apresentada não apenas como uma expressão da própria vida, mas também como a mais alta manifestação da existência humana. Considera-se que a verdade da vida deve ser buscada pelo lado da sua força destrutiva.[36] A destruição é reveladora da sua verdade última, sua principal fonte de energia. É ao mesmo tempo inesgotável e irrefreável.

Como a era do desencadeamento das forças e da propulsão, o brutalismo coincide com uma multiplicidade de formas de

32. Daniel Pécaut, "De la banalité de la violence à la terreur: le cas colombien", *Cultures & Conflits* 24-25, 1997: 159-193.

33. George Mosse, *L'Image de l'homme. L'invention de la virilité moderne*. Paris: Abbeville, 1997. Ver também, do mesmo autor, *The Nationalization of the Masses: Political Symbolism and Mass Movements in Germany from the Napoleonic Wars through the Third Reich*. New York: Howard Fertig, 1975.

34. Ver Klaus Theweleit, *Fantasmâlgories*. Paris: L'Arche, 2016 [1989].

35. Para casos precisos, ler Vasiliki Touhouliotis, "Weak Seed and a Poisoned Land: Slow Violence and the Toxic Infrastructures of War in South Lebanon", *Environmental Humanities* 10, n. 1, 2018: 86-106. De maneira geral, ver Michael Marder, "Being dumped", *Environmental Humanities* 11, n. 1, 2019: 181-192.

36. Walter Benjamin, "Théories du fascisme allemand", *Lignes* 13, 1991: 57-81.

destruição dos seres vivos e dos habitats, mas também de reintegração da humanidade no seio da natureza primeva. Assinala também o início da era da depredação.

É significativo que, tratando dela, Friedrich Georg Jünger tenha mencionado a fome. A máquina, segundo ele, cria uma impressão de fome, aguda, crescente, insuportável. Como uma força que é fornecida sem levar em conta o custo, ela é sustentada pelo espetáculo da fome. A seu ver, o que caracteriza a máquina não é apenas a feiura e o gigantismo. Também a fome insaciável. É a fome que a coloca em movimento, que a impele a destruir, a devorar e a engolir sem trégua ou descanso. Além disso, a máquina dificilmente consegue se desvencilhar da fome, muito menos se livrar dela, nem chegar à saciedade. Essa é uma das razões pelas quais a depredação cega, continuamente ampliada, caracteriza a técnica. Mas depredação significa também extração. Pode ser a extração de carvão, petróleo, minerais. Qualquer que seja o objeto, a depredação leva necessariamente à devastação.

É um espetáculo que se desenrola nos locais em que, uma vez extraído o minério, é iniciada a produção. É o caso, por exemplo, de uma usina de produção de plutônio em Hanford, Washington. Nos locais em que o minério de urânio é transformado em plutônio, diz Jünger, só se pode "entrar usando calçados e luvas de borracha, máscaras, câmaras de ionização e películas sensíveis à radiação, contadores Geiger e contadores de radiação alfa; microfones, alto-falantes e sinais de alarme precisam ser usados para marcar o caminho". A radioatividade polui tudo, "não por hoje e amanhã, mas por milênios. Onde quer que haja resíduos radioativos, a Terra se torna inabitável para o ser humano". O ar é esfumaçado, "os rios são contaminados, as florestas, os animais e as plantas, destruídos", acrescenta ele. E preconiza que se proteja a natureza contra a exploração, não a trazendo de volta à vida, mas "envolvendo-a num tabu museológico e cingindo amplas áreas da paisagem com grades e cercas".[37]

Seja como for, é chegada a hora da grande junção. Surgem de todos os lados seres que se acomodam a hibridações cada vez mais singulares e inauditas, sem coerência biológica aparente. Eles desafiam os limites do natural. Quase tudo se tornou duplicação, enxerto e sobreposição. Ao que tudo indica, a maior parte das revoltas deixou de ter como objetivo derrubar e desmantelar o aparato de captura em escala global em que se converteu o capitalismo. Pelo contrário, elas são motivadas por uma liberação plena dos fluxos do desejo, em especial o desejo irreprimível de vender para comprar e de comprar para revender. Prefere-se ser capturado em vez de ignorado e deixado de lado.

Na era do individualismo de massa e das nanotecnologias, o "comunismo dos afetos" já não substituiu a comunidade de interesses, acarretando os efeitos de dilatação do ego e de "regressão infantil à origem", a senilização das mentes?[38] Longe de interferir no funcionamento geral das máquinas e demais dispositivos de sujeição, o processo de interpenetração e encaixe da infância e da velhice apenas intensificou seu controle. Parece não haver mais nenhuma possibilidade de fuga.

Punções

É esse o caso sobretudo no que se refere à fabricação de vidas supérfluas no capitalismo contemporâneo. De fato, a referência proletária já não basta. O trabalho – e, por conseguinte, o salário – não é mais o determinante máximo nem das questões de renda e poder de compra nem das condições de vida dos contingentes

---

37. Friedrich Georg Jünger, *La Perfection de la technique*. Paris: Allia, 2018 [1946-1949], p. 47-48.
38. Paul Virilio, *Vitesse*. Paris: Carnets Nord/Le Pommier, 2019, p. 49. Ler também Eva Illouz (org.), *Les Marchandises émotionnelles*. Paris: Premier Parallèle, 2019.

populares em geral. Em outras palavras, estes não mais se estruturam em função da centralidade que a classe trabalhadora outrora detinha. Isso é particularmente válido entre os contingentes racializados das sociedades pós-industriais. No seio dessas categorias, as escolhas de mobilidade têm sido frequentemente limitadas ou à prisão domiciliar no gueto ou ao encarceramento.[39] Hoje em dia, a instituição carcerária desempenha, nos mesmos termos que a instituição fronteiriça, um papel preponderante na gestão global dos corpos virulentos e "em excesso".

Os alvos são logo identificados. Ser menor de idade já basta. A lei é suficiente, essa lei que, num passe de mágica, reduz vidas muitas vezes precoces a um estigma: assassino, estuprador, agressor, predador. Assim se fecha a porta e se decreta o destino. No seio dos setores racializados das sociedades industriais, as leis relativas aos menores se baseiam em uma teoria simples, a da pobreza moral. Como explica Jacky Wang, basta ter crescido "rodeado de adultos desviantes, delinquentes e criminosos, em um ambiente vulgar, violento, sem Deus, sem pai e sem emprego" para ser suspeito de "pobreza moral" e estar sujeito, no caso de um crime, à pena de prisão perpétua sem possibilidade de obter a liberdade condicional.[40]

A virada pode, assim, acontecer muito rápido, por uma ninharia, o furto de uma lata de cerveja em uma loja, por exemplo.[41] A partir desse microevento carregado de significado (o delito contra a propriedade privada), tudo sai do controle: detenção, prisão, comparecimento perante a justiça, condenação a multa e liberdade condicional, incluindo o uso de uma tornozeleira que deve ser alugada sob pena de ir para a cadeia. Esse falso objeto decorativo não é gratuito. Custa dinheiro, ao qual devem ser acrescidas não apenas taxas mensais de serviço, mas também taxas diárias

---

39. William J. Wilson, *When Work Disappears.* New York: Knopf, 1996; Ruth W. Gilmore, *The Golden Gulag.* Berkeley: University of California Press, 2007.
40. Jackie Wang, *Carceral Capitalism.* Cambridge: MIT Press, 2019.
41. "Policing and Profit", *Harvard Law Review* 128, n. 6, 2005.

de utilização. À volta do corpo menor e criminalizado, uma corrente soberana agora liga a lei e a justiça a uma estrutura de predação e de punção sistêmica. O Estado e o mercado partilham entre si as quotas. Afinal, a multa não é quitada junto à prefeitura, enquanto os demais custos são pagos a uma empresa privada?

É assim que opera o brutalismo, na forma de punção e coleta de corpos. Os corpos racializados, por serem considerados potencialmente virulentos (e virulentos por serem racializados), estão sujeitos ao sequestro, à captura, apanhados pela armadilha que é a lei. Na realidade, a função da lei não é fazer justiça. É desarmá-los a fim de torná-los presas fáceis.[42] O brutalismo não opera sem uma economia política dos corpos. É como uma imensa fogueira. Os corpos racializados e estigmatizados são ao mesmo tempo sua lenha e seu carvão, suas matérias-primas. Os espaços de relegação e confinamento, como os guetos, dispõem de uma rica dotação de recursos corporais, quantificáveis, disponíveis e acessíveis. Basta se servir. Energia degradada, certamente, mas esses recursos e fluxos corporais são como a energia livre que, deixada por conta própria, se dissiparia de um jeito ou de outro. Em vez de ser abandonado à entropia, o calor que ela produz e libera é então captado, contido e transformado em "trabalho" por diversos mecanismos de punção. Nesse aspecto, o brutalismo é uma forma de *termopolítica*. Submete os corpos aviltados, a energia e a vida de determinadas espécies ao trabalho do fogo, a uma combustão lenta.

Visto a partir dos corpos racializados, aquilo que é chamado de neoliberalismo é, na realidade, um gigantesco dispositivo de bombeamento e carbonização. Como o menor, ladrão de uma lata de cerveja na loja, muitos não têm outra fonte de renda além dos

---

42. Ler o que Elsa Dorlin disse da "presa" em situações mais ou menos semelhantes em *Se défendre. Une philosophie de la violence*. Paris: Zones: Paris, 2017, p. 163-171.

próprios corpos.[43] Uma agulha espetada no braço bombeia-lhes o sangue para extrair plasma, um líquido amarelo, rico em proteínas, que abastece a indústria farmacêutica. No centro desse dispositivo está a prisão. Para sua reprodução, ela precisa de todos os outros minidispositivos, a polícia, a prefeitura, a comarca, as finanças, os impostos, as multas, em suma, incontáveis cadeias de punção. A isso se deve acrescentar toda uma gama de equipamentos e atividades necessários para o funcionamento dos locais de detenção: a vigilância, os serviços de monitoramento da liberdade condicional, os equipamentos de controle, os dispositivos algorítmicos. Encadeadas, essas correntes formam um círculo de bronze: não se está fora nem dentro. Tendo o exterior se convertido em interior e vice-versa, que sentidos poderia assumir a política nessas circunstâncias? A política, deve-se lembrar, consiste no esforço interminável de imaginar e criar um mundo e um futuro comuns. O ponto de partida para a construção desse mundo comum é o compartilhamento da palavra. Assim como o movimento, a fala é a expressão dos vivos. As regras formais, as instituições e as normas derivam em parte de um gesto primordial, o gesto da fala na forma da interpelação, da resposta a uma interpelação ou, melhor ainda, da deliberação. É o compartilhamento da palavra que faz da política uma força de intercâmbio e de articulação. Compartilhar certamente não elimina o conflito. No entanto torna possível lidar com a disputa por outro meio que não a espada: o debate na arena pública.

A democracia liberal no mundo contemporâneo está ameaçada em parte devido ao fato de que há um número crescente de homens e mulheres que não querem mais pensar nem julgar por

---

43. Ver Leon Anderson e David A. Snow, "L'Industrie du plasma", *Actes de la recherche en sciences sociales* 104, 1994: 25-33; Zoe Greenberg, "What is the Blood of a Poor Person Worth?", *The New York Times*, 1º fev. 2019. Ler também Harriet A. Washington, *Medical Apartheid: The Dark History of Medical Experimentation on Black Americans from Colonial Times to the Present.* New York: Doubleday, 2006.

si mesmos. Muitos preferem, como no passado, delegar ou terceirizar essas prerrogativas para autoridades que não elas mesmas, ou mesmo para máquinas. Paradoxalmente, o horizonte de um mundo comum continua se afastando cada vez mais, à medida que o mundo se torna menor. E, na ausência da palavra viva, a ideia de que a razão, a lei e a moral abrirão caminho para a emancipação da humanidade perde cada vez mais a credibilidade. Ao mesmo tempo, tudo parece militar contra o mínimo esforço de autolimitação por parte do sujeito, enquanto a renúncia à satisfação pulsional praticamente deixou de figurar na ordem do dia e de fazer parte das tarefas urgentes da humanidade.[44]

As ideias de autonomia e razão crítica não estão apenas perdendo terreno. Elas estão a ponto de perder o encanto e a aura. A autoridade não depende mais da capacidade de pensar e do senso crítico. O fascínio está em outro lugar. Muitos dos dispositivos tecnológicos da época suscitam outros tipos de desejos. A necessidade de crer em geral, e especialmente de crer naquilo em que já se acredita de qualquer maneira, é constantemente reafirmada. Os novos dispositivos tecnológicos não só contribuem para uma acelerada fragmentação e para um encravamento de diversas partes do corpo social. Eles complicam mais do que nunca toda e qualquer coalescência do corpo social em torno de algo que não seja o eu singular.

Este último, por sua vez, está ainda mais dividido do que se pensava na psicanálise na virada do século XIX e no início do século XX. Essa duplicação interna foi acentuada com a complexificação das lógicas de individuação e o surgimento de múltiplos eus, viabilizado pelos dispositivos digitais.[45] Essa fratura do sujeito individual não é mais considerada como parte de sua fragilidade

---

44. Sigmund Freud, "O mal-estar na civilização", in *Obras Completas, vol. 18: O mal-estar na civilização, novas conferências introdutórias à psicanálise e outros textos (1930-1936)*. Trad. Paulo César de Souza. São Paulo: Companhia das Letras, 2010.
45. Ler Scott Wark, "The Subject of Circulation: On the Digital Subject's Technical Individuations", *Subjectivity* 12, 2019: 65-81.

estrutural ou mesmo ontológica. Que no mesmo indivíduo várias figuras possam coabitar, simultânea ou sucessivamente, passou a ser algo evidente, e essa fragmentação constitutiva dispensa aparelho psíquico para que seja desvendada. Por outro lado, a incerteza e a versatilidade do sujeito são agora presumidas e, com elas, a ideia de que os atos impulsivos e involuntários são aceitáveis e que, no fim das contas, operar com o cérebro de outra pessoa ou de uma máquina pode ser algo desejável.

O sujeito pode perfeitamente ser múltiplo, não há necessidade alguma de um labor interminável para alcançar sua unidade e síntese. Pelo menos é a isso que incitam os dispositivos tecnológicos da nossa época. Eles na verdade trabalham na contramão de todos os grandes horizontes delimitados pela psicanálise, pela filosofia e por outros sistemas de pensamento herdados da modernidade. Esses dispositivos tecnológicos assumiram o controle tanto da dimensão clínica quanto da dimensão política que, até recentemente, estavam a cargo de outras instâncias e autoridades. Desse ponto de vista, o aspecto inerente em particular às tecnologias digitais consiste em liberarem as forças pulsionais que pelo menos um século de repressão havia até certo ponto contribuído para conter. No fundo, a busca pela unidade e pela síntese deu lugar à busca pela multiplicação, percebida como geradora de mais-valia. A pessoa física não está condenada a corresponder à pessoa digital. Agora o que conta é a transição de uma à outra.[46]

O desejo desenfreado pela sensação substitui a repressão. O poder das paixões e o tumulto dos instintos passam por uma espetacular reabilitação. É o que acontece com as paixões religiosas e nacionalistas. Não há mais clivagem da consciência. O questionamento sobre a identidade, o eu, a raça, o gênero, a nação faz parte

46. Katerina Kolozova, "Subjectivity without Physicality: Machine, Body and the Signifying Automaton", *Subjectivity* 12, 2019: 49-64; Beverly Skeggs, "Subjects of Value and Digital Personas", *Subjectivity* 12, 2019: 82-99.

desse novo programa cultural cujo objetivo não é mais a renúncia às pulsões, mas a reancoragem num eu sem exterior nem mediação. Nessa perspectiva, a identidade não é mais apreendida como uma construção jamais concluída e que deve ser constantemente reinventada. Ao contrário, é um costume fixo estabelecido por todo o sempre. Esse novo estado cultural está na origem de alguns dos dilemas mais inextricáveis da nossa época. É o caso da identidade.

Distúrbios da identidade

Em se tratando justamente de identidade e diferença, uma coisa é poder dizer livremente quem se é, soletrar o nome próprio, dizer por si só de onde se vem e para onde se vai. Outra é se ver encoberto por uma máscara que se é obrigado a usar e que, destarte, funciona como o duplo de quem se é na verdade.[47] Mas será possível chegar a saber quem realmente se é? Será que isso não deriva do mistério que o humano permanece sendo até o fim e da parcela de opacidade que inevitavelmente faz de nós fugitivos por definição?

O fato é que, ao longo de toda a era moderna, a maior parte das lutas identitárias envolvendo os povos subjugados teve como objetivo se livrar do véu ontológico com o qual eles foram encobertos em decorrência do trabalho realizado pelo racismo.[48] Foram lutas pelo reconhecimento e pela autoafirmação, quando não pela autodeterminação. Por assumirem um caráter eminentemente progressista, essas lutas integraram a grande narrativa da emancipação humana. Foi o caso dos grandes combates pela abolição da escravidão, pelos direitos das mulheres, pela descolonização, pelos direitos civis e pelo desmantelamento do apartheid.

47. Frantz Fanon, *Alienação e liberdade. Escritos psiquiátricos.* Trad. Sebastião Nascimento. Ubu: São Paulo, 2020.
48. Ler William Edward Burghardt Du Bois, *As almas da gente negra.* Trad. Heloísa Toller Gomes. São Paulo: Lacerda/Nova Aguilar, 2000.

Hoje, nos vemos mergulhados em um profundo mal-estar. E, primeiro de tudo, ainda custamos a entender que não existe algo como uma história do homem em geral. Se uma história dessas viesse a existir, seria apenas uma longa série de abstrações. Só poderia ser escrita com sangue. Isso porque ela só poderia ser, em última análise, a história vulgar de um sujeito dominante, de um sujeito-mestre que, como se fosse por acaso, tão amiúde na história recente tem sido branco e masculino.[49] Uma história do futuro só existe a partir do momento em que seres humanos em situação se colocam em movimento.[50]

Aliás, é bastante significativo que inúmeros movimentos que apelam para a diferença estejam se proliferando constantemente. O universalismo abstrato, impregnado de colonialismo e mesclado com racismo, perdurou por muito tempo. Acabou assumindo a forma desse sujeito-mestre que, na fúria de se fazer passar pelo homem puro e simples, precisa se definir primordialmente naquilo e por aquilo que ele inclui e desqualifica, naquilo e por aquilo que ele autoriza e desvaloriza, nas e pelas fronteiras que ele ergue entre ele mesmo e seus outros. Como resultado, esses movimentos jogam com a diferença não para se excluir do em-comum, mas como uma alavanca para renegociar os termos da pertença e do reconhecimento.

Tal combate não deve ser confundido com a demanda por secessão que sobe à cabeça de grande parte das classes dominantes no mundo contemporâneo. Em lugar de corpos sem vida ou energia, ele visa, em sentido oposto, provocar o surgimento de corpos falantes, membros de uma verdadeira comunidade de detentores de direitos. Esses movimentos também revelam que, para chegar ao semelhante, é preciso começar compartilhando as diferenças. Pois, quando o encontro se dá na violência, o reconhecimento da

---

49. Aimé Césaire, *Discurso sobre o colonialismo*. Trad. Sebastião Nascimento. Rio de Janeiro: Cobogó, no prelo.

50. Édouard Glissant, *Poétique de la relation. Poétique III*. Paris: Gallimard, 1990.

diferença é o ponto de partida para uma política do semelhante, ou melhor, para uma política do em-comum.

Além disso, onde quer que tenha prevalecido por muito tempo a ideia de que a hierarquia das raças é um fato natural, a reivindicação da diferença costuma se apresentar como o substrato da reivindicação de humanidade. Proclamar-se diferente torna-se então uma forma de escapar à negação imposta. O mesmo ocorre com a reivindicação do direito à memória. É a existência desse legado histórico que nos leva a dizer que não existe política do semelhante ou do em-comum sem uma ética da alteridade. Existem de fato situações em que a diferença não é, *a priori*, uma rejeição da similaridade. Na medida em que a posse de uma memória funciona como uma linha de demarcação entre o humano e os "outros", o direito à memória torna-se indissociável das lutas identitárias.

Apesar disso, dificilmente se poderá enterrar a cabeça na areia diante dos perigos que poderia encerrar o desejo de diferença, especialmente quando a diferença é concebida política e culturalmente como a sede de uma especificidade intrinsecamente insondável. O desejo de diferença pode configurar-se, de fato, como um desejo inteiramente voltado para o objeto errado. Atualmente, a identidade tende efetivamente a se tornar o novo ópio das massas. Isso porque a razão como faculdade humana universal se encontra sitiada, e o modelo da democracia liberal que supostamente é uma de suas manifestações está em crise por toda parte.[51] A maioria dos antagonismos políticos se expressa cada vez mais de forma visceral. As crispações identitárias são sintomas do início da era da visceralidade. Viralizados pelas novas tecnologias de comunicação, esses sintomas levaram à liberação de energias negativas que procuram bodes expiatórios para explicar as desventuras destes tempos.

---

51. Ver o dossiê "Democracy: Its Normative Foundations and Current Crisis", da revista *Constellations* 26, n. 3, 2019: 355-474.

Num outro plano, o desejo de diferença nem sempre é um desejo espontâneo. Além de sistemas econômicos, os regimes escravista e colonial, por exemplo, eram gigantescas máquinas de fabricação da diferença racial e cultural.[52] O regime do capitalismo integral em que vivemos é, entre outras coisas, um regime de proliferação das diferenças. A diferença, sob a globalização, é produzida e circula como um meio de troca e como um objeto de consumo. Em muitos aspectos, a economia política contemporânea fez da diferença ao mesmo tempo sua matéria-prima e sua moeda de troca.

O humanismo clássico em que se alicerçam a democracia liberal e o republicanismo está comprometido demais para que possa suscitar adesões duradouras e incondicionais. É preciso emendá-lo e retornar a uma concepção integral do mundo, da própria Terra. Além de nos pertencer a todos em parcelas iguais, a Terra é habitada por diversas espécies, humanas e não humanas, com as quais novas formas de conivência, coexistência e convívio devem ser negociadas. Em relação ao futuro imediato, portanto, o parâmetro não é mais tanto o Estado-nação, a etnia ou as identidades individuais, e sim o planeta. Mas o planeta em si faz pouco sentido fora de sua dimensão cósmica. O em-comum resultará do reconhecimento do entrelaçamento do nosso mundo. É por isso que, na redefinição de uma política em prol do bem do mundo mais além do humano, pensar e sanar são indissociáveis.

Não muito tempo atrás, pretendia-se delimitar com maior ou menor precisão a fronteira entre aqui e alhures. Hoje, um exercício desse tipo é inútil. A fronteira tende agora a se distender, se não a se dissolver, apesar de todas as tentativas de externalizá-la, de miniaturizá-la ou de militarizá-la. De fato, a despeito

---

52. Ler David Roediger, *The Wages of Whiteness: Race and the Making of the American Working Class*. New York: Verso, 1999; Theodore W. Allen, *The Invention of the White Race, vol. 2: The Origin of Racial Oppression in America*. New York: Verso, 1997. No caso das colônias de povoamento, ver, a título de exemplo, Yuka Suzuki, *The Nature of Whiteness: Race, Animals, and Nation in Zimbabwe*. Seattle: University of Washington Press, 2017.

dos nacionalismos e etnonacionalismos, o mundo sempre foi um só. Querendo ou não, todos somos titulares do direito a ele. Os tempos nunca foram tão propícios para redefinir os parâmetros daquilo que temos em comum nesta era global.

Seja como for, o mundo não é extensível ao infinito. Os humanos não são nem seus únicos habitantes nem seus únicos titulares. Não lhes caberia, portanto, exercer sobre este mundo uma soberania ilimitada. Sendo assim, a verdadeira democracia só pode ser a dos seres vivos como um todo. Essa democracia dos viventes exige um aprofundamento, não no sentido do universal, mas no sentido do "em-comum", e, portanto, um pacto de cuidado, o cuidado do planeta, o cuidado prestado a todos os habitantes do mundo, humanos e não humanos.

No centro desse pacto de cuidado está, já de saída, o dever de restituição e reparação, os primeiros passos para uma verdadeira justiça global. Segundo antigas vertentes do pensamento na África, os atos de reparação englobam a totalidade da matéria viva. Ela é vista como um tecido em produção e, portanto, passível de remendo. Esses atos não dizem respeito apenas às feridas e aos traumas que se sucedem. A clínica não trata propriamente da recuperação de propriedades perdidas. Ela visa, acima de tudo, recompor a relação. E esta é de ordem cósmica, na medida em que precisa tratar de todos os corpos do mundo. A clínica engloba necessariamente aquilo que Kant chamou de *"hospitalidade universal"*. Ele advertera já de início que se tratava "não de filantropia, mas do *direito"*. Nesse caso, o que significa hospitalidade no contexto da lei kantiana? Aos olhos do filósofo, a hospitalidade significaria

> o direito de um estrangeiro, por conta de sua chegada à terra de um outro, de não ser tratado hostilmente por este. Este pode rejeitá-lo, se isso puder ocorrer sem sua ruína; enquanto, porém, comportar-se pacificamente, não pode tratá-lo hostilmente. Não há nenhum *direito de hospitalidade* que possa reivindicar (para o que seria requerido um contrato

caritativo particular para fazê-lo hóspede durante certo tempo), mas um *direito de visita*, que assiste a todos os homens, de oferecer-se à sociedade em virtude do direito da posse comunitária da superfície da Terra, sobre a qual, enquanto esférica, não podem dispersar-se ao infinito, mas têm finalmente de tolerar-se uns aos outros, e ninguém tem mais direito do que outrem de estar em um lugar da Terra.[53]

Na medida em que "ninguém tem mais direito do que outrem de estar em um lugar da Terra", a fronteira como tal já não pode ser objeto de sacralização. Não pode ser transformada em um oneroso interdito. "Atravessar a fronteira é um privilégio do qual ninguém deve ser privado por razão alguma", disse Édouard Glissant a respeito disso. "Só existe fronteira para essa plenitude de finalmente a transpor e através dela compartilhar em plenitude as diferenças. A obrigação de ter que forçar qualquer fronteira que seja, sob a pressão da miséria, é tão escandalosa quanto as causas dessa miséria",[54] acrescentou.

Como não cansou de repetir Édouard Glissant, "cada um de nós precisa da memória do outro, porque não se trata de uma virtude de compaixão ou caridade, mas de uma lucidez inédita num processo de Relação".[55] Se quisermos compartilhar a beleza do mundo, acrescentou, teremos que aprender a ser solidários em relação a todos os seus sofrimentos. Teremos que aprender a lembrar juntos e, ao fazê-lo, reparar juntos o tecido e a face do mundo. Não se trata, portanto, de se fechar em si mesmo, de se deixar invadir pela obsessão com o próprio lar, com o estar entre pares, com o em-si transcendental, mas de ajudar a levantar, ao longe, essa nova região do mundo na qual todos poderemos entrar incondicionalmente, a fim de abraçar, de olhos abertos, o que nele há de inextricável, sua estrutura indecomponível, seu caráter compósito.

---

53. Immanuel Kant, *À paz perpétua*. Trad. Marco Zingano. Porto Alegre: L&PM Pocket, 2008, p. 37-38.
54. Édouard Glissant, *Une nouvelle région du monde. Esthétique 1*. Paris: Gallimard, 2006, p. 123.
55. *Ibid.*, p. 161.

E o projeto do em-comum abre caminho para o passante. O passante remete, em última instância, àquilo que constitui nossa condição comum, a de mortal, no caminho para um futuro que, por definição, está aberto. Estar de passagem é, enfim, a condição humana terrena. Assegurar, organizar e governar a passagem e não instruir novos fechamentos, eis a tarefa da democracia na era global.

FRATURAÇÃO

O que há não muito tempo era chamado de "história universal" está longe de estar concluído, e as coisas estão longe de estarem fixas de uma vez por todas, para sempre petrificadas. Abertura e movimento continuam sendo duas das mais eminentes marcas da época, se não da vida. Carl Schmitt estava bem ciente disso ao afirmar que, "enquanto os seres humanos e os povos ainda tiverem um futuro e não apenas um passado, um novo *nomos* surgirá" sob "formas sempre novas". Pois cada nova era na coexistência dos povos, impérios e países exige quase inevitavelmente "novas divisões de caráter espacial, novas circunscrições e ordenações do espaço da Terra",[1] acrescentou.

O corpo da Terra

Antes de ir mais longe, no entanto, é preciso lembrar o que Schmitt entende por "Terra" e pelo termo "*nomos*". Normalmente, a Terra designa uma categoria espacial, uma extensão. É composta de um chão mais ou menos firme, paisagens, relevos, depressões e substratos, vestígios, cercamentos, pousios de reserva, santuários. Considera-se que ela se insere em um conjunto de direções

---

1. Carl Schmitt, *Le Nomos de la Terre. Dans le droit des gens du Jus publicum europaeum*, Paris: PUF, 2001, p. 83. [Ed. Bras.: *O nomos da Terra no direito das gentes do jus publicum europaeum*. Trad. Alexandre Franco de Sá, Bernardo Ferreira, José Maria Arruda e Pedro Hermínio Villas Bôas Castelo Branco. Rio de Janeiro: Contraponto, 2014.]

(leste, oeste, sul, norte). Feita de matéria mineral ou vegetal, ou mesmo de lavra, é redonda e, portanto, circunscrita. E é, acima de tudo, habitada. Ao habitá-la, os humanos, em particular, exercem domínio sobre ela, submetendo-a ao registro e à exploração. Eles a cultivam e eventualmente cuidam dela. Sua vida e seu destino são decididos sobre um terreno. Lar comum, é a morada dos seres humanos e de outras espécies, objeto de uma partilha primitiva entre todos os entes e, desse ponto de vista, é a um só tempo seu nome comum e seu corpo materno.[2]

Haveria, assim, por trás da imagem genérica que é a "Terra", algo da ordem de uma potência específica – a potência de alicerçamento, daquilo em que se sustenta a obra, qualquer que seja sua forma e seu autor. Mas haveria também algo relacionado à abrangência, à profundidade e à raiz – raiz que é, se não o ponto de origem de todas as coisas, aquela cujos limites escapam ao olhar, aquela que é escavada e que serve de abrigo fundamental para quem a habita. Embora redonda, a Terra acenaria, na realidade, para o ilimitado. Nenhum indivíduo ou Estado em particular seria capaz de reivindicar a propriedade legítima da Terra como um todo. Os humanos poderiam deixar alguma marca de sua passagem sobre ela, mas, no fundo, envolta numa noite escura, a Terra permaneceria sempre distinta de seus habitantes. Poucos deles teriam testemunhado seus primórdios e jamais será possível a todos conhecer seu fim. Algo em sua substância e materialidade a tornaria, portanto, de uma forma ou de outra, fundamentalmente inapropriável. É por essa razão que ela ocuparia uma posição tão central nas "eras do mundo".[3]

Não se trata, portanto, de algo que se resume à mera matéria, formação geológica e massa compacta constituída por camadas

---

2. Renée Koch Piettre, Odile Journet e Danouta Liberski-Bagnoud (orgs.), *Mémoires de la Terre. Études anciennes et comparées*. Grenoble: Jérôme Millon, 2019.
3. Friedrich Wilhelm Joseph von Schelling, *Les Âges du monde*. Paris: Vrin, 2012.

múltiplas e estratificadas. Tampouco se trata de uma entidade muda. Para além de suas múltiplas faces, ela também está presa em uma interminável rede de funções simbólicas. Verdadeiro "ventre do mundo", ela assegura o equilíbrio do cosmos e é, nesse aspecto, o lugar por excelência do em-comum e da partilha. Mas é também o que se mantém sempre *em reserva*, ou seja, inapropriável. Por inapropriável se deve entender não apenas aquilo que, por princípio, é refratário aos procedimentos de alienação, mas também aquilo de que ninguém poderia ser privado ou então aquilo cujo uso não poderia ser legitimamente negado a quem quer que fosse. Nesse sentido, a Terra é a instância máxima de verificação para aquilo que os antigos gregos chamavam de *isonomia*, isto é, a lei que não apenas se aplica a todos, mas que é *igual para todos*. Também é o nome que deveria ser dado ao *homoios*, quer dizer, o *semelhante de todos os outros*.[4]

Em O nomos *da Terra*, Carl Schmitt parece não levar em conta as múltiplas formas de fabricar a propriedade e as relações que outras culturas estabelecem entre o solo e a Terra como tal. A relação dos humanos com a terra, para ele, é considerada principalmente sob a perspectiva do direito. A terra "está triplamente ligada ao direito", afirma. "Ela o abriga em si como recompensa do trabalho; ela o exibe em si como limite fixo; ela o porta sobre si como sinal público de ordem." E conclui: "O direito é terrestre e está referido à terra."[5] A terra é considerada não em si mesma, mas do ponto de vista daquilo que ela porta, do ponto de vista de sua capacidade de retribuir equitativamente àqueles e àquelas que a lavram (a fadiga, a labuta e as semeaduras em relação às colheitas) e do ponto de vista de sua capacidade de encarnar a ideia de uma justiça quase imanente.

4. Jean-Pierre Vernant, *Mito e pensamento entre os gregos*. Trad. Haiganuch Sarian. Rio de Janeiro: Paz e Terra, 1990.
5. Carl Schmitt, O nomos *da Terra*, *op. cit.*, p. 38.

No esquema schmittiano, um dos componentes intrínsecos da terra é o solo. Por sua vez, o solo se caracteriza pela firmeza. Habitar a terra significa, em parte, limpar o solo, traçar e demarcar os campos, prados e bosques. Significa também plantar e semear, deixando algumas partes em pousio e desmatando outras. No final desse trabalho, o solo está coberto por sebes e cercas, estacas e muros. Também está repleto de casas, construções e outras infraestruturas. Em outras palavras, a terra só se torna significativa graças à mediação do trabalho humano. Deixada por conta própria, ela dificilmente produzirá sociedade. Mas o essencial desse trabalho consiste em uma série de atos de partição e apropriação, aquilo que Schmitt chama de "tomadas".[6] Tais gestos de aquisição, que ele diz fundarem o direito, assumem uma variedade de formas. Não importa se ocorrem sob o signo da construção de cidades e sua fortificação, da colonização, das guerras, das invasões ou dos tratados, das ocupações, das barreiras ou dos bloqueios. Eles sempre criam a "primeira ordem de todas as relações de posse e de propriedade".[7] Em outras palavras, são atos originários fundadores do direito. "Tomar" terras, delimitar o solo, significa, pois, criar títulos jurídicos e fabricar a propriedade. É distinguir o teu do meu.

A propósito da "tomada de terras", aliás, Schmitt fala como se consistisse num evento eminentemente político, a "origem de toda ordem concreta posterior e de todo direito posterior",[8] o cerne efetivo de toda história de dimensão global, isto é, de uma história que abarca tudo aquilo que ocorre no mundo. Tal história não abrange apenas a totalidade do globo terrestre. Como outros observaram, ela é capaz, além disso, de suscitar os mais variados tipos de engrenagens, de colocar em movimento a história mundial, a totalidade

6. *Ibid.*, p. 40.
7. *Ibid.*, p. 50.
8. *Ibid.*, p. 53.

humana.[9] Mais ainda, esse caráter histórico se evidencia quando as "tomadas de terras" dão origem à emergência de uma nova "etapa da consciência humana do espaço e da ordem globais".[10]

Vista desse ângulo, a planetariedade assume, portanto, uma dupla dimensão. Por um lado, não há planetariedade na ausência de uma capacidade de representação global da Terra. Por outro lado, não há planetariedade sem a consciência de uma pertença comum a uma ordem espacial que abarque toda a humanidade. A consciência planetária pressupõe, portanto, a representação de um mundo comum "a todos os homens e a todos os povos", de um astro comum.[11] É o equivalente de uma consciência que não é mundial ou global, mas verdadeiramente astral, a inscrição em um universo que, embora sinalize uma existência terrena, amplia-a em direção ao cosmos como um todo. Um dos grandes momentos da emergência dessa consciência ocorreu na época dos chamados "Grandes Descobrimentos" dos séculos XVI e XVII, na realidade um momento de partilha e divisão da Terra que levou não apenas a uma nova ordem espacial, mas também à colisão dos imaginários.[12]

"[P]ela primeira vez a consciência global dos povos europeus apreendeu e mediu a Terra" como um todo.[13] Passa-se então de uma existência terrestre para uma existência marítima. A Revolução Industrial permitiu dar mais um passo à frente com o advento de um mundo tecnicizado. No século XIX, esse processo de divisão e partilha do globo prosseguiu com a conquista da África, a anexação de faixas inteiras de seu território, a ocupação colonial e uma

---

9. Kostas Axelos, *Vers la pensée planétaire. Le devenir-pensée du monde et le devenir-monde de la pensée*. Paris: Les Belles Lettres, 2019 [1964]; ver em especial p. 13-54 e 339-363.

10. Carl Schmitt, *O nomos da Terra*, *op. cit.*, p. 54.

11. *Ibid.*, p. 55.

12. Nathan Wachtel, *La Vision des vaincus. Les Indiens du Pérou devant la Conquête espagnole, 1530-1570*. Paris: Gallimard, 1971.

13. Carl Schmitt, *O nomos da Terra*, *op. cit.*, p. 54

série de cessões territoriais que subverteram completamente a ordem espacial anterior e completaram o *nomos* inaugurado pelas tomadas de terras dos séculos xv ao xviii. O resultado foi uma reorganização estrutural do planeta, um novo conjunto de limites e uma redistribuição da violência e do poder. Essa nova consciência espacial planetária, por sua vez, deu origem a novas lutas visando traçar as linhas das novas delimitações, dos novos cercamentos.

Escalada

Desde meados do século xx, a Terra vem passando por mudanças aceleradas e multifacetadas, com resultados paradoxais. As próprias fronteiras são cada vez menos evidentes.[14] O mesmo se aplica ao que a distingue, por exemplo, dos vastos espaços marítimos, das riquezas que eles encerram e das condições para a sua apropriação.[15] Quer se trate de novas formas de conflito, da vida das moedas, dos investimentos e das trocas comerciais, ou então dos campos da criatividade cultural e artística, das formas urbanas e dos regimes confessionais, tudo está em processo de recomposição sob condições de incerteza por vezes radicais. Coisas às quais se estava habituado estão morrendo. Outras que se consideravam desaparecidas para sempre retornam sob novos nomes, com novas máscaras e às vezes nos mesmos cenários de outrora,

14. Ler Tanja L. Zwann (org.), *Space Law: Views of the Future*, Deventer: Kluwer, 1988; G. C. M. Reijnen e W. de Graaff, *The Pollution of Outer Space, in Particular of the Geostationary Orbit: Scientific Policy and Legal Aspects*. Dordrecht: Martinus Nijhoff, 1989.

15. No que se refere às dimensões jurídicas desses debates, ver John P. Craven (org.), *The International Implications of Extended Maritime Jurisdiction in the Pacific: Proceedings of the 21st Annual Conference of the Law of the Sea Institute*. Honolulu: Law of the Sea Institute, 1989; Lewis M. Alexander et al. (orgs.), *New Developments in Marine Science and Technology. Economic, Legal and Political Aspects of Change*. Honolulu: Law of the Sea Institute, 1989; John M. Van Dyke et al. (orgs.), *International Navigation: Rocks and Shoals Ahead*, Honolulu: Law of the Sea Institute, 1988; Brian D. Smith, *State Responsibility and the Marine Environment: The Rules of Decision*. Oxford: Clarendon Press, 1988; John Warren Kindt, *Marine Pollution and the Law of the Sea*. Buffalo: W. S. Hein, 1998.

embora com atores diferentes. Os fenômenos de mobilidade delineiam um mundo de mapas múltiplos, tecidos a partir de lugares simultaneamente de destino e de trânsito, de cruzamentos, entroncamentos, bifurcações e becos sem saída insuspeitos, de muros e bloqueios proteiformes, de enclaves, campos e prisões. Quais são as novas barreiras, cercas, fronteiras? Onde se encontram os novos santuários, as novas reservas?[16] As novas ordens espaciais são apenas terrestres? Onde começam e onde terminam?[17]

Este mundo de interfaces e entrecruzamentos múltiplos também anuncia inevitáveis secessões. As lógicas contemporâneas de secessão, segmentação e expulsão são impulsionadas por diferentes tecnologias globais. A produção em escala ampliada de "populações em situação irregular" e, portanto, privadas de qualquer proteção segue a pleno vapor. Esse fenômeno não diz respeito apenas aos migrantes, refugiados e requerentes de asilo. Ela caminha de mãos dadas com a monopolização da riqueza do planeta por ricos que têm pressa de exercer seu *direito de fuga* e desapego. Além disso, este mundo não se assenta em apenas um, mas em uma pluralidade de solos.[18] Sua ontologia não é apenas física, geológica, hidráulica ou mineral, mas também vegetal e sintética. Para o seu funcionamento e o das infraestruturas de computação planetária que constituem como que suas próteses,

---

16. Dorinda G. Dallmeyer e Louis DeVorsey Jr., *Rights to Oceanic Resources: Deciding and Drawing Maritime Boundaries*. Dordrecht: Martinus Nijhoff, 1989.

17. Barbara Kwiatkowska, *The 200-Mile Exclusive Economic Zone in the New Law of the Sea*. Dordrecht: Martinus Nijhoff, 1989; Prosper Weil, *The Law of Maritime Delimitation: Reflections*. Cambridge: Grotius, 1989; Fillmore Earney, *Marine Mineral Resources*. London: Routledge, 1990. Ler também Umberto Leanza (org.), *Mediterranean Continental Shelf: Delimitations and Regimes*, Dobbs Ferry: Oceana Publications, 1988.

18. Benjamin H. Bratton, *Le Stack. Plateformes, logiciel et souveraineté*. Grenoble: UGA, 2019.

ele requer uma extração energívora de todos os tipos de recursos e minerais, uma aceleração dos processos de combustão de diversas ordens, novas mediações imaginárias e linguísticas.[19]

Descrever e analisar os nascimentos deste mundo de múltiplos mapas exige reconhecer que o presente e o futuro da raça humana são indissociáveis do presente e do futuro de todas as outras espécies vivas. Para conseguir isso, é necessário descompartimentar, desterritorializar tudo, abrir-se a questões que não são internacionais ou mesmo transversais, mas planetárias; abranger as humanidades e as ciências naturais, aprofundar o questionamento filosófico e histórico, abrir espaço para as disciplinas da imaginação. É preciso também estar disposto a abandonar os territórios acadêmicos estabelecidos e os cálculos disciplinares e institucionais cuja única função é reproduzir os encargos regulamentares. Também é necessário aceitar trilhar caminhos por vezes oblíquos, por vezes transversais, justamente com o intuito de colocar em contato campos que geralmente tendem a ser separados.

Quanto ao resto, a escalada é inegável.[20] Já não há esfera da existência contemporânea que não tenha sido penetrada pelo capital. É certo que essa penetração é desigual. Em muitas partes do mundo, ela é geralmente vivida de forma vicária. Atordoadas pela pobreza, indigência e miséria, categorias inteiras de pessoas experimentam, em primeira mão, a dissociação entre o mundo efetivamente vivido, o mundo da vida corporal em um determinado ponto do solo terrestre e o mundo bem-aventurado e ubíquo das telas, certamente acessível aos olhos, mas tão distante de suas mãos, vozes e pertences.

---

19. N. Katherine Hayles, *Lire et penser en milieux numériques. Attention, récits, technogenèse*. Grenoble: UGA, 2016; e Angela Braito e Yves Citton (org.), *Technologies de l'enchantement. Pour une histoire multidisciplinaire de l'illusion*. Grenoble: UGA, 2014.

20. Esta segunda parte do capítulo foi publicada anteriormente sob o título de "La démondialisation", *Esprit* 12, dez. 2018: 86-94.

Quer se trate de afetos, emoções e sentimentos, aptidões linguísticas, manifestações do desejo, dos sonhos ou do pensamento – em suma, a própria vida –, nada parece escapar ao seu alcance. Ele capturou até mesmo as camadas inferiores do mundo, muitas vezes deixando para trás vastas extensões de escombros e toxinas, os dejetos de homens carcomidos por chagas, cancros e furúnculos. Uma vez que tudo se tornou fonte potencial de capitalização, o capital se converteu em mundo, uma alucinação de dimensão planetária, produzindo em escala ampliada sujeitos que são simultaneamente calculistas, fictícios e delirantes.

Como o capital se fez carne, tudo passou a ser uma função do capital, inclusive a interioridade. Os processos que levam a essa extensão integral são erráticos. Por toda parte criam aleatoriedade e incerteza. Por toda parte institucionalizam o risco e a precariedade na própria desdita do real.[21] Às vezes estão sujeitos a abusos e aliciamentos. Independentemente disso, o capital tornou-se nossa infraestrutura comum, nosso sistema nervoso, a garra transcendental que agora desenha o mapa do nosso mundo e de seus limites psicofísicos.

Essa criação de mundo está ocorrendo em um momento em que a ordenação das sociedades passa a se realizar sob um único signo, a computação digital. Por computação digital, três coisas devem ser entendidas. Primeiro, um sistema técnico ou um dispositivo mecânico especializado no trabalho de abstração e, portanto, na captura e no processamento automático de dados (materiais e mentais) que devem ser identificados, selecionados, triados, classificados, recombinados e acionados. Se, desse ponto de vista, a digitalização constitui um trabalho de abstração, ele

---

21. A respeito desses debates, ler Pat O'Malley, *Risk, Uncertainty and Government*. London: Glasshouse Press, 2004; Samid Suliman, "Global development and precarity: A critical political analysis", *Globalization* 16, n. 4, 2019: 525-540. Para um estudo de caso, ver Brett Neilson, "Precarious in Piraeus: On the making of labour insecurity in a port concession", *Globalization* 16, n. 4, 2019: 559-574.

dificilmente deixará de ser inseparável de outro, o cálculo – tanto do vivível quanto do pensável. Mas, quer seja ou não suportado por arquiteturas técnicas, o cálculo é, por princípio, um jogo de probabilidades. Uma vez que se trata, em última instância, de uma questão de acaso, a indeterminação segue, pois, sendo a regra.[22]

A computação é, em segundo lugar, uma instância de produção e de constituição em série de sujeitos, objetos, fenômenos, mas também de consciências e de memórias e traços que podem ser codificados e armazenados e que, além disso, são dotados de capacidades circulantes. Por fim, a computação é a instituição por meio da qual se cria e se molda um mundo comum, um novo senso comum, novos ordenamentos da realidade e do poder. Esse mundo e esse senso comuns são o produto da fusão de três tipos de *ratio*, cada um deles sujeito a uma dinâmica de expansão e incremento – a razão econômica, a razão biológica e a razão algorítmica. Essas três formas de razão são assombradas por um fantasma metafísico – a tecnolatria.

Mecanismos computacionais, modelagem algorítmica e expansão do capital pela totalidade da vida são agora um único processo. Quer se trate de corpos, nervos, matéria, sangue, tecidos celulares, cérebro ou energia, o projeto permanece o mesmo: a conversão de qualquer substância em quantidades, o cálculo preemptivo das potencialidades, dos riscos e das contingências, visando sua financeirização, por um lado, e a conversão de propósitos orgânicos e vitais em meios técnicos, por outro. A questão, portanto, é desprender tudo de todo e qualquer substrato, de toda e qualquer corporeidade, de toda e qualquer materialidade; "artificilizar" tudo e "automatizar" e "autonomizar" tudo. É uma

---

22. A respeito dessas discussões, será de grande proveito ler os trabalhos de Luciana Parisi, "Critical computation, digital automata and general artificial thinking", *Theory, Culture & Society*, 22 jan. 2019, <*https://doi.org/10.1177/0263276418818889*>, a seguir "Instrumental reason, algorithmic capitalism and the incomputable", *Multitudes* 1, (62), 2016: 98-109.

questão de submeter tudo a efeitos de quantificação e abstração. A digitalização nada mais é do que essa captura de forças e potencialidades e sua anexação pela linguagem de uma máquina-cérebro transformada em sistema autônomo e automatizado.

Fronteirização

A humanidade está efetivamente a ponto de renascer para uma segunda natureza, por meio de uma transformação intrínseca do horizonte do cálculo e de uma extensão quase indefinida das lógicas de quantificação. Pode parecer paradoxal, até mesmo contraintuitivo, qualificar esse momento tecnológico como entrópico. Mas ele o é, sob muitos aspectos. De fato, captar, identificar, dividir, triar, selecionar e classificar não é de alçada exclusiva das máquinas artificiais. Isso compete também às fronteiras, esses lugares em que, para muitos de nossos contemporâneos, o mundo se desfaz e a globalização encontra seus limites.

A fronteira não é mais apenas uma linha de demarcação que separa distintas entidades soberanas. Como um dispositivo ontológico, ela agora opera por si só e em si mesma, anônima e impessoal, com suas próprias leis. Ela é cada vez mais o nome próprio da violência organizada que sustenta o capitalismo contemporâneo e a ordem do nosso mundo em geral – a criança separada dos pais e trancada em uma jaula,[23] mulheres e homens supérfluos e condenados ao abandono, naufrágios e afogamentos às centenas,

---

23. Karen Jones-Mason, Kazuko Y. Behrens e Naomi I. Gribneau Bahm, "The psychological consequences of child separation at the border: Lessons from research on attachment and emotion regulation", *Attachment & Human Development*, 26 nov. 2019, <https://bit.ly/3F6bpaq>; ler também Sarah Mares, "Fifteen years of detaining children who seek asylum in Australia – evidence and consequences", *Australasian Psychiatry*, 8 dez. 2015, <https://bit.ly/3APGZXh>.

ou mesmo aos milhares, a cada semana,[24] a espera e a humilhação sem fim nos consulados,[25] o tempo suspenso, jornadas de infortúnio e errância por aeroportos, delegacias de polícia, parques, estações ferroviárias, até mesmo pelas calçadas das grandes cidades, onde, assim que a noite cai, cobertores e trapos são arrancados de seres humanos já despojados e privados de quase tudo, incluindo água, higiene e sono, de corpos degradados, em suma, de uma humanidade deserdada.[26]

Na realidade, tudo nos remete à fronteira, marco zero da não relação e da negação da própria ideia de uma humanidade comum, de um planeta, o único que temos, que juntos compartilhamos e ao qual nos vincula nossa condição comum de passantes. Mas talvez fosse necessário, para ser bem exato, falar de "fronteirização" em vez de fronteiras.[27]

O que é, pois, "fronteirização" senão o processo pelo qual os poderes deste mundo continuamente convertem certos espaços em lugares intransitáveis para determinadas categorias de pessoas? O que é senão a multiplicação consciente de espaços de perda e de luto, aonde as vidas de tantas pessoas consideradas indesejáveis chegam para serem destroçadas?[28] O que é senão uma forma de travar a guerra contra inimigos cujos meios de vida e

24. Henrik Dorf Nielsen, "Migrant deaths in the Arizona Desert: La vida no vale nada", *Journal of Borderlands Studies* 34, n. 3, 2019; Joseph Nevins, "The speed of life and death: Migrant fatalities, territorial boundaries, and energy consumption", *Mobilities* 13, n. 1, 2018.

25. Francesca Zampagni, "Unpacking the Schengen visa regime: A study on bureaucrats and discretion in an Italian consulate", *Journal of Borderlands Studies* 31, n. 2, 2016.

26. Tamara Last et al., "Deaths at the borders database: Evidence of deceased migrants' bodies found along the southern external borders of the European Union", *Journal of Ethnic and Migration Studies* 43, n. 5, 2017; Cédric Parizot, "Viscous spatialities: The spaces of the Israeli permit regime of access and movement", *The South Atlantic Quarterly* 117, n. 1, 2018.

27. Ver o dossiê "Effets-frontières en Méditerranée: contrôles et violences", *Cultures & Conflits* 99-100, 2015.

28. Tamara Last, "Challenging the anonymity of death by border sea: Who are boat migrants?", in Violeta Moreno-Lax e Efthymios Papastavridis, *Boat Refugees and Migrants at Sea*. Leiden: Brill, 2016.

condições de sobrevivência foram arrasados anteriormente – o emprego de munições perfurantes à base de urânio e de armas proibidas como o fósforo branco; o bombardeio a alta altitude da infraestrutura básica; o coquetel de produtos químicos cancerígenos e radioativos depositados no solo e que contaminam o ar; a poeira tóxica nos escombros das cidades arrasadas, a poluição causada pela queima de petróleo?[29]

E quanto às bombas? Desde o último quartel do século xx, a quais tipos de bombas não foram submetidas as populações civis, os habitats e ambientes – bombas cegas convencionais reconvertidas por meio da instalação na cauda de sistemas de navegação inercial; mísseis de cruzeiro equipados com ogivas de busca e rastreamento por infravermelho; bombas de micro-ondas projetadas para paralisar os centros eletrônicos de comando e controle do inimigo; bombas que explodem nas cidades, emitindo feixes de energia que parecem raios; outras bombas de micro-ondas que não matam, mas queimam pessoas elevando a temperatura da pele; bombas termobáricas que deflagram paredes de fogo, absorvem oxigênio de espaços mais ou menos fechados, matam com ondas de choque e asfixiam praticamente qualquer coisa que respire; bombas de fragmentação com efeitos devastadores sobre as populações civis, que se abrem acima do nível do solo e dispersam, sem precisão e por grandes áreas, microexplosivos destinados a explodir em contato com os alvos; bombas de todos os tipos, demonstração absurda de um poder de destruição sem precedentes.[30]

---

29. Catherine Lutz et al., *War and Health: The Medical Consequences of the Wars in Iraq and Afghanistan*. New York: New York University Press, 2019; Barry S. Levy e Victor W. Sidel, "Documenting the effects of armed conflict on population health", *Annual Review of Public Health* 37, 2016: 205-218.

30. Ler Joseba Zulaika, *Hellfire From Paradise Ranch: On the Frontlines of Drone Warfare*. Berkeley: University of California Press, 2019; Katherine Chandler, *Unmanning: How Humans, Machines and Media Perform Drone Warfare*. New Brunswick: Rutgers University Press, 2019. Ver também Jairus Victor Grove, *Savage Ecology: War and Geopolitics at the*

De que forma é possível, nesse cenário, surpreender-se com o fato de que fujam aqueles sobreviventes desse inferno vivo que porventura tenham condições de fazê-lo, buscando refúgio em qualquer lugar, em todos os cantos da Terra onde suas vidas possam ser poupadas? Essa forma da guerra de atordoamento, calculada e programada, travada por novos meios, é uma guerra contra a própria ideia de mobilidade, de circulação, de velocidade, numa época que é justamente de velocidade, de aceleração e cada vez mais de abstração, cada vez mais de algoritmos.[31]

Além disso, ela tem por alvos não corpos singulares, e sim massas humanas consideradas vis e supérfluas, mas das quais cada órgão deve ser submetido a uma incapacitação específica, a ser herdada de geração em geração – olhos, nariz, boca, orelhas, língua, pele, ossos, pulmões, intestinos, sangue, mãos, pernas, todos esses aleijados, paralíticos e sobreviventes, todas essas doenças pulmonares como a pneumoconiose, todos esses vestígios de urânio no cabelo, milhares de casos de câncer, abortos espontâneos, malformações infantis, deformidades congênitas, tórax escavados, disfunções do sistema nervoso, a grande fissuração.

A luta travada contra determinados corpos abjetos, pilhas de carne humana, está ocorrendo em escala global. Está em vias de se tornar a marca do nosso tempo. Com frequência, ela precede, acompanha ou complementa o que acontece em nosso meio ou à nossa porta, a caça de corpos que cometeram o erro de se mover (isso que é inerente a um corpo humano), corpos que se acredita terem invadido lugares e espaços onde

---

End of the World. Durham: Duke University Press, 2019; e Achille Mbembe, *Políticas da inimizade, op. cit.*

31. Margarida Mendes, "Molecular colonialism", in M. Mendes (org.), *Matter Fictions*. Berlin: Sternberg Press, 2017, p. 125-140.

não deveriam estar, lugares que eles agora sobrecarregam com sua mera presença e dos quais devem ser removidos.[32]

Como sugere a filósofa Elsa Dorlin, essa forma de violência visa presas.[33] Ela se assemelha às grandes caçadas de outrora. Antes de mais nada, à caça de perseguição e à caça com armadilhas e suas respectivas técnicas – o rastreio, a perseguição, a emboscada e o encurralamento de animais perseguidos até se verem cercados, capturados ou mortos, com a ajuda de cães de matilha e de farejadores. Mas também faz parte de uma longa história de caçadas humanas. Grégoire Chamayou estudou suas modalidades em *Les Chasses à l'homme*.[34] Trata-se sempre dos mesmos alvos – quilombolas, "peles-vermelhas", peles-negras, judeus, apátridas, pobres e, mais perto de casa, os indocumentados.[35] Essas caçadas se lançam sobre corpos animados e em movimento, que, apesar de dotados de força de tração, intensidade, capacidade de fuga e mobilidade, supostamente não são corpos feitos de carne e de sangue como os nossos, rotulados e ostracizados como são. Além disso, essa caçada ocorre num momento em que as tecnologias de aceleração estão em contínua expansão, criando um planeta segmentado, com velocidades múltiplas.

A tecnologização das fronteiras segue a pleno vapor.[36] Barreiras de separação física e virtual, digitalização de bancos de dados

32. John R. Logan e Deirdre Oakley, "Black lives and policing: The larger context of ghettoization", *Journal of Urban Affairs* 39, n. 8, 2017; Calvin John Smiley e David Fakunle, "From 'brute' to 'thug': The demonization and criminalization of the unarmed Black male victims in America", *Journal of Human Behavior in the Social Environment* 26, n. 3-4, 2016.

33. Elsa Dorlin, *Se défendre, op. cit.*

34. Grégoire Chamayou, *Les Chasses à l'homme. Histoire et philosophie du pouvoir cynégétique*. Paris: La Fabrique, 2010.

35. Stefan Newton, "The excessive use of force against Blacks in the United States of America", *International Journal of Human Rights* 22, n. 8, 2018.

36. Louise Amoore, "Biometric borders: Governing mobilities in the War on Terror", *Political Geography* 25, 2006: 336-351; Jose Sánchez del Rio et al., "Automated border control e-gates and facial recognition systems", *Computer & Security* 62, 2016: 49-72. De maneira geral, ler

e de sistemas de registro, desenvolvimento de novos dispositivos de rastreamento, como sensores, drones, satélites e robôs-sentinelas, sensores infravermelhos e câmeras de vários tipos, controle biométrico e utilização de *smartcards* contendo dados pessoais, tudo está sendo feito para transformar a própria natureza do fenômeno fronteiriço e precipitar o advento de uma fronteira móvel, portátil e onipresente.[37]

Clausura e expurgo

Migrantes e refugiados não são, portanto, enquanto tais, o principal objeto da disputa. De resto, eles não possuem nem nomes próprios, nem rostos singulares, nem carteiras de identidade. Não passam de criptas, espécie de jazigo ambulante com uma superfície de múltiplos órgãos, formas vazias, mas ameaçadoras, nas quais se tenta sepultar os fantasmas de uma época aterrorizada por si mesma e por seus próprios excessos. O sonho de uma segurança infalível, que requer não apenas vigilância sistemática e total, mas também expurgo, é sintomático das tensões estruturais que há décadas acompanham nossa transição para um novo sistema técnico mais automatizado, mais reticular e ao mesmo tempo mais abstrato, formado por múltiplas telas – digital, algorítmica, numinosa.

O mundo deixou de se manifestar para nós nos termos do passado. É ao nascimento de uma forma inédita do humano (o sujeito/objeto) e de outros tipos de espacialidade que estamos assistindo. A experiência fenomenológica que tínhamos do mundo sai disso profundamente abalada. Razão e percepção não mais coincidem. Daí a confusão. Vemos cada vez menos do que nos é mostrado e cada vez mais do que a todo custo queremos ver,

---

Irma Van der Ploeg, *The Machine-Readable Body Essays on Biometrics and the Informatization of the Body*. Maastricht: Shaker Publishing, 2005.

37. Louise Amoore e Alexandra Hall, "Taking people apart: Digitised dissection and the body at the border", *Environment and Planning D: Society and Space* 27, 2009: 444-464.

mesmo que aquilo que a todo custo queiramos ver não corresponda a nenhuma realidade original. Talvez mais do que antes, outros possam se oferecer a nós em uma presença física e tátil concreta, enquanto permanecem numa ausência espectral e num vazio não menos concreto, quase fenomenal. É o caso dos migrantes, dos refugiados e dos requerentes de asilo. Não é apenas o modo como surgem entre nós que nos mergulha numa ansiedade histórica e existencial. É também a matriz ontofânica, da qual supomos que sejam apenas a máscara (o que existe, decididamente, por trás do que aparece?), que nos lança em um estado de inquietação e incerteza radicais.

As rotas migratórias mais mortíferas em um mundo que de resto está cada vez mais balcanizado e repleto de enclaves? A Europa! Os esqueletos ao mar e o maior cemitério marítimo neste início de século? A Europa! A infinidade de desertos, águas territoriais e internacionais, enseadas, ilhas, estreitos, enclaves, canais, rios, portos e aeroportos transformados em cortinas de ferro tecnológicas? A Europa! E, para coroar tudo isso, nestes tempos de permanente escalada, os campos. O retorno dos campos.[38] A Europa dos campos. Samos, Chios, Lesbos, Idomeni, Lampedusa, Ventimiglia, Sicília, Subotica, o rosário dos campos.[39]

Campos de refugiados? Campos de deslocados? Campos de migrantes? Zonas de retenção para pessoas em trâmite? Áreas de trânsito? Centros de retenção? Locais de abrigo emergencial? A Selva? Paisagem compósita e heterogênea, com certeza. Sintetizemos tudo isso em uma palavra, porém a única que realmente

38. Federico Rahola, "La forme-camp. Pour une généalogie des lieux de transit et d'internement du présent", *Cultures & Conflits* 4 (68), 2007: 31-50; Michel Agier, "Camps, encampments, and occupations: From the heterotopia to the urban subject", *Ethnos* 84, n. 1, 2019. E, de maneira geral, Elizabeth A. Povinelli, "Driving across late liberalism: Indigenous ghettos, slums and camps", *Ethnos* 84, n. 1, 2019.

39. Maurizio Albahari, *Crimes of Peace: Mediterranean Migrations at the World's Deadliest Border*. Philadelphia: University of Pensylvania Press, 2015; Leanne Weber e Sharon Pickering, *Globalization and Borders: Death at the Global Frontier*. New York: Palgrave Macmillan, 2011.

descreve o que se passa ali: *campos de estrangeiros*. Em última instância, na verdade, não se trata de outra coisa. Trata-se de campos de estrangeiros, tanto no coração quanto nos confins da Europa. E esse é o único nome que condiz com esses dispositivos e com o tipo de geografia carcerária que eles delineiam.[40]

Há alguns anos, eram quase quatrocentos deles no seio da União Europeia. Isso foi antes do grande afluxo de 2015. Desde então, novos campos, incluindo os de triagem, foram criados tanto na Europa quanto em suas fronteiras e, por iniciativa sua, em outros países. Em 2011, esses diversos locais de detenção eram capazes de abrigar um máximo de 32 000 pessoas. Em 2016, os números atingiam 47 000. Os detentos são sobretudo pessoas sem visto ou permissão de residência, considerados inelegíveis à proteção internacional. Trata-se, em sua maioria, de lugares de confinamento, espaços de relegação, dispositivos de isolamento de pessoas consideradas intrusas, sem qualquer título e, portanto, sem direitos e, pelo que se crê, sem dignidade. Fugindo de mundos e lugares que se tornaram inabitáveis por uma dupla predação, exógena e endógena, eles entraram onde não deveriam, sem serem convidados e sem que fossem desejados. Seu reagrupamento e isolamento dificilmente teriam como objetivo final socorrê-los. Ao detê-los em campos, o intuito também é – depois de colocá-los em uma posição de trâmite, que de antemão os despoja de qualquer estatuto perante a legislação ordinária – transformá-los em sujeitos potencialmente deportáveis, suprimíveis ou mesmo destrutíveis.[41]

---

40. Nick Gill et al., "Carceral circuitry: New directions in carceral geography", *Progress in Human Geography*, 3 nov. 2016, <https://doi.org/10.1177/0309132516671823>; Alison Mountz et al., "Conceptualizing detention: Mobility, containment, bordering, and exclusion", *Progress in Human Geography*, out. 2012.

41. Em relação aos antecedentes coloniais e fascistas dessas modalidades, ler Andreas Stucki, "'Frequent Deaths': The Colonial Development of Concentration Camps Reconsidered, 1868-1974", *Journal of Genocide Research* 20, 2018; a seguir, Javier Rodrigo, "Exploitation, fascist violence and social cleansing: A study of Franco's concentration camps from a comparative perspective", *European Review of History* 19, n. 4, 2012.

Essa guerra (que consiste em caçar, capturar, reagrupar, triar, separar e expulsar) tem um só objetivo. Não é tanto com o intuito de isolar a Europa do mundo nem de a converter em fortaleza inexpugnável, mas de consagrar, como privilégio exclusivo dos europeus, o direito de posse e de livre circulação sobre toda a extensão de um planeta do qual, no entanto, todos somos titulares legítimos.

Será então que o século XXI será o século da triagem e da seleção por meio das tecnologias de segurança? Dos confins do Saara e através do Mediterrâneo, estará o campo em vias de se tornar novamente a estação final de certo projeto europeu, de certa ideia da Europa no mundo, sua marca funesta, como intuiu Aimé Césaire não faz muito tempo?[42]

Uma das maiores contradições da ordem liberal sempre foi a tensão entre liberdade e segurança.[43] Essa questão parece ter sido decidida. A segurança agora supera a liberdade. Uma sociedade de segurança não é necessariamente uma sociedade de liberdade. Uma sociedade de segurança é uma sociedade dominada pela necessidade irreprimível de adesão a um conjunto de certezas. Ela teme o tipo de questionamento que se abre para o desconhecido e para o risco que, em contrapartida, precisa ser contido.

É por isso que, em uma sociedade de segurança, a prioridade é identificar a todo custo o que está por trás de cada aparição – quem é quem, quem vive onde, com quem e desde quando, quem faz o que, quem vem de onde, quem vai aonde, quando, por qual caminho, por que e assim por diante. E, mais ainda, quem planeja cometer quais atos, consciente ou inconscientemente. O projeto da sociedade de segurança não é afirmar a liberdade, mas controlar e governar os modos de aparição.

---

42. Aimé Césaire, *Discurso sobre o colonialismo, op. cit.*
43. Ler Hagar Kotef, *Movement and the Ordering of Freedom: On Liberal Governances of Mobility*. Durham: Duke University Press, 2015.

O mito contemporâneo alega que a tecnologia representa a melhor ferramenta para governar as aparições. Só ela permitiria resolver o problema, que é uma questão de ordem, mas também de conhecimento, de parâmetros, de antecipação, de previsão. É de se temer que o sonho de uma humanidade transparente para si mesma, desprovida de mistério, não passe de uma catastrófica ilusão. Por ora, são os migrantes e refugiados que pagam o preço disso. Nada garante que, em longo prazo, eles serão os únicos.

Nessas condições, como se poderá resistir à pretensão de uma das províncias do mundo a um direito universal de predação a não ser ousando imaginar o impossível, isto é, a abolição das fronteiras, quer dizer, a restituição a todos os habitantes da Terra, humanos e não humanos, do direito inalienável de circular livremente neste planeta?

ANIMISMO E VISCERALIDADE

O mundo nunca produziu tantos conhecimentos como hoje. A maior parte deles se refere a processos vitais e procedimentos mecânicos e físico-químicos. Outros são, em si mesmos, atos únicos de criação e imaginação. Muitos têm por função a invenção de forças móveis, na interface entre corpos e máquinas. Dessas forças se espera que sejam capazes de matar da forma mais rápida, eficiente e "limpa" possível, em nome da segurança.[1] Por outro lado, trata-se de transformar a totalidade do real em produto técnico, e o ser humano, especialmente, em um ente sintético, se necessário por meio de novos métodos de fertilização e de animação.[2]

A humanidade nunca teve tantas informações e dados a respeito de quase tudo, na verdade, a respeito de tudo o que vive. Aqueles que existem nunca estiveram tão acessíveis, por mais que, em sua grande maioria, as descobertas e inovações mais decisivas nos campos tecnológico-militar, científico e comercial permaneçam em segredo e regidas por patentes. Tudo isso é verdade. E, no entanto, a ignorância e a indiferença, sejam elas induzidas ou cultivadas, nunca foram tão difundidas. Isso porque, tal como o conhecimento, a ignorância é uma forma de poder.[3] Saber não

1. Lucy Suchman, "Situational awareness: Deadly bioconvergence at the boundaries of bodies and machines", *MediaTropes* 5, n. 1, 2015: 1-24; e Lauren Wilcox, "Embodying algorithmic war: Gender, race, and the posthuman in drone warfare", *Security Dialogue* 48, n. 1, 2017: 11-28.
2. Thomas Lamarre, *The Anime Machine: A Media Theory of Animation*. Minneapolis: University of Minnesota Press, 2009.
3. Ler, por exemplo, Stephan Scheel e Funda Ustek-Spilda, "The politics of expertise and ignorance in the field of migration management", *Environment and Planning D: Society and Space*, 25 abr. 2019; ou ainda Jutta Bakonyi, "Seeing like bureaucracies: Rearranging knowledge and ignorance in Somalia", *International Political Sociology* 12, n. 3, 2018:

conduz automaticamente à liberdade, ao mesmo tempo que não saber liberta de praticamente qualquer responsabilidade, permitindo, onde for necessário, um ganho de controle e poder.[4]

A vida demoníaca

A crítica à ideia de progresso já foi feita e não há praticamente mais nada que se possa acrescentar a ela. Como conceito, o progresso se assentava na fé em um movimento contínuo, não sujeito a interrupção. O movimento em si se justificava apenas por seus fins utilitários e funcionalistas. No paradigma do progresso, movimento contínuo e funcionalismo se confundiam com o vitalismo. Nisso, o progresso se opunha fundamentalmente a qualquer coisa que tivesse a aparência de algo morto. Não suportava nem ruína, nem declínio, nem velhice, nem inanição. Toda zona morta, toda parte morta e todo ponto morto contradiziam seu princípio.

A despeito da crítica ao progresso, o desejo de transformação perpétua do sujeito humano e do mundo e o desejo de pleno domínio da natureza e da vida ainda permanecem vivos. No fundo, o desejo e a vontade de poder continuam sendo o horizonte ao qual a humanidade jamais deixou de aspirar. Hoje, essa aspiração foi reduzida a uma mera questão de quantificação do mundo e de punção deste. Por assim dizer, o verbo se fez curva, círculo, diagrama, algoritmo.[5] Como a cifra se sobrepôs à palavra, o número se tornou o supremo fiador da realidade, em vez de seu indicador.[6]

256-273; e, de maneira geral, Linsey McGoey, "Strategic unknowns: Towards a sociology of ignorance", *Economy and Society* 41, n. 1, 2012: 1-16.

4. Ver Seb Franklin, *Control: Digitality as a Cultural Logic*. Cambridge: MIT Press, 2015.

5. Matteo Pasquinelli, "Three thousand years of algorithmic rituals: The emergence of AI from the computation of space", *e-flux* 101, 2019: 1-14. Ler, do mesmo autor, "The eye of the algorithm: Cognitive Anthropocene and the making of the world brain", 2014, *<https://bit.ly/3xVW4Fi>*; e"Machine that morph logic: Neural networks and the distorted automation of intelligence as statistical inference", 2017, *<https://bit.ly/3hPKNRb>*.

6. A respeito dessa longa história, ler Olivier Rey, *Quand le monde s'est fait nombre*. Paris: Stock, 2016.

De fato, o que a era moderna chamou de projeto de racionalização só foi possível graças a uma multiplicidade de inovações materiais, tecnológicas e práticas. O deciframento do universo, nomeadamente por intermédio da ciência e da matemática, pressupõe agora o conhecimento integral e infinitamente expansivo do universo e dos fenômenos que o movimentam.[7] Estamos, mais do que nunca, ancorados a essa trajetória, sustentados pelos mais variados tipos de mega e nanoestruturas e, sobretudo, por um novo tipo de inteligibilidade ou capacidade, que, na falta de uma terminologia alternativa, há que se chamar de digital.[8]

O advento da razão digital deu vida nova a uma antiga fantasia, a do conhecimento pleno. Ela vê o mundo como um imenso reservatório a ser haurido. Implacavelmente sujeita ao desejo de poder do homem, suas forças elementares estão presas à mecânica de um regime de conhecimento do qual nada deve escapar. Uma vez mais, saber, nessas condições, só faz sentido na medida em que autoriza a punção, a perfuração, a extração.[9] Portanto, somente os pontos de punção contam. E eles só contam porque, na ponta da cadeia, o que é extraído pode ser transformado em outra coisa antes de ser entregue ao consumo. Nesse processo de extorsão, a máquina desempenha um papel inestimável.

---

7. A exploração dos últimos continentes está longe de ter se encerrado, e a do universo extraterrestre e dos limites da vida mal começou. Ver Daniela Liggett, Bryan Storey, Yvonne Cook e Veronika Meduna, *Exploring the Last Continent: An Introduction to Antarctica*. New York: Springer, 2015; Michael J. Crowe, *The Extraterrestrial Life Debate, 1750-1900: The Idea of a Plurality of Worlds from Kant to Lowell*. Cambridge: Cambridge University Press, 1986; e Steven J. Dick (org.), *The Impact of Discovering Life Beyond Earth*. Cambridge: Cambridge University Press, 2015.

8. Francis Lee e Lotta Bjorklund Larsen, "How should we theorize algorithms? Five ideal types in analyzing algorithmic normativities", *Big Data & Society*, jul.-dez. 2019: 1-6; Suzanne L. Thomas, Dawn Nafus e Jamie Sherman, "Algorithms as fetish: Faith and possibility in algorithmic work", *Big Data & Society*, jan.-jun. 2018: 1-11.

9. Para um estudo de caso, ver Claire Wright, "Modèle extractiviste et pouvoirs d'exception en Amérique latine", *Cultures & Conflits* 112, 2019: 93-118.

Assim como hoje em dia a conexão cada vez mais íntima entre a economia e os fenômenos neurológicos ou entre a tecnologia e a biologia, a transformação do mundo em uma imensa forja impactou a imaginação dos primeiros críticos da era maquínica. O movimento de forças elementares monstruosas, velocidade rotacional, vibração e trepidação, poder explosivo, tudo lembrava uma fornalha, bem no início da combustão do mundo. "É a oficina dos Ciclopes", evocou Friedrich Georg Jünger. A paisagem, disse ele, "tem algo de vulcânico, e nela encontramos todos esses fenômenos que são visíveis durante e após as erupções vulcânicas: lava, cinzas, fumarolas, fumaça, gás, névoas noturnas iluminadas pelo fogo e devastação em grande escala". E, voltando-se para as "poderosas forças elementais que invadem até se avariarem as máquinas engenhosamente projetadas", que realizam automaticamente a operação uniforme de trabalho, acrescentou: "Elas se propagam através das tubulações, dos tanques, das engrenagens, dos dutos, dos altos-fornos, elas irrompem pela sala de máquinas, que, como todas as prisões, está apinhada de ferro e de grades, destinados a impedir que os prisioneiros escapem. Mas quem não é capaz de escutar esses prisioneiros gemerem e se lamuriarem, sacudirem as barras e vociferarem em uma fúria insensata quando se dispõe a ouvir essa profusão de novos e estranhos ruídos gerados pela técnica?" Esses ruídos são o resultado da conexão entre o mecânico e o elementar. São, por outro lado, nocivos, estridentes, cortantes, perfurantes, dilacerantes, clamorosos. São eles que conferem à técnica a face e as feições de um "demônio habitado por uma vontade própria".[10]

Todas essas feições seguem sendo o subsolo do projeto de conhecimento pleno na era algorítmica.[11] Assim como a *ratio*

---

10. Friedrich Georg Jünger, *La Perfection de la technique, op. cit.*, p. 144.
11. Ver as contribuições reunidas em "Algorithmic normativities", *Big Data & Society* 6, n. 2, jul.-dez. 2019.

técnica, a *ratio* digital e algorítmica pode efetivamente ser vista como a conjunção do pensamento causal e do pensamento teleológico, ao qual se deve acrescentar o pensamento preditivo. Em ambos os casos, o conhecimento é reduzido a um dispositivo. É uma forma de organização vinculante.[12] No caso da *ratio* digital e algorítmica, estamos lidando com um conhecimento que tem como objeto a totalidade dos fenômenos atuais e imagináveis. Seu campo é ilimitado, na medida em que, caso venha a existir, tal regime abrangeria não apenas os fenômenos em sua abstração, mas também as intenções e condutas humanas, os hábitos, desejos, necessidades e aspirações mais recônditos dos seres humanos.[13]

Esse novo tipo de conhecimento pleno é o produto de procedimentos de extração a partir da matéria-prima que são os dados e informações coletados em massa, analisados em tempo real ou diferido, dos quais são extraídas correlações significativas e cuja interpretação é automatizada. Esses procedimentos de extração, análise e disposição das relações são, cada vez mais, realizados por máquinas automáticas cuja ambição principal é deslocar os espaços de soberania e, em última instância, despojar para sempre a realidade de sua parcela fundamental de sombra.[14] O mistério seria abolido. Agora já não haveria mais nada inconcebível. O sujeito humano finalmente se ergueria diante de si mesmo, com plena clareza sobre si mesmo, com plena transparência das coisas e com o esplendor do seu destino. Mas será que isso realmente é sequer possível?

Ademais, nas condições atuais, o conhecimento pelo conhecimento, gratuito, agora se considera que não tem mais nenhum

---

12. Nick Couldry e Ulises A. Mejias, "Data colonialism: Rethinking big data's relation to the contemporary subject", *Television & New Media* 20, n. 4, 2018: 336-349.

13. A respeito desses debates, ler Rob Kitchin, "Big Data, new epistemologies and paradigm shifts", *Big Data & Society*, 1º. abr. 2014; Ian Lowrie, "Algorithmic rationality: Epistemology and efficiency in the data sciences", *Big Data & Society*, 24 mar. 2017.

14. Louise Amoore, "Cloud geographies: Computing, data, sovereignty", *Progress in Human Geography*, 11 ago. 2019, <*https://doi.org/10.1177/0309132516662147*>.

valor. O conhecimento só tem valor porque é aplicável industrialmente e, portanto, monetizável.[15] *A priori*, seu valor monetizável é o critério exclusivo da sua verdade. Nisso, ele não tem relação direta nem com a moral nem com a sabedoria.

Se o conhecimento e a verdade por si sós fossem realmente capazes de libertar, já faz tempo que, tendo-se emancipado da ignorância e do preconceito, do medo e da superstição, a humanidade teria encontrado a chave da felicidade e da paz – uma era de entendimento universal. E, no entanto, apesar da acumulação sem precedentes de conhecimento, as ideias ruins, pobres, simplistas e limitadas nunca fizeram tamanho sucesso. É uma era de fragmentação, de histórias miúdas, de encantamentos identitários e do desejo incestuoso que é seu corolário. O que se quer é permanecer entre os seus, contar uns aos outros histórias em que pouquíssimos ainda acreditam, mas pouco importa.

Uma das exigências de nosso tempo é a de ótimo desempenho e eficiência. É aceito que ótimo desempenho e eficiência só podem ser alcançados por meio de uma expansão da tecnologia. E, no entanto, quanto mais a razão, a ciência e a tecnologia dominam nossas vidas, mais sua força formativa parece diminuir na mentalidade pública. De fato, ao contrário do mito do Iluminismo, é possível que a razão não seja a força motriz da raça humana. A tecnicização da vida não nos torna mecanicamente seres cada vez mais racionais, muito menos razoáveis. Na verdade, quanto mais o progresso da ciência e da tecnologia faz retrocederem as fronteiras da ignorância, mais o império do preconceito, da credulidade e da tolice se amplia, como se um fundo sombrio e obscuro fosse necessário para a humanidade – a imensa reserva de noite com a qual a psicanálise tenta nos reconciliar. O mesmo se aplica ao consumo de signos de cujas origens não se tem a

---

15. Ver Scott Lash e Bogdan Dragos, "An interview with Philip Mirowski", *Theory, Culture & Society*, 1º mar. 2016, <*https://doi.org/10.1177/0263276415623063*>.

menor ideia. Percebe-se que a tecnofilia e o ódio à razão podem coexistir alegremente. E cada vez que esse limiar de conluio foi atingido, a violência resultante foi explosiva e visceral.

Talvez as ideias não estejam mortas, mas há decididamente uma tendência às histórias miúdas, por um lado, e à tecnolatria, por outro. "Os paladinos dos *big data* alimentam a ilusão epistemológica de que poderiam prescindir da teoria e que lhes seria possível fazer surgir o conhecimento a partir de uma 'simples' análise estatística dos dados",[16] afirma Pierre Lévy. Talvez sejam acusações infundadas, pois, por trás de cada estatística e de cada dado e de cada algoritmo, existe, de fato, implícita ou explicitamente, uma hipótese, uma teoria que não diz seu nome.

No fundo, a humanidade não renunciou à produção e manipulação de símbolos. O desejo de mitologia permanece intacto. Não há nem jamais haverá realidade sem símbolos. A novidade talvez esteja na produção acelerada de símbolos sem realidade, que se bastam a si mesmos e agora tendem a ocupar toda a superfície do real. Com a era digital, a humanidade entrou em novos regimes de produção e manipulação simbólica. Por trás de cada estatística, de cada código e algoritmo reside um recorte do mundo e do real, uma ideia e uma teoria, isto é, um idioma capaz de gerar a realidade que afirma descrever ou encapsular.

Não há atividade humana que não seja exclusivamente condicionada por ferramentas, técnicas e tecnologias. Isso é válido para atividades práticas tanto quanto para instituições, os espaços que habitamos. A tecnologia é uma das mediações por excelência dos viventes. O mesmo se aplica às criações da mente, até mesmo à própria democracia. Hoje, a maior parte das atividades humanas se deslocou para os mundos digitais. A própria esfera pública tornou-se, em grande medida, uma esfera digital. Agora ela tem um nome, a Rede.

---

16. Pierre Lévy, "Préface", in Stéphane Vial, *L'Être et l'Écran*. Paris: PUF, 2013, p. 14.

Quanto ao público, é em grande medida no âmbito digital que ele se corporifica, mas de uma maneira nova, sem corpo e sem carne. A relação com o mundo, com os outros, com as coisas, com as ideias é agora condicionada por tecnologias do silício. É essa a condição do novo século. Uma das propriedades das tecnologias digitais é, se não eliminar toda e qualquer ideia de substância, pelo menos dessubstantivar a substância para devolvê-la à única coisa que realmente conta, a velocidade.[17] A substância das coisas não está mais separada de sua superfície. Tudo acontece nas interfaces, locais privilegiados de imbricação do real e do virtual.

A época se caracteriza, portanto, pela geração ininterrupta de todos os tipos de fluxos. Cada indivíduo tomado separadamente tornou-se um potencial transmissor e consumidor de fluxos. São esses fluxos que agora nos constituem e dão substância e forma à vida social.[18] Em certo sentido, portanto, a esfera pública agora se confunde com uma economia de fluxos ininterruptos, que surgem, sobem e caem como ondas. Esse é, de resto, o traço significativo da condição tecnológica contemporânea. As indústrias eletrônicas não apenas tornaram possível a geração expansiva de todo tipo de dados sobre praticamente tudo; elas também liberaram capacidades sem precedentes de armazenamento desses dados. As coisas materiais não são o único alvo da digitalização. Ela também afeta as imagens e até mesmo toda a gama de faculdades humanas, incluindo as faculdades de cálculo, as faculdades de compreensão, de percepção e de representação e, acima de tudo, os afetos, os sentimentos e as emoções.[19]

---

17. Edemilson Paraná, *Digitalized Finance: Financial Capitalism and Informational Revolution*. London: Brill, 2018.

18. Essa vida social se desenrola em um contexto caracterizado por dispositivos inéditos de vigilância em massa e pelo aumento das condutas paranoicas. A respeito disso, ler Dirk Helbing (org.), *Towards Digital Enlightenment: Essays on the Dark and Light Sides of the Digital Revolution*. New York: Springer, 2018; Stephen Frosh, "Relationality in a time of surveillance: Narcissism, melancholia, paranoia", *Subjectivities* 9, n. 1, 2016: 1-16.

19. Yuk Hui, *On the Existence of Digital Objects, op. cit.*

A zona obscura

De que outra forma explicar a proliferação de histórias miúdas, histórias minúsculas, que se resumem todas a histórias de si mesmo, histórias egoicas? Essa contração da história e sua redução ao ego-domínio contribuem para tornar a esfera pública uma esfera de expressão pública do privado. Na era do narcisismo de massa, o público é trazido de volta à tela, a todos os tipos de telas.[20] A ausência de conexão é agora o que une uns aos outros, aquilo pelo que se reconhecem, aquilo que paradoxalmente os mantém unidos. Mas o que dizer da linguagem?

A imagem se tornou a linguagem preferencial do sujeito. Esse é o caso particularmente da imagem do corpo, o corpo do prazer, mas também do ego sofredor e vitimizado, de preferência na tela. Rodeado de imagens, o sujeito fez-se imagem. A imagem agora está entronizada no ponto em que o ato eucarístico tinha por nexo o corpo e o sangue oferecidos para serem tomados, bebidos e comidos. A dimensão eucarística e sacramental da imagem é tal que não se vê mais o sujeito, ora velado. Agora somos apenas uma série de corpos-imagens. "Uma das propriedades fundamentais da imagem, na verdade, é colocar no mesmo plano causalidades que podem ser muito diversas",[21] diz Éric Laurent. Para existir, para ser visto e conhecido, tudo hoje tem que ser colocado em imagens, acrescenta ele. Os processos mais fundamentais e os mais ocultos, quer se trate do próprio corpo ou do cérebro, devem ser colocados em imagens. Ver, compreender e pensar passam pela imagem. Os circuitos cognitivos também. Até a própria certeza. Nem mesmo as modalidades de prova escapam de se curvar à imagem.

---

20. Lucas D. Introna e Fernando M. Ilharco, "The ontological screening of contemporary life: A phenomenological analysis of screens", *Information Systems* 13, n. 3, 2004: 221-234.
21. Éric Laurent, *L'Envers de la biopolitique*. Paris: Navarin, 2016, p. 13.

Apesar disso, a função da imagem já não é representar o que quer que seja. As novas tecnologias de imagem possibilitam a elisão do lugar. Tendo causado a morte do próprio princípio da representação, à imagem agora só resta uma função: testemunhar a presença do id ou isto, ou, caso se queira, *do aquilo, do fosso que passou a ocupar o lugar do que esteve, mas não está mais, a não ser sob a forma do isto.* O id ou isto, nesse caso, remete a pulsões livres de qualquer censura. A censura do superego permitiu estruturar a divisão entre o sujeito e sua imagem e regulá-la. Uma vez que a divisão entrou em colapso desde que o sujeito se tornou imagem, a censura não é mais necessária. Só restou um imenso fosso que agora serve de receptáculo para todos os tipos de desejos.

Não é mais possível ignorar a relação entre o político e o pulsional. Hoje, a esfera pública tornou-se o lugar em que o sujeito se esforça para fazer seu autorretrato. Mas não pode haver autorretrato na ausência da imagem do corpo. O autorretrato só é possível se o corpo estiver envolvido em um vínculo social com outros corpos; se houver disposição para dar lugar às marcas do tempo na carne. Mas, no novo regime existencial que é o nosso, a identidade dificilmente consistirá em algo primário e estável. Pelo contrário, ela é matéria para composição; está constantemente sendo feita e desfeita. Trata-se de algo que é, em última instância, inapreensível. Pois a identidade se assemelha a um traço que a palavra ou o sentido tentam, em vão, apanhar e ratificar. Por isso é falsificável. Possibilitar diversos modos de autofruição, começando com a fruição de si mesmo por meio do autorretrato, é um dos novos desafios da política.

Além disso, as novas tecnologias livram o processo pulsional de todo tipo de obstáculo. Elas rompem a maior parte das fechaduras que permitiam a censura do superego. Poder-se-ia pensar que a saturação de nossas vidas com imagens levaria a uma fusão mais consistente do sujeito e de sua imagem. O paradoxo é que, sub-repticiamente, a divisão entre o sujeito e sua imagem continua a assombrar ambos. A força viva do corpo bruto não se extinguiu. A imagem não foi capaz de vencê-la. Apesar de sua força dissolvente, ela é obrigada a retornar ao corpo, ele próprio cada vez mais contido, em decorrência de um arranjo de componentes heterogêneos.[22] Pelo contrário, o sujeito se concebe como uma superfície na qual se registram uma imagem, diversas imagens, e elas não precisam ser consistentes.

A paixão narcísica é a chave do novo imaginário. O sujeito é uma série de combinados parciais no meio de um campo refratário a toda e qualquer unificação. Ostensivamente, nossa época tenta se libertar do inconsciente. Suas margens erógenas, os circuitos pulsionais e a matéria significante apontam para uma era que não quer ter nada a ver nem com a perda, nem com a dívida, nem mesmo com a autoridade. Fruir certamente é acumular, mas acima de tudo é despender, evacuar e dilapidar. No entanto também é uma era caracterizada pela recusa à última palavra. A esfera pública se reduz a esse lugar impossível, receptáculo de autorretratos impossíveis. Uma nova psicologia das massas está assim se desenhando e, com ela, uma nova forma política, a dos afetos. Governar é produzir, em cumplicidade com o capital, estruturas do desejo e modos de fruição. Se existe projeção, ela agora é autocentrada, voltada para si mesmo. É a nós mesmos que nos esforçamos para projetar sobre as coisas externas, sobre outras pessoas tomadas como telas. À primeira vista, tudo se resume à autoapresentação e à autonominação. Mas talvez estejamos testemunhando algo a um só tempo mais obscuro e mais elástico, novas *conformações* às quais as nanotecnologias contemporâneas servem de molde.

Um exemplo dessas "pequenas máquinas" e "nano-objetos" é o telefone celular, cuja introdução no continente africano foi um

---

22. Maurizio Meloni, "A postgenomic body: Histories, genealogy, politics" (2016), *Body & Society* 24, n. 3, 2018: 3-38.

evento tecnológico de uma singularidade marcante.[23] O telefone celular não é apenas um objeto comum. Tornou-se um verdadeiro armazém de conhecimento e uma assembleia crucial, que mudou a maneira como as pessoas falam, agem e escrevem, como se comunicam, como imaginam quem são, assim como sua relação consigo mesmas, com os outros e com o mundo em geral.

Junto com o desenvolvimento de outras mídias informáticas, a introdução do telefone celular também foi um evento estético decisivo. Na África, esse dispositivo não é apenas um meio de comunicação. É também um meio de se distinguir, de forjar o próprio estilo, em suma, de inventar uma assinatura própria. As pessoas passam muito tempo com esse objeto. Ele tornou-se mais que um companheiro, é uma extensão do ser, um recipiente para vidas às quais dá forma ou até mesmo sentido. A forma como esse objeto é tratado e a maneira como é cuidado são, por si sós, indicações acerca do modo como muitos gostariam de ser cuidados e, no fim das contas, do modo como gostariam de ser tratados.

Mas talvez tenha sido nos âmbitos filosófico, cultural e imaginário que o impacto foi mais explosivo. Não foi dada a devida atenção ao fato de que as culturas africanas pré-coloniais eram obcecadas com os mais variados tipos de questionamentos ontológicos e metafísicos. Questionamentos esses a respeito dos limites da Terra, dos limites da vida, do corpo e do eu, da temática do ser e da relação, do sujeito humano como um conjunto de múltiplas entidades, cujo arranjo era uma tarefa a ser constantemente retomada. Como atestam seus mitos, literaturas orais e cosmogonias, entre as grandes questões humanas que se colocavam estavam aquelas relacionadas ao mundo além do perceptível, do corpóreo, do visível e do consciente.

---

23. Os parágrafos a seguir retomam os elementos de uma entrevista com Bregtje van der Haak, publicada sob o título "Afrocomputation" em *Multitudes* 69, 2017: 198-204.

O próprio cosmos era imaginado sob a forma de uma viagem ininterrupta em direção ao desconhecido e ao inesperado. Tudo se passava nas interfaces, onde se supunha que se situasse o excedente de realidade. O tempo dos objetos não era estranho ao tempo dos humanos. Os objetos não eram vistos como entidades estáticas. Ao contrário, eram vistos como seres maleáveis e vivos, dotados de propriedades mágicas, originais e por vezes ocultas. Eram repositórios de toda sorte de energias, de vitalidade e de virtualidades e, como tais, convidavam constantemente à transmutação e até mesmo à transfiguração.

Algumas ferramentas, objetos técnicos e artefatos pertenciam ao mundo das interfaces e do aparato. Dessa forma, funcionavam como limiares em função dos quais se podia medir o grau de transgressão dos limites existentes. Ultrapassar com êxito tais limites proporcionava o acesso aos horizontes infinitos do universo. "Cosmificar" era operar de forma ininterrupta com a reversibilidade, a reticularidade e a fluidez. Com os seres humanos e as outras entidades vivas, os objetos mantinham relações recíprocas de causalidade. Foi o que os primeiros antropólogos chamaram de "animismo".

Hoje, tudo acontece como se os mundos digitais falassem, quase sem mediação, com esse inconsciente arcaico ou com a memória técnica mais profunda dessas sociedades. A era digital ou a era das mídias informáticas (das quais o telefone celular é uma das expressões) é a era em que os limites da Terra foram desmantelados e os imaginários da circulação – que eram as pedras angulares da produção da sociedade na África pré-colonial – foram liberados. Os sujeitos agora podem se mover mesmo que, objetivamente falando, estejam em situação de imobilidade.

Um novo estrato foi adicionado às antigas camadas de conexão que existiam antes do rádio, da televisão, do vídeo ou mesmo do cinema. Hoje é possível passar quase sem emenda da Idade da Pedra à Era Digital. Em virtude disso, foi o próprio conceito de relação que se viu enriquecido. A relação agora se sobrepõe à ontologia, ou, dito de outra forma, ontologia e relação se fundiram.

O poder das tecnologias digitais vem de sua plasticidade, isto é, da capacidade de se destacarem de sua ecologia original e de serem enxertadas em outras matrizes culturais. A tecnologia não leva a nada sem a capacidade de assumir o lugar de algo que já existe no seio da cultura receptora, sem a capacidade de fazer sonhar aqueles que a utilizam. Um objeto técnico só é bem recebido em um espaço novo se for eficaz e se, ao mesmo tempo, for portador de promessas, animado por um núcleo utópico.

Em parte devido à sua plasticidade, as tecnologias digitais democratizaram, pela força das circunstâncias, a capacidade de sonhar. Elas já são o principal recipiente das grandes narrativas de emancipação que, não faz muito tempo, estavam investidas nas mais diversas utopias revolucionárias. É possível que, no início do século XXI, essas grandes narrativas de emancipação encontrem cada vez mais refúgio na religião, nas mercadorias e na tecnologia. A potencial fusão da mercadoria, da tecnologia e da religião abriu o caminho para um impressionante retorno do animismo. Nessa banquisa em que o nosso mundo tende a se converter, as novas tecnologias estão se tornando recursos formidáveis de uma economia do encantamento.

Além disso, o mundo digital é um mundo profundamente alicerçado nas estruturas oníricas da religião, um dos lugares privilegiados em que a face ontofânica do real se manifesta de forma mais vívida, um mundo cuja extraordinária porosidade favorece a proliferação dos mais variados regimes de crença e de afeto. A própria religião é cada vez mais digital. Em sua maioria, as formas religiosas contemporâneas e as formas de crença são agora eletrônicas, ou, pelo menos, difundidas por meios eletrônicos. A religião é hoje o lugar por excelência de produção de experiências híbridas.

Cada vez mais, tanto a religião quanto os objetos eletrônicos são comprados sob a forma de mercadorias produzidas, vendidas e consumidas em um mercado que é, ele próprio, global. No fundo, não há mais oposição entre os regimes de crença e os sistemas e complexos técnicos. Nem mesmo a estética escapou de se tornar, com mais intensidade do que nunca, o espaço de reconciliação dos velhos antagonismos entre o técnico, o mágico e o racional.

Apesar disso, não há nenhuma necessidade de alimentar uma concepção exaltada do potencial político das tecnologias digitais. Sua popularização viabilizou, entre outras coisas, uma relativa democratização da fala. Hoje, basta ter um computador ou um telefone celular e estar conectado para que qualquer pessoa possa se expressar mais ou menos livremente, falar sobre praticamente tudo, produzir sem qualquer autorização prévia uma narrativa ou imagens e, acima de tudo, colocá-las em circulação. Além disso, não há mais uma única área da vida social ou privada que escape desse domínio e, nitidamente, não há nada que possa ser feito quanto a isso.

Essa situação completamente inédita da condição contemporânea tem, no entanto, seus contratempos. Não se trata apenas da dimensão invasiva dessas tecnologias. Trata-se também da sua capacidade de apagar a própria ideia de limite ou de verdade, noções que são, contudo, cruciais tanto para a formação do sujeito democrático quanto para a própria vitalidade de uma esfera pública e de um espaço cívico. Pois se é possível dizer (e disseminar) praticamente tudo, sem importar o quê, nem quando, nem o pretexto, então o caminho está aberto para um tipo de canibalismo algo insólito.

Em determinadas circunstâncias, no entanto, essas tecnologias podem ser usadas como poderosas ferramentas de convocação e de mobilização, a fim de colocar em circulação os mais diversos tipos de mensagens. Desse ponto de vista, produzir conteúdo e saber como o disseminar ou então criar plataformas e redes é a chave. De resto, os encontros presenciais não serão totalmente abolidos. O cara a cara, os corpos reais ocupando espaços públicos, as assembleias reais são necessárias para a constituição de espaços para a política e para o confronto com o poder, como mostrou Judith Butler.[24]

O tipo de espaço público que a internet ajuda a criar pode ser efêmero. É um espaço público que às vezes é hostil a qualquer ideia de civilidade. Nele, a razão não reina suprema. Na maioria das vezes, ele opera com base no afeto e na emoção, no exagero e no excesso. Tudo acontece como se bastasse despertar a indignação para obter o consentimento. Até certo ponto, o novo mundo digital levou a um profundo deslocamento da linguagem. A possibilidade de dizer tudo e o contrário esteve presente desde a gênese da linguagem, mas hoje a confusão entre o que é verdadeiro e o que é falso atingiu novos patamares.

A confusão de fins e meios é típica de uma época em que o fascínio pelo poder atingiu proporções ilimitadas tanto entre os poderosos quanto entre os subalternos. Não se cultiva mais a distância em relação ao poder. Em vez disso, busca-se a incorporação de si mesmo ao poder. Segundo essa lógica, os vitoriosos devem necessariamente ter razão. Uma crítica política da internet e de todas as formas da razão digital deve começar com o fato incontornável do nosso tempo, que é a disseminação do microfascismo nos interstícios do real.

O mundo digital é, ademais, um mundo numinoso concebido como uma gigantesca reserva de dados que incontáveis máquinas se esforçam para extrair continuamente. Mas esse mundo também corresponde a algumas das fantasias mais elementares do ser humano moderno, a começar pela fantasia de observar a si mesmo, que foi experimentada pela primeira vez com a invenção do espelho. Antes da invenção do espelho, o sujeito individual não possuía nenhuma imagem de si mesmo. Podia ser visto por

---

24. Judith Butler, *Corpos em aliança e a política das ruas: notas para uma teoria performativa de assembleia*. Trad. Fernanda Siqueira Miguens. Rio de Janeiro: Civilização Brasileira, 2018.

outros, mas não lhe era possível observar a própria face. Seu rosto lhe evadia. Ele dificilmente poderia tomar a si mesmo como o objeto principal de sua contemplação visual. Só conseguia ver sua sombra ou a refração de seu duplo através da superfície da água.

O mundo digital levou o espelho ao seu mais alto grau de eficiência. Colocou de joelhos a história da sombra, fazendo-nos crer que pode existir um mundo sem opacidade, um mundo que seja translúcido e transparente para si mesmo, sem nenhum atributo noturno. Agora podemos nos tornar nosso próprio espetáculo, nosso próprio palco, nosso próprio teatro, até mesmo nosso próprio público. Nesta era de exibição sem fim, podemos seguir interminavelmente elaborando nosso autorretrato.

A era digital, a era das novas formas midiáticas, é estruturada pela ideia de que existem folhas em branco no inconsciente, de que não existe opacidade nem segredo. Até certo ponto, as novas formas midiáticas são as novas infraestruturas do inconsciente. Elas removeram o véu que as eras anteriores haviam lançado sobre o inconsciente. Antigamente, a sociabilidade humana consistia em manter o inconsciente em segredo. Consistia em exercer vigilância em relação a nós mesmos ou conceder a autoridades específicas o direito de impor essa vigilância. Isso era chamado de recalque ou repressão, como condições da sublimação.

Em parte graças às novas formas midiáticas, o inconsciente agora pode se expressar livremente. A sublimação aparentemente não é mais necessária. A própria linguagem foi deslocada. O conteúdo está na forma e a forma está mais além, ou de sobra, em relação ao conteúdo. Pode-se, aparentemente, acessar o real sem qualquer mediação. A experiência direta, original, é a nova norma. Uma nova figura do sujeito humano emerge no cerne do evento que é a libertação em relação ao fardo do inconsciente.

De resto, as ferramentas tecnológicas que saturam nossas vidas tornam-se extensões de nós mesmos e, por meio desse processo, são criadas outras relações entre os humanos e os objetos que as tradições africanas há muito anteciparam. Com efeito, nas antigas tradições africanas, os seres humanos nunca se contentavam em ser apenas seres humanos. Estavam sempre em busca de um suplemento para a própria humanidade, à qual não raro agregavam atributos de animais, de plantas e de várias outras criaturas. A modernidade desqualificou tais formas de ser e as confinou à infância da humanidade.

Está chegando ao fim o tempo em que eram feitas distinções entre nós mesmos e os objetos com os quais compartilhamos nossa existência. Não faz muito tempo, pelo menos no Ocidente moderno, um ser humano não era uma coisa ou um objeto. Ele ou ela tampouco era um animal ou uma máquina. A emancipação humana estava assentada justamente nessa separação. Hoje, muitos querem se apropriar para si mesmos das forças, das energias e da vitalidade dos objetos que nos rodeiam e que, em sua maioria, nós inventamos.

Em primeiro lugar, as sociedades aqui se formaram por meio da circulação e da mobilidade, por meio do movimento. Quando consideramos os mitos africanos de origem, não podemos evitar a surpresa com o papel central neles desempenhado pelos fenômenos de migração e conexão. Não há um único grupo étnico na África que possa seriamente alegar nunca ter se deslocado. Suas histórias são sempre histórias de migração, ou seja, de pessoas que vão de um lugar para outro e que, em função disso, se misturam com outras populações.

Aqui, são a circulação e a mobilidade que criam o espaço. São, em segundo lugar, sociedades de extraordinária plasticidade. A plasticidade implicava uma predisposição para acolher o que era novo, inesperado e inaudito. Implicava brincar com o que não se conhecia, mas que era capaz de se abrir para mundos inteiramente novos, para novas possibilidades de potência, para o maravilhoso.

Essa plasticidade também é encontrada em todos os domínios da cognição e do cálculo. É verdade que, aqui, o cálculo não era maquinizado. Mas o imaginário dos números, a organização em redes, os modos de destrinchar o real, a cultura perceptiva, os tipos de consciência espacial, todas essas estruturas fenomenológicas eram, ao contrário do que se acreditava, extremamente propícias à inovação. Elas também se encontravam no centro da prática artística. A maleabilidade, a flexibilidade e a propensão à inovação constante, à ampliação do possível, são também o espírito do digital. É por isso que se pode dizer que a África era digital antes do digital.

Misérias do nosso tempo

Deixemos de lado o retorno do animismo e a escalada de novas formas de idolatria, quer se trate da idolatria digital, do culto às neurociências ou, mais prosaicamente, da religião da matéria e dos objetos propagada pelas igrejas neopentecostais. É nitidamente uma época de pessimismo político e cultural. É também uma época de sensações, num contexto de extraordinária fragilidade do sujeito contemporâneo. A reboque do narcisismo em massa, não é por meio da linguagem, mas pela via da fruição e do corpo que doravante se produz o confronto com a realidade.

Apesar de todas as negações, o sujeito contemporâneo está angustiado, desmembrado entre vários corpos, o corpo-máquina, o corpo-dispositivo e, principalmente, o corpo-imagem fabricado pelas novas tecnologias. Todos esses corpos, considerados um a um, são corpos de fruição, uma fruição que queremos que seja imediata, instantânea. Com a experiência, o desejo de fruição desemboca cada vez mais em decepções, ainda mais traumáticas porque os inúmeros corpos que compõem o sujeito não são organismos propriamente ditos. São essencialmente dispositivos e instrumentos dos mais variados tipos, cuja função precípua é transformar tudo em imagens.

Como resultado, o ser falante não se identifica mais com seu organismo. Ele se identifica com a multiplicidade de imagens graças às quais ele nasce, não mais de um corpo de carne e osso, mas de reflexos incessantes. É o que explica, pelo menos em parte, a proliferação dos discursos de conspiração e colapso, de ressentimento e identidade, em suma, o temperamento colérico e conspiratório do nosso tempo.

Nas entranhas da identidade, em especial, parecem ter se entranhado todos os temores atuais e todas as pulsões obscuras, nossas angústias, os sofrimentos mais agudos e os desejos mais opacos, a começar pelo desejo de fruir. E fruir sempre mais e de imediato. Mas também o desejo de endogamia, ao qual deve ser somada a vontade surda de uma violência ora gratuita e ora vingativa. Pois essas são as aspirações, quer dizer, as injunções máximas na era do capitalismo algorítmico.

De fato, são inúmeras as pessoas para quem o apelo do solo e do sangue e o recurso à identidade parecem ser cada vez mais as últimas barragens para fazer frente às misérias do nosso tempo. Ao manipularem a demanda identitária, esperam eventualmente conquistar um lugar à mesa. Ou, se isso não for possível, ter acesso privilegiado às migalhas que, por falta de fronteiras estanques, conforme creem, os nacionais se veem cada vez mais forçados a disputar com diversas categorias de intrusos.

As multidões querem, portanto, se bater. Não com as forças cada vez mais abstratas, reticulares e invisíveis que, no Norte bem como no Sul, estão ceifando tantas vidas e despedaçando tantas esperanças, mas com os mais fracos que elas. Muitos querem viver apenas entre os seus. Abertamente clamam pela brutalização do resto, de todos aqueles que a vida parece já ter abandonado, mas que se agarram por todos os meios, inclusive os mais arriscados e ilegais.

Nesse clima de raiva e de aferramento ao estar entre os seus, o futuro não é mais encarado como a promessa de um progresso possível. Agora ele aparece como uma força deslocante e dissolvente, como uma experiência propriamente negativa. É verdade que em vários países há povos se sublevando, sofrendo em contrapartida formas ferozes de repressão. Ao mesmo tempo, muitos deixaram de acreditar na possibilidade de uma ação verdadeiramente transformadora. Custa-lhes imaginar qualquer ruptura que seja com as estruturas vigentes de pensamento e ação. Por fim, acabam desistindo e virando as costas para o projeto de emancipação humana.

Por que haveríamos de nos surpreender? No final da Guerra Fria, não queríamos acreditar que a democracia de mercado era o ponto final da história? O que dizer dos inúmeros dispositivos de capitulação implementados após a Guerra Fria e que levaram a uma ampla resignação do intelecto diante da ordem vigente? No meio-tempo, o capitalismo parece estar mergulhado em convulsões de um novo tipo, todas elas gerando uma violência cada vez mais imprevisível contra as pessoas, contra a matéria e contra a biosfera. Esvaziada de qualquer conteúdo que não seja formal, a democracia liberal, por sua vez, está cambaleante, ou mesmo em vias de desmoronar.

Incapazes de ocultar o fato de ela ter se tornado mero coadjuvante do neoliberalismo, governos supostamente liberais encorajam os mais crédulos a pensar que o futuro só será garantido mediante o recuo a uma evanescente identidade nacional. Que todos voltem para o lugar de onde vieram e que por toda parte sejam erguidos muros e fronteiras, eis o clamor que se ouve aqui e acolá, enquanto uma guerra social de alcance mundial é travada contra os migrantes.

Age-se, assim, como se a inextricável questão da descarbonização da economia e da matéria viva pudesse ser resolvida pela sedentarização global forçada, a começar pelas populações consideradas supérfluas ou excedentes. Até recentemente, não se poupavam as promessas de desenvolvimento a essas massas atraídas pelo êxodo. Os fatos no terreno, contudo, oferecem um contínuo desmentido à ficção de uma modernidade que caminha para a realização de seus princípios normativos. Como a revolução neoliberal resultou no lento desmantelamento do compromisso social forjado no imediato pós-guerra, o terreno das lutas se deslocou para as questões identitárias.

Mas como deve ser interpretada a estridente demanda por um retorno ao solo, à região e à localidade, tendo em vista que tudo empurra para uma indiscutível globalização dos problemas aos quais a humanidade se vê confrontada? Será verdade, como sugerem muitos observadores, que o identitarismo é a linguagem diametralmente oposta de um desejo de recuperar a voz por parte daqueles que lhe foram privados? Ou será que representam tentativas surdas de retomar o controle do próprio destino diante de políticas que os Estados neoliberais tentam blindar ao debate? Será que, em lugar de ser o novo ópio das massas, o identitarismo é o nome da rejeição que as pessoas tentam opor às políticas efetivamente responsáveis pela pilhagem e pela atrofia de seus meios de vida?

O que se deve entender por identidade, afinal?

As filosofias ocidentais do sujeito, que dominaram o mundo por alguns séculos, já perduraram por muito tempo. Elas se assentam na ideia de que existiria em nós algo que nos seria intrínseco, fixo, estável e que, portanto, não sofreria alterações. Ensinam-nos que o indivíduo está na origem do seu ser. Criador de si mesmo, recebe a própria identidade de si mesmo e, porque dotado de consciência reflexiva e de interioridade, seria distinto de todas as outras espécies vivas.

Anti-identidade

Supondo que tal crença seja verdadeira, ela está longe de ser universal.

É claro que, como cidadãos de um Estado, todos estamos sujeitos a mecanismos de identificação. Por exemplo, cada um de nós possui uma certidão de nascimento. Quando morrermos, a administração emitirá um atestado de óbito. Enquanto isso, ela nos confere uma carteira de identidade com um número especificamente nosso e, para aqueles e aquelas que viajamos ao exterior, um passaporte que indica nosso sexo, nacionalidade, idade e profissão. Aos olhos do Estado, todos esses dados servem para dizer quem somos e para certificar nossa pertença, em função da qual gozamos de uma série de direitos nacionais e de proteções. Nesse sentido, somos o produto de mecanismos estatais de identificação.

Por outro lado, como pessoas humanas, desempenhamos uma série de papéis. Alguns nos são atribuídos automaticamente. Outros nós mesmos criamos. Mas os papéis que desempenhamos não bastam para definir quem somos. Na verdade, permaneceremos para sempre indefiníveis, tanto para nós mesmos quanto para os outros. E essa propriedade de nunca atingirmos um nível de plena transparência para nós mesmos e para os outros talvez seja, em última instância, a nossa identidade. Ela é comum a todos os humanos.

Outras tradições de pensamento compreenderam isso perfeitamente. É o caso do antigo pensamento africano, em vista do qual não havia identidade que não fosse cindida, dispersa e fragmentada.

De resto, o importante era a forma como se compunha e recompunha o eu, sempre em relação a outras entidades vivas. Em outras palavras, só havia identidade no devir, na trama de relações das quais cada um era a soma viva. A identidade, nesse sentido, não era uma substância infinita. Ela era aquilo que era confiado à guarda dos outros, na experiência do encontro e da relação, que sempre envolveu tentativa e erro, movimento e, sobretudo, o imprevisto, a surpresa que era necessário aprender a acolher. Pois era no imprevisto e na surpresa que residia o acontecimento.[25]

Isso porque não havia mundo, sociedade ou comunidade que não tivesse origem em uma ideia ou outra de dívida. A pessoa

---

25. Mary Nooter Roberts, "The inner eye: Vision and transcendence in African arts", *African Arts* 50, n. 1, 2017: 60-79.

humana era um composto de múltiplas entidades vivas.[26] Ela simplesmente não se autoengendrava. Eram outros, sempre, os responsáveis por que ela viesse à vida. Ela não lhes devia apenas o nascimento, mas também a língua, as instituições fundamentais, riquezas imateriais, ao mesmo tempo incalculáveis e não reembolsáveis, por ela herdadas. Essa forma originária de dívida, ou melhor, de dote que as gerações se deviam umas às outras, contrapunha-se à dívida expropriatória que, em sua forma comercial, hoje em dia onera as condições de reprodução ou mesmo de sobrevivência de milhões de mulheres e homens sobre a face da Terra.

Nesses sistemas de pensamento, o que é chamado de identidade dificilmente rima com o ensimesmamento, a autarquia, o cara a cara consigo mesmo, a recusa a encontrar-se com o mundo ou a desconfiança, ou melhor, um eu que se afirma sozinho e que, ao fazê-lo, mergulha nessa espécie de repetição que o tédio invariavelmente produz. Por outro lado, singularidade e originalidade eram atributos individuais valorizados socialmente e que se fazia questão de cultivar, cuidar e, conforme a necessidade, pôr em plena evidência.[27]

O importante não era, portanto, a identidade, mas a energia que supostamente regeria os fenômenos vitais e animaria as condutas. A pessoa humana por excelência era definida pela riqueza em energia vital e pela capacidade de estar em ressonância com as múltiplas espécies vivas que povoavam o universo, incluindo plantas, animais e minerais. Nem fixa nem imutável, ela se caracterizava pela plasticidade.

Pessoas verdadeiramente singulares eram reconhecidas pela capacidade de realizar os mais variados tipos de arranjos de forças, por captar e reconfigurar os fluxos vitais. Nesse sentido, pode-se dizer das antigas metafísicas africanas que elas eram metafísicas

26. Babatunde Lawal, "Àwòrán: Representing the self and its metaphysical Other in Yoruba art", *The Art Bulletin* 83, n. 3, 2001: 498-526.
27. Jane Guyer e Samuel M. Eno Belinga, "Wealth in people as wealth in knowledge: Accumulation and composition in Equatorial Africa", *Journal of African History* 36, n. 1, 1995: 91-120.

do devir, não da substância. Num momento em que a tecnologia computacional acaba de se encarregar da totalidade do mundo, elas nos permitem, melhor que as filosofias ocidentais do sujeito, pensar a identidade como algo sempre em movimento, que nunca é o mesmo, sempre aberto ao que está por vir e constantemente a se sintetizar de novo, em contato com outros fluxos de energia.

Nesta nova era da Terra, a democracia liberal enfrenta um verdadeiro impasse. Ela está prestes a ser engolida por diversas formas regressivas de nacionalismo. Em vez de uma política global capaz de recolocar em movimento a história do mundo e dos seres vivos, as forças do nacionalismo regressivo proclamam trabalhar para a regeneração de comunidades supostamente puras e orgânicas ameaçadas por todo tipo de intrusos.

A combustão do mundo, no entanto, nos obriga a romper com a concepção circular de identidade que tem caracterizado a razão ocidental por longos séculos. A temática da identidade deve ser substituída pela do vivente, ou seja, do destino da biosfera, numa época em que tudo indica que uma nova gênese tecnológica está em gestação. Se, de fato, a Terra é um todo, então só pode haver identidade sob o signo da circulação generalizada da vida e dos vivos. E é ao retorno a essas circulações e fluxos vitais que o tempo urge. A África, desse ponto de vista, representa uma imensa jazida de possibilidades. Como filha primogênita da Terra e ao mesmo tempo o membro mais jovem da humanidade, abriga sob sua crosta e em suas entranhas energias inesgotáveis, um passado de feridas, mas também poderosos tesouros, necessários em tempos de extremos. A África habita essas memórias de provação e cura como seu fulgurante lar.

VIRILISMO

Não é possível examinar a forma como o poder e a economia trabalham profundamente os corpos e põem à prova os nervos do sujeito sem ao mesmo tempo operar uma crítica do falo, entendido aqui como o emblema por excelência do patriarcado. Não é uma questão de reduzir um ao outro. Trata-se de mostrar que o falo não é apenas um lugar abstrato, um mero significante ou um signo distintivo – o objeto destacável, divisível e disponível para a retranscrição simbólica. Obviamente, o falo não se reduz ao pênis como tal, mas tampouco é o órgão sem corpo, tão caro a certa tradição psicanalítica ocidental.

Neste capítulo, falaremos dele, portanto, como *aquilo* cujo sentido inerente é se manifestar, em sua expressão mais pura, como turgidez, impulso e intrusão. Não se pode falar de impulso, turgidez e intrusão sem restituir ao falo, se não a fisicalidade, pelo menos a carne viva, a capacidade de testemunhar os domínios do sensível, de experimentar todo tipo de sensações, vibrações e estremecimentos (uma cor, um aroma, um toque, um peso, um cheiro e assim por diante).

O falo e o patriarcado representam, aliás, os dois lados de um mesmo espelho, o de um poder que devemos chamar de orgástico. Trata-se de um poder habitado por um espírito-cão, um espírito-porco e um espírito-pulha. Nisso, ele procura constantemente instituir, entre corporeidade (o fato intensivo do corpo e dos nervos), sexualidade e matéria, vínculos particularmente saturados de tensões de todo tipo. E a dominação escravagista e a servidão colonial foram ambas expressões históricas disso. Elas foram, do começo ao fim, uma dominação genital. Eram animadas pelo desejo de uma fruição absoluta na qual o sujeito dominado, qualquer que fosse seu gênero, devia ser transformado em objeto sexual. No exercício de tal poder, a questão era experimentar um certo tipo de orgasmo que não só afetava o corpo e seus diversos órgãos, mas que era o equivalente a um abalo dos sentidos.

Abalo dos sentidos

Tanto sob o regime da plantação quanto na colônia, de fato, imaginários e práticas sexuais derivados principalmente do Ocidente contribuíram para forjar uma dominação de natureza libidinal da qual os corpos humanos racializados eram o alvo privilegiado. Essa forma de exercer um poder sem controle aparente envolvia um dispositivo, o sexo racializado, que ocasionalmente tinha que ser reduzido à sua expressão mais simples, a relação genital. Tanto em princípio quanto na prática, o poder orgástico era uma técnica de gestão heterossexual de corpos subalternos, considerados ora objetos, ora patológicos. Para isso, o poder precisava de um aparelho semiotécnico capaz de produzir representações e conhecimentos relativos a seus alvos.[1]

Para fins de legitimação, ele também se dedicou a fabricar, em escala ampliada, os mais variados tipos de imagens e silhuetas, cuja circulação generalizada permitiu padronizar o modo como eram tratados esses corpos e, consequentemente, essas pessoas.[2] O que essas imagens nos dizem a respeito do ato de

---

1. Ler a respeito disso Heather Vermeulen, "Thomas Thistlewood's Libidinal Linnaean Project: Slavery, Ecology, and Knowledge Production", *Small Axe* 55, n. 1, 2018: 19-38.
2. Pascal Blanchard et al. (org.), *Sexe, race et colonies*. Paris: La Découverte, 2019. Retomamos, nas linhas a seguir, elementos do nosso prefácio a essa obra, de um artigo publicado

escravizar ou de colonizar, de maneira geral, e a respeito dos laços entre a dominação colonial e a dominação masculina e genital, de maneira específica? Que lugar ocupa a raça na ordem do sexo entendido como um instrumento a um só tempo de fruição e de violação dos corpos e daquilo que eles simbolizam? Essas são algumas das perguntas que este capítulo procura responder.[3]

De fato, no decorrer de sua longa história e por sua própria admissão, o Ocidente manteve com o sexo e a sexualidade uma relação excepcionalmente complicada, caracterizada por uma ansiedade originária e que tem sido objeto de incontáveis estudos e comentários eruditos. Por um lado, talvez mais do que qualquer outra região do mundo, o Ocidente se viu assombrado pela questão da origem do prazer sexual, da sua natureza e da sua relação com a virilidade, a volúpia e a brutalidade e até mesmo com o delírio e a morte. Por outro lado, a análise de muitos de seus costumes e expressões sexuais – incluindo a pornografia – mostra que ele deu um lugar preeminente ao enlace genital, que de resto se acreditava ser a manifestação de uma gigantesca energia, ao mesmo tempo biológica e cósmica, além de ser a fronteira primordial entre natureza e cultura.

Particularmente devido ao orgasmo, o ser humano seria incapaz de se desligar completamente da natureza e do mundo dos instintos. Momento cataclísmico e ápice do prazer, o orgasmo na realidade sinalizaria a derrota do homem, subjugado no intervalo de um instante a um poder singular de aniquilação, no ponto de colisão das forças contraditórias da energia e da entropia.[4] Em suma, mistura de prazer e angústia, a vida sexual esconderia em

---

sob o título "Si l'Autre n'est qu'un sexe..." em AOC, 24 ago. 2018, e de um capítulo publicado em Gilles Boëtsch et al. (org.), *Sexualités, identités et corps colonisés*. Paris: CNRS, 2019.
3. Sobre esse tipo de questionamento, ler Elsa Dorlin, *La Matrice de la race. Généalogie sexuelle et coloniale de la nation française*. Paris: La Découverte, 2009.
4. Wilhelm Reich, *A função do orgasmo*. Trad. Maria da Glória Novak. São Paulo: Brasiliense, 1975.

suas entranhas algo potencialmente imundo e relacionado, concomitantemente, com o lodo e o lixo. Deixadas à própria sorte, as pulsões sexuais trariam à superfície o que o sexo teria de abjeto e pantanoso. Daí a necessidade de reprimir os instintos civilizando-os, de cercar os usos do sexo com muitas proibições e preceitos morais. Ou seja, sem a repressão das pulsões sexuais e sua sublimação, a humanidade cega por suas paixões estaria condenada a viver sob o jugo de seus desejos e impedida de nascer para a razão e a maturidade.

Foi contra essa narrativa relativamente pessimista da vida sexual e do devir-livre da humanidade que se ergueu a maioria dos movimentos libertários desde pelo menos o século XIX.[5] Quaisquer que tenham sido suas formas, seu objetivo final foi mais ou menos o mesmo, a saber, romper o vínculo entre a sexualidade e o imaginário da falta e da culpa, tão profundamente inscrito no inconsciente das sociedades ocidentais. É por isso que a revolução sexual consistiu basicamente em sair do círculo que faz da sexualidade uma espécie de cloaca, enquanto o prazer sexual somente se apresenta à consciência sob a forma do êxtase ou da própria morte, uma morte extática.

Armado com essa narrativa, o "homem branco" – pelo qual se deve compreender a ficção do poder ilimitado em terra conquistada e ocupada – haveria de se deparar com corpos estrangeiros. Habituado a vencer sem razão e graças ao domínio que teria sobre os espaços, os territórios e os objetos, viria a descobrir que é efetivamente possível gozar sem remorso, satisfazer o capricho de exações e depredações de todo tipo, inclusive em corpos transformados em objetos, sem sentir remorso ou qualquer sentimento de culpa.

Ele perceberia que pode literalmente esvaziar o Outro de seu conteúdo e inscrever, nesse lugar vacante, sua própria verdade, sob a forma da imagem ou da silhueta. Ele se daria conta de

---

5. Ler Gaëtan Brulotte, *Œuvres de chair. Figures du discours érotique*. Québec: Presses de l'université Laval, 1998.

que pode efetivamente deslocar a humanidade conquistada do status de algo imaginado para o de algo realizado, tornando-se o colonizar, pelo mero fato em si, uma questão de submissão de órgãos e corpos estrangeiros à vontade de um conquistador. Desse ponto de vista, a plantocracia e depois a colônia foram laboratórios privilegiados não só da vida sexual, mas também do caráter libidinal de todo poder. Neles foram experimentadas diversas formas de prazer, jogos sádicos, várias modalidades de "libertação ao contrário", ou seja, às custas dos mais fracos. Aqui, a liberdade sexual consistia acima de tudo no direito de dispor do Outro como se fosse um objeto.

Na colônia, de fato, era possível romper com a ideia de que recalcar as pulsões sexuais no inconsciente era uma das condições para obter satisfações substitutivas. A evidência tendia a mostrar que o sujeito não se estruturava necessariamente no ponto de encontro entre o desejo e a lei vivida como uma modalidade entre outras de repressão. Era possível viver na ausência de proibições e outras restrições, ou mesmo satisfazer as pulsões com pouca consideração pelos tabus. Em um nível puramente fenomenológico, as formas coloniais de brutalização (tanto durante a fase de conquista quanto na de pacificação e na de possessão propriamente dita) tinham algo de libido desenfreada, uma combinação de pulsões (sexuais, sádicas) cujo traço inerente era se voltarem constantemente para si mesmas.

As colônias serviram, assim, como um terreno inesperado para todos aqueles para quem a experiência do prazer pertence a um grande sonho, o da satisfação genital plena. Muitos deles estavam em busca de um poder de natureza orgástica, o tipo de poder que não tinha necessidade alguma de uma base simbólica e que, em razão disso, era capaz de sobreviver a qualquer curto-circuito, já que excluía *a priori* qualquer possibilidade de dívida ou culpa. É nessas áreas que é importante buscar as nascentes decisivas das formas contemporâneas de *poder orgástico*, aquelas que, bebendo nas fontes do neovitalismo, constituem a matéria prima do neoliberalismo.

No entanto, pode ser que, sob a plantação assim como na colônia, a função copulatória, atividade física e fantasiosa, se é que algo assim é possível, só poderia desembocar afinal na mesma coisa – a impossibilidade da fruição absoluta, ardente e fusional. Devemos deduzir daí que o espetáculo sexual é por natureza irrepresentável, um mero nome na ponta da língua ou então na ponta do lábio? Ou que nunca se pode realmente voltar à fonte e à origem, uma vez que, no final das contas, ir ao encontro *daquilo* que tão estreitamente nos cinge e que nos concebeu não passa de um mito?

Essas questões surgem por várias razões, a primeira das quais relacionada à própria natureza da colônia. O que é de fato a colônia senão um fosso bizarro, um complexo paradoxal, que tem como uma de suas características proporcionar, àqueles e àquelas que desejarem, um canal absolutamente direto para o sexo, esse grande imaginário de objetos destinado a despertar o desejo? De fato, penetra-se o desejo como se cai em uma armadilha, de um corpo ao outro – a irrupção brutal, a tomada de controle ora perversa e ora sádica, a transferência forçada, todo tipo de dejetos associados à agressividade, ao racismo e ao ódio, incluindo o ódio a si mesmo.

Isso porque colonizar é brutalizar. Brutalizar na colônia significa introduzir sistematicamente a diferença tanto no ornamento quanto na cosmética dos corpos, na carne, nos nervos, nos órgãos e, por extensão, na própria estrutura da fantasia. Significa tudo cindir, inclusive o olhar. Significa, enfim, instaurar um hiato entre aquilo que se vê em si e para si e aquilo que só deve aparecer no campo da visão como a figura do Outro, isto é, um corpo chamado a suprir um prazer que o ultrapassa e que não é necessariamente seu. Porque, como fosso profundo em torno do qual tudo parece ter sido construído, a colônia é, além disso, perpassada pela obsessão com um saber específico – saber a todo momento a quem pertence tal sexo na inesgotável variedade dos sexos.

Do ponto de vista sexual, a colônia difere, portanto, de outros cenários em vários aspectos. Por um lado, é um lugar em que o sexo não se encontra apenas no ato sexual. Ele está, por assim dizer, na atmosfera, como uma matéria inflamável e uma fábrica de possibilidades. Sexo masculino? Sexo feminino? Ou sexo além de ambos, como entre os antigos Dogons, ora suspenso na indeterminação e ora bebendo nas fontes da gemelaridade? Na realidade, sexo-salmão, sexo-nu, sexo-marisqueiro, esquizoparanóico, anal e sádico se necessário, polivalente, sem pertencer a ninguém em particular. Em sua vertente genital, assim como em sua vertente simbólica, ele não apenas é transformado, ele é fundamentalmente dividido no próprio ato que o constitui, no desejo, inclusive de amor, que o opera.

Por outro lado, se na colônia o sexo não se encontra apenas no ato sexual e, por conseguinte, se, para citar Jacques Lacan, não existe ato sexual propriamente dito, tudo, em contrapartida, é sexual. De fato, a colônia está longe de ser um deserto de prazer.

De resto, não era raro que, tanto na colônia quanto sob o regime da plantação, a sedução se misturasse à perversão. Como força traumática, o colonizador é capaz de levar suas presas à sua cama, de sentir seus corpos e seus cheiros e depois, com o falo inexaurível, de desfrutar delas num relance, de fazer uso delas e de aspergi-las com suas poluções. Na tentativa de retornar ao corpo das primeiras demandas de prazer, entre a fralda rendada, os sapatinhos de pompons e a pelúcia, ele pode muito bem afogar a "negrinha" ou o "negrinho" debaixo dos mais diversos apelidos – meu bichinho, meu pudinzinho, meu camarãozinho rosa, minha rãzinha, meu boizinho ou meu sapinho –, tantos encontros são frustrados, escamoteados, e não é necessariamente porque o Outro usaria uma máscara ou participaria, em essência, de um vazio indecifrável. É também porque, na colônia, assim como sob o regime da plantação, o risco nunca está longe, o risco de "bebefilia", o risco da presença da "criança" na fantasia colonial.

Frantz Fanon talvez não estivesse de todo errado quando sugeriu que o colonizador só pode gozar como um porco, uma raposa, um lobo, um cão feroz, um rato, se necessário, e quando quis crer que, por causa da estrutura perversa e racista da colônia, o negro é apenas a verga de um garanhão que vage da mesma forma como viveu, ou seja, como um homem castrado. Pois a colônia também é a terra da incontinência. Não mais se conter, perder o controle, inundar-se, conspurcar-se sem evasivas – tudo isso, sem dúvida, faz parte da vontade de puro prazer que autoriza "sadizar" o colonizado. Para superar sua divisão, suprimir o ponto de angústia na relação com a mãe ou o pai e para vencer a infância alienada, o colonizador-fedelho-em-tamanho-adulto não precisará afinal mamar, arrotar, ser limpo, ser repreendido, quer dizer, encontrar no corpo da criança que ele foi, que ele deseja voltar a ser e que o negro tão profundamente representa, sua própria imagem no espelho?

É preciso, portanto, abandonar certos mitos. Em matéria de sexualidade, a colônia é a terra das separações recusadas e das alianças disjuntivas, da confusão das línguas e dos lábios. Aqui, não há lugar para o autoerotismo. O Outro é um sexo cuja visão produz inevitavelmente efeitos de excitação. É ali que se vai em busca do próprio prazer. Além disso, fruir é *fruir-se*. E fruir-se passa necessariamente pelo Outro. Pouco importa se os órgãos genitais são remanescentes ou não do aspecto animal, todos os investimentos feitos no corpo do Outro costumam não ter outra finalidade senão voltar a se tocar indefinidamente.

Porque, no limite, a colônia não precede nada. O que precede a colônia não faz parte de um estágio pré-sexual. Havia sexo antes da colônia. Esta irrompeu no seio daquilo que *já existia* – uma população de seres, a velha anatomia com seu ventre, seios, boca, joias, mecanismos de estruturação psicossexual do inconsciente que não se limitam nem ao medo da castração nem à inveja do pênis ou ao complexo de Édipo. Outros signos e outras proibições já existiam, a começar pela proibição do incesto. Um universo fantasmático também, com vulvas fálicas e falos vulvares, a gemelaridade, o espaço aberto sem bordas da tela, enfim, o conteúdo dentro do contentor, a dialética da diferenciação e da complementaridade.

Com o advento da colônia, entretanto, ocorrem pelo menos dois eventos. Primeiro, os lugares onde o sexual é mantido – seu perímetro e seus objetos – deslocam-se consideravelmente, e seu poder ressurge decuplicado, resultado da neurose burguesa e do primitivismo fugidio. Além disso, não é mais possível escapar do sexo do Outro, da sua língua, dos seus lábios e do seu âmago, a pérola. As modalidades em que se vive a sexualidade mudam ao mesmo tempo que as representações e fantasias que fundamentam as práticas sexuais. Mais do que nunca, o sujeito deve enfrentar a própria carência.

A colonização representa, desse ponto de vista, um grande momento de intrusão e clivagem, de apoderamento da matéria viva. Por mais que esse apoderamento seja capaz de abrir caminho para a perda, isso, no entanto, não é tudo, e tampouco é apenas isso. É também um ensejo para tecer mitos, fomentar contos, inscrever novos significantes nos corpos e entrelaçar imagens das quais se espera que abram uma janela para o Outro, além da tela que o esconde. Por isso, para chegar ao corpo e torná-lo o ponto de apoio das fixações libidinosas, será necessário despi-lo. Será preciso ir diretamente à desnudação, enfrentar o nu, sem o qual não há presença alguma, apenas carência.

Dito isso, na ativação da sexualidade em situação colonial, não existe apenas o prazer do objeto, e o falo não é a totalidade do desejo. Nem tudo se resume à punção e à coleta sexual.

A capacidade de sentir emoções, de ter apegos, de experimentar o amor permanece, mesmo que, devido à estrutura racista da colônia, ela se manifeste inequivocamente de forma opaca. Porém o risco de indigência, *nada ser além disto*, continua onipresente.

Portanto, a questão é saber como passar pela fantasia, mas sem ficar nela. Como escapar dos lábios e do âmago do Outro, uma vez que eles se tornaram o meio pelo qual o sujeito sexual agora se manifesta e com cuja ajuda ele (ou ela) agora adentra a vida? Desfazendo-se de si mesmo, muito além do contato pele a pele. Redescobrindo uma parte de si no Outro – o ser no Outro; nenhum ser sem o Outro.

Como observou Frantz Fanon, na situação colonial há pouco contato real de pessoa para pessoa. Em contrapartida, prevalece o contato entre uma pessoa e seu harém de objetos. É o que acontece no âmbito da vida sexual. Incessantemente açoitadas por um falo insaciável, a multidão de mulheres que povoa as imagens reunidas em *Sexe, race et colonies*[6] surge ali apenas como sujeitos obstruídos, espelhados. A cada vez, são convocadas a figurar na imagem apenas para melhor contemplar o próprio desaparecimento, pois o que essas imagens celebram é o falo em busca de seu momento epifânico, o espetáculo da dominação colonial feita de dominação genital, aliando, assim, masculinismo e racismo. Essas mulheres não têm nenhuma sexualidade propriamente dita. Na maior parte do tempo, são mero hiato, seres de carne a serviço de outro alguém, corpos dispostos em série, combinatórias genitais. Acima de tudo, servem como prova de que o "homem branco", ficção do poder em território estrangeiro, só existe em função do seu sadismo, ameaçado pela loucura e pela perversão cada vez que é exposto a Outrem. A colonização foi, assim, tanto um evento visual quanto uma bacanal dos sentidos e das sensações.

---

6. Pascal Blanchard, Nicolas Bancel, Gilles Boëtsch, Dominic Thomas e Christelle Taraud. *Sexe, race et colonies. La domination des corps du xve siècle à nos jours.* Paris, La Découverte, 2018.

O *phallos*

De mais a mais, a história da sexualidade na África ainda não foi escrita.[7] Quando for escrita, não será uma história da repetição, tampouco necessariamente da diferença, embora exista, mas sim uma história da gemelaridade e da inversão, da alegria e da celebração.[8] Será a história do que necessariamente vai além das atribuições originais para melhor manifestar o princípio da ambivalência.[9] Será a história da luta entre o sujeito e seu corpo – luta cujo desafio, a cada vez, é inaugurar novas possibilidades expressivas, trazer singularidades à tona, por meio da composição.[10]

De fato, por mais que se tente fazer do ser humano um objeto, há sempre algo de sua humanidade que escapa a essa redução objetal, a esse desejo de objetificação. Os indivíduos podem ser calados, mas ainda assim são capazes, por meio do olhar, de articular um gesto, de esboçar uma palavra silenciosa que, apesar de tudo, desafia. Seus corpos podem ser exibidos como troféus ou como cenário, mas seus eus eludem o espetáculo. O corpo está lá, mas o eu está em outro lugar. É inerente à violência colonial dissociar o eu de suas aparências, forçar o dominado a aparecer apenas na forma da ausência, do oco e do vazio. E, nesse vazio, geralmente vêm se alojar o racismo e seu mundo de fantasias.

Acontece que o estatuto do falo no imaginário africano, ou ao menos na arte e escultura dos povos africanos, apresenta inúmeras semelhanças com o do *phallos* grego. Em qualquer dos casos, como sujeito esculpido, o falo, aqui, define-se antes de mais nada

---

7. Retomamos, nesta seção, elementos de uma entrevista com Elsa Dorlin, publicada sob o título "Décoloniser les structures psychiques du pouvoir", *Mouvements* 51, 2003: 142-151.

8. Edward Evan Evans-Pritchard, "A inversão sexual entre os Azande", *Bagoas – Estudos gays: gêneros e sexualidades* 6, n. 7, 26 nov. 2012: 15-30.

9. Mariane Ferme, *The Underneath of Things: Violence, History, and the Everyday in Sierra Leone*. Berkeley: University of California Press, 2001.

10. James Fernández, *Bwiti: An Ethnography of the Religious Imagination in Africa*. Princeton: Princeton University Press, 1982.

por seu enorme poder de afirmação. É o nome de uma força totalmente afirmativa.[11] Do ponto de vista antropológico e fenomenológico, é isso que o liga tão estreitamente ao poder, ele mesmo concebido como processo, como julgamento.

Decorre que, aqui, o poder não é dotado apenas de um falo que funciona como um emblema ou adorno. O poder *é* falo. O poder só será possuído se for montado. E o falo é o agente principal dessa operação de montaria.[12] Esse agente principal tem a pretensão de agir como fonte de movimento e energia. Ele opera como um Sujeito que busca tudo montar. É por isso que ele se dedica a uma ginástica permanente, ao adestramento. Daí a mistura de violência e comédia de que trata parte da literatura contemporânea. A falocracia, desse ponto de vista, é uma dimensão do brutalismo.[13] Ela é fundamentalmente uma formação de poder, uma série de dispositivos institucionais, corporais e psíquicos que operam com base na crença de que é no falo (e, portanto, no masculino) que algo se passa; que é no falo e por meio dele que há um *evento*; que, na verdade, o falo é o evento.

A crença de que, no fim das contas, o poder é o esforço que o *phallos* emprega sobre si mesmo para se tornar Figura está na raiz do brutalismo. Essa crença continua a operar como o não dito, o subterrâneo, até mesmo o horizonte da nossa modernidade, embora muito poucos queiram ouvir falar sobre ele. O mesmo se aplica à crença de que o falo só é falo no movimento pelo qual tenta escapar do corpo e obter a própria autonomia. E é essa tentativa de escape, ou mesmo esse ímpeto, que produz espasmos, sendo justamente por meio dessa violência e desses ímpetos espasmódicos que a falocracia revela sua identidade.

11. Arthur Bourgeois, "Yaka masks and sexual imagery", *African Arts* 15, n. 2, 1982.
12. Ler especialmente Sony Labou Tansi, *La Vie et demie*. Paris: Seuil, 1979; e *L'État honteux*. Paris: Seuil, 1981. Ver também Sami Tchak, *Place des fêtes*. Paris: Gallimard, 2001.
13. Parfait Akana, "Notes sur la dénudation publique du corps féminin au Cameroun", *L'Autre* 14, n. 2, 2013: 236-243.

Foi demonstrado alhures como, nas condições pós-coloniais, os espasmos e a violência por meio dos quais se crê reconhece-rem e identificarem o poder e suas vibrações apenas definem o contorno do volume oco e achatado desse mesmo poder.[14] Pois, por mais que o falo se dilate, essa dilatação é sempre seguida por uma contração e por uma dissipação, uma detumescência. Além disso, tem-se argumentado que, nas condições pós-coloniais, o poder que faz o sujeito gemer e que lhe arranca do peito gritos incessantes só seria capaz de ser um poder vinculado à sua besti-alidade – ao seu espírito-cão, espírito-porco, espírito-pulha. Só pode se tratar de um poder dotado de material corporal, de uma carcaça, cujo falo é ao mesmo tempo a manifestação mais cinti-lante e a superfície sombreada. Um poder que é *phallos* no sentido que acaba de ser definido só é capaz de se apresentar a seus sujei-tos recoberto por uma caveira. É essa caveira que os leva a gritar como fazem e que faz com que sua vida seja quase zoológica.

É sabido, por exemplo, que o linchamento de homens negros no sul dos Estados Unidos durante a época da escravidão e após a Proclamação da Emancipação teve origem, em parte, no desejo de castrá-los. Aflito quanto ao próprio potencial sexual, o "branco pobre" racista e o fazendeiro são tomados de terror ao pensar no "gládio negro", do qual temem não apenas o suposto volume, mas também a essência penetrante e assaltante. No gesto obsceno que é o linchamento, tenta-se, assim, proteger a suposta pureza da mulher branca, mantendo o negro erguido à altura da sua morte.[15] O que se almeja é levá-lo a contemplar a extinção e o ocaso daquilo que, na fantasmagoria racista, é considerado seu "sol sublime", seu *phallos*. A laceração da masculinidade deve passar pela transformação dos genitais em uma paisagem

14. Achille Mbembe, *De la postcolonie, op. cit.*
15. Hazel Carby, "On the threshold of woman's era: Lynching, empire, and sexuality in Black feminist theory", *Critical Inquiry* 12, n. 1, 1985: 262-277.

de ruínas – apartando-os do contato com as forças vitais. Isso porque, como bem disse Fanon, nessa configuração, o negro não existe. Ou melhor, o negro é, antes de tudo, um *membro*.

O superinvestimento na virilidade como recurso simbólico e político não é apenas um efeito histórico das técnicas de desumanização e de desvirilização que caracterizaram o regime da plantação sob a escravidão ou sob a governamentalidade colonial. Esse superinvestimento faz parte da vida inerente a qualquer forma de poder, inclusive nas democracias liberais. Essa é, na verdade, a mais pura atividade do poder em geral, o que lhe confere presteza e, consequentemente, violência. A virilidade representa o meridiano do poder em geral, sua zona frenética.

A respeito disso, basta ver o que está acontecendo hoje. Numa época em que há quem queira nos fazer crer que o "islamofascismo" é o maior de todos os perigos, não estarão as guerras em curso contra os países muçulmanos sendo vivenciadas como momentos de "descarrego", cujo valor paradigmático decorre precisamente do fato de que esse descarrego se opera segundo o modelo da ereção do órgão genital masculino, com as tecnologias de ponta desempenhando nesse sentido o papel de objetos de assalto, que viabilizam uma determinada modalidade de coito – o nacionalismo racial?

Em grande medida, não terão essas guerras as bolsas de valores por objeto – pelo que se deve entender as lógicas de abordagem da luta até a morte (a guerra, justamente) pela lógica do lucro? Não será cada bombardeio a alta altitude, cada sessão de tortura nas prisões secretas da Europa e de outros lugares, cada disparo guiado a laser a manifestação de um orgasmo viril, o Ocidente se drenando ao fazer da destruição dos Estados declarados inimigos o próprio farol da fruição na era da tecnologia avançada?

De que outra forma se pode compreender esse inebriamento destrutivo, a devassidão em massa que o acompanha, o cortejo de bebedeiras, estupros e orgias, zombarias e obscenidades?[16]

Seria ingênuo questionar as funções das guerras contemporâneas e sua economia política ignorando o erotismo racista e masculino que as lubrifica e que é um de seus componentes essenciais ou ofuscando-lhe a essência teopornológica. Na violência sem objetivo nem sentido que marca a nossa época, há uma maneira de projetar a imaginação viril e o desejo perverso que seria impróprio subestimar. A produção do nacionalismo racial na era neoliberal depende, ela também, de muitas silhuetas femininas. Subjacente a essas silhuetas está sempre o "pai", quer dizer, aquele que desfruta sozinho do status de primeiro "plantador" (o poder de engendrar e fecundar). De resto, a cultura neoliberal contemporânea é assombrada pela figura do pai incestuoso, movido pelo desejo de consumir sua menina ou seu menino ou de anexar as filhas ao seu próprio corpo, com o intuito de se servir delas como um complemento à estatura debilitada do homem.

A extrema estilização da referência fálica e o investimento na feminilidade e na maternidade visam situar o prazer sexual na esteira de uma política secular do arrebatamento. Mas a forma como o poder incansavelmente solicita o corpo (tanto dos homens quanto das mulheres) e o in-forma, trabalha e perpassa, delimitando-o como uma ampla zona destinada a satisfazer e suprir todos os tipos de pulsões, não é menos marcada pela brutalidade. É evidente que isso não tem nada de "africano", se por esse termo polêmico se entende uma força obscura e psicótica, emparedada em um tempo por assim dizer pré-ético, pré-político e pré-moderno, um mundo à parte, em suma.

16. Marnia Lazreg, *Torture and the Twilight of Empire: From Algiers to Baghdad*. Princeton: Princeton University Press, 2008.

Além disso, o que é impressionante na África é a extraordinária riqueza simbólica da relação com o corpo e com o sexo. Corpo e sexo são, por definição, plurais. Como em quase tudo o mais, eles são o resultado de operações de composição e montagem. A diferença sexual se corporifica fundamentalmente a partir dos mais variados tipos de ambiguidades, inversões e metamorfoses. Fora desse campo de ambivalências, ela tem pouca significância. Tanto o corpo quanto a sexualidade fora do poder sempre se abrem para um campo de dispersão e, portanto, de ambivalência. Nesse terreno, como no da arte e sobretudo no da música e da dança, é a lógica dos significados inesperados que prevalece.

O corpo não é algo que simplesmente se tem. O corpo é algo que se vive, de preferência como um símbolo de ambivalência absoluta – a ambivalência do símbolo justamente como aquilo que liberta o desejo, que o afasta das malhas do poder que tenta colonizá-lo. É por isso que o corpo e o sexo vividos só são corpo e sexo na medida em que se abrem para toda sorte de potencialidades expressivas, para a singularidade. Basta ver como os africanos se vestem, como utilizam ornamentos, como dançam. Como assegurar que essas potencialidades expressivas escapem da linguagem das necessidades induzidas e dos desejos manipulados (o código do capital)? Ou que continuem a manifestar a certeza da vida diante de todo tipo de ameaças que visam destruí-la, depois de terem desvalorizado seu significado? São essas as questões de fundo.

Elas são muito mais importantes que a manipulação feita no Ocidente do tema do respeito às mulheres, a fim de postular uma superioridade cultural qualquer. Como na era colonial, a interpretação desvalorizante da maneira como o negro ou o muçulmano trata "suas mulheres" faz parte de uma mescla de voyeurismo, horror e inveja – a inveja do harém. A manipulação das questões de gênero para fins racistas, por meio do destaque dado à dominação masculina no Outro, visa quase sempre ofuscar a realidade da falocracia em casa.

Resta examinar de que forma as sucessivas crises do último quartel do século xx na África afetaram de distintas maneiras as relações entre homens e mulheres, e também entre provedores e dependentes. Em alguns casos, elas contribuíram para aprofundar as desigualdades de gênero já existentes; em outros, acarretaram uma profunda mudança nos termos gerais nos quais e pelos quais passaram a se expressar tanto a dominação masculina quanto a feminilidade.

Entre os setores mais pobres da população, o posto de chefe de família, geralmente detido pelos homens, passou por uma aparente desqualificação, especialmente nos lugares em que o poder de prover não podia mais ser exercido plenamente devido à falta de meios materiais. O novo ciclo de lutas pela subsistência, gerado pela crise e pela austeridade, paradoxalmente abriu possibilidades de movimento para um número relativamente pouco elevado mas influente de mulheres, especialmente em certas esferas da vida material relacionadas à informalidade. Essas possibilidades ampliadas de mobilidade foram acompanhadas por um questionamento renovado das prerrogativas masculinas e por uma intensificação da violência entre os sexos.

Esses deslocamentos, por sua vez, acarretaram duas consequências importantes. Por um lado, um dos pilares da dominação masculina, a saber, a noção de dívida com a família, foi fortemente abalada e passou a ser objeto de contestação. De fato, até recentemente, era em torno dessa noção que se baseavam a relação entre homens e mulheres e a relação entre pais e filhos no seio da família. Uma das pedras angulares dos sistemas falocráticos africanos era, na verdade, a ideia da dívida dos filhos para com os pais e a ideia da complementaridade na desigualdade entre homens e mulheres. A relação entre o homem e a mulher no seio da família se assentava em uma lógica dupla: a da apropriação e a da instrumentalidade recíproca entre os desiguais. Tanto em relação à mulher quanto à criança, a prerrogativa masculina consistia em nutrir, proteger e orientar, e em contrapartida se exercia uma dominação fundada na discriminação hereditária. Em grande medida, porém, a dominação política em sentido estrito se apoia nos mesmos quadros ideológicos que se estendem às esferas civil e militar, com os "de cima" desempenhando em relação aos subordinados as mesmas funções e tendo os mesmos atributos que o pai dentro da unidade familiar. Um processo de desmasculinização atinge os dominados como um todo, enquanto o prazer da dominação masculina propriamente dita se torna privilégio exclusivo, pelo menos no campo político, de alguns poucos.

De qualquer forma, durante o último quartel do século xx, o falo enquanto significante central do poder e apanágio da dominação masculina sofreu profundos questionamentos. Tal contestação foi expressa de diferentes maneiras. Algumas assumiram a forma de instabilidade conjugal e de uma circulação relativamente crônica das mulheres. Outras se expressaram sob a forma de pânicos urbanos, no centro dos quais estava o medo da castração. O falo certamente continua a representar um signo essencialmente diferenciador, no entanto suas funções primordiais estão ainda mais difusas, pois se assiste a uma desvirilização dos dependentes, sob o efeito de diversas forças.

Sociedades onanistas e pulsão ejaculatória

Patriarcado e colonialidade formam uma mesma trama. Um é a condição de possibilidade do outro. Esse é o caso especialmente nas sociedades que deveriam ser chamadas de onanistas. As sociedades onanistas estão organizadas em torno de um motivo central, o dispêndio da matéria seminal. Elas são operadas pela pulsão ejaculatória. O patriarcado, por sua vez, pode ser interpretado como o dispositivo que confere ao sêmen seu caráter excepcional e que define as condições nas quais ele pode ser dispensado, no interior de qual reservatório ele pode ser legitimamente depositado, o que faz com que ele não se enquadre no âmbito de um mero refugo, assim como o propósito final do dispêndio.

Desse ponto de vista, na condição de dispositivo de poder e ideologema por excelência da sociedade onanista, o patriarcado mantém uma relação constitutiva com a economia da ejaculação. Esta é o produto de uma excitação. Ejacular significa espalhar a matéria seminal que resulta da excitação, da fricção e da combustão, sem as quais a sensação não é experimentada nem o líquido seminal secretado e liberado.[17] O líquido seminal, por sua vez, é tratado como um bem precioso, recolhido como tal, cuja função primordial é dar vida, inscrevê-la no tempo, assegurando a descendência e tornando possível uma genealogia. É graças à produção dessa fonte, considerada vital, que o patriarcado se autoimuniza, busca escapar da profanação e se protege da impureza. Realizada sob as condições apropriadas, a extração do sêmen dificilmente será sacrílega.

Nas sociedades onanistas, o patriarcado também representa uma forma, se não acabada, pelo menos exacerbada do desejo narcísico. A ejaculação nas sociedades onanistas – e patriarcais – é um desses desejos, o qual se manifesta sob diferentes formatos. De qualquer forma, esse desejo está na origem de uma intensa atividade fantasiosa. Consumado ou não, estimula a imaginação. A participação na fantasia é uma das razões para a permanência do patriarcado, assim como do capitalismo, que também se estrutura em torno da pulsão ejaculatória. Nesse último caso, a

---

17. Gaston Bachelard, *Psicanálise do fogo*. Trad. Paulo Neves. São Paulo: Martins Fontes, 1994, p. 40-41.

ejaculação é de caráter masturbatório.[18] Os novos dispositivos digitais contemporâneos pavimentaram o caminho e facilitam uma convergência sem precedentes entre a pulsão ejaculatória e a pulsão escópica. Já não basta mais "fazê-lo" em segredo. É preciso ser visto, por si mesmo e pelo espectador, de preferência através de um pequeno orifício, não importa qual. No caso do espectador, ver praticamente não requer copresença. Pode-se ver sem estar de modo algum presente. A única coisa que conta é a esperança de excitação. Isso é o que torna possível a autoexcitação por meio da imaginação e da fantasia. A produção em massa de corpos masculinos dispostos à excitação, em busca da ejaculação, mediante carícias masturbatórias, é sem dúvida uma das principais transformações do patriarcado neste início de século. Em grande medida, o patriarcado não precisa mais de mulheres para sua ampla reprodução. Tocar-se, acariciar-se e autoexcitar-se lhe são suficientes. A imaginação se tornou uma instituição em si mesma.

Ao mesmo tempo, a heteronormatividade está enfrentando questionamentos radicais. Caminha-se irreversivelmente para uma nova era sexual, na qual a bicategorização dos sexos (gênero masculino e gênero feminino) será apenas uma memória distante. Com efeito, a maleabilidade e a diversidade dos gêneros estão constantemente ganhando terreno. O mesmo se aplica a uma panóplia de práticas sexuais em ressonância com a "pirataria" de gênero ora em curso.[19] Outrora dominado pela família clássica, o ambiente doméstico tem passado por profundas reconfigurações. Ao lado do pai, da mãe e dos filhos, há uma gama de sujeitos

18. Sobre o modo como a arte contemporânea se apropria do tema da masturbação, ler Céline Cadaureille, "Jeux de mains... jeux de vilains. La masturbation dans l'œuvre de P. Meste, de V. Acconci et de P. Sorin", SEXES à bras-le-corps 112, 2012: 36-39.

19. Ver, a título de exemplo, Paul B. Preciado, *Testo Junkie: sexo, drogas e biopolítica na era farmacopornográfica*. Trad. Maria Paula Gurgel Ribeiro. São Paulo: n-1 edições, 2018; *Pornotopia: Playboy e a invenção da sexualidade multimídia*. Trad. Maria Paula Gurgel Ribeiro. São Paulo: n-1 edições, 2020; e, sobretudo, *Manifesto contrassexual*. Trad. Maria Paula Gurgel Ribeiro. São Paulo: n-1 edições, 2014.

habitados por todos os tipos de desejos: maridos em casa, ociosos e solitários; homens e mulheres com tendências transgênero ou homossexuais, algumas das quais já exploradas e outras não. Há também *"butchs"*, lésbicas com identificação masculina, com ou sem parceiras, esposas clássicas com identificação masculina e outros que desistiram da atividade sexual por períodos variados.

É a era do tráfico de significantes sexuais. Esse tráfico passa por performances:

> Ele está de quatro, o olho do cu aberto em direção à câmera. Uma mão, de luvas limpas, desenha e grava cuidadosamente um sol preto ao redor de seu ânus com a ajuda de uma máquina de tatuar. [...] Está nu. Uma tortura-genital muito precisa, que consiste em injetar um líquido tóxico (uma solução salina), deformou seu pênis e seus testículos. Sua genitália, que se sobressai e balança entre suas pernas, se parece mais com uma espécie de útero externo do que com o sexo masculino. Seu pênis está inchado sem estar com uma ereção. Está cheio, mas sem esperma. Em vez de ejacular, recebeu a ejaculação técnica e calculada da seringa. Seu sexo é contrassexual. Usa cinta-liga. Caminha sobre um salto agulha. Avança lentamente, como se a cada passo fosse cair. Dois dildos foram acoplados em seus saltos, como esporas. Amarrou-os a seus pés [...]. Os dildos pendem atrás de seus sapatos como órgãos flácidos e secundários.[20]

O tráfico de significantes sexuais também envolve a tatuagem em torno dos órgãos sexuais. A pulsão ejaculatória e a masturbação características das sociedades onanistas dificilmente ocupam uma posição central nesse caso. A ereção tampouco. O esperma é colocado fora de jogo, quase neutralizado. Não há nenhuma vulva à vista. O pico orgástico é alcançado por meio do recurso a uma gama de técnicas e objetos e de uma série de práticas com nomes variados. É o caso da "autodildagem" (ou "autopenetração" anal).[21] A autodildagem requer equipamento: uma bomba de

---

20. Paul B. Preciado, *Manifesto contrassexual, op. cit.*, p. 53-54.
21. Estamos, de fato, distantes das cenas sexuais descritas por Virginie Despentes, *Baise-moi*. Paris: J'ai lu, 1993: "Ao olhar para o corredor, ela se pergunta o que prefere fa-

enema, um par de sapatos de salto agulha, dois dildos, um pequeno e duro, outro maior e macio, duas cordas e uma poltrona.

No butô (prática de dança surgida no Japão no início dos anos 1950), o bailarino aprende a se entregar. Como na maioria das práticas rituais africanas, trata-se de experimentar a metamorfose. O butô não é um ritual de possessão. O objetivo durante o espetáculo é deixar-se ir, lançar-se em um estado de "percepção que fará do bailarino a pedra ou a árvore, o feto ou o velho, o pênis ou a vulva, o preto ou o branco".[22] Esvaziar-se, fragmentar-se, multiplicar-se ao sabor das metamorfoses é o intuito. Tanto nesse caso quanto nas práticas de autodildagem, é outra imaginação do corpo que está em ação. A masculinidade está simbolicamente despojada de sua soberania. Não se está mais diante de corpos ejaculatórios, aqueles que contribuíram para a expropriação da força reprodutiva das mulheres. Tampouco se trata do corpo patriarcal-colonial, aquele que atuou na transformação do corpo negro e do corpo dos colonizados em geral em força de trabalho. A degradação/desqualificação do corpo patriarcal-colonial, ou sua hipertrofia no regime neoliberal e onanista, talvez não sinalize nem o fim do virilismo nem o fim do "desejo de falo" enquanto tal. Mas talvez prefigure sua próxima *colocação em condição de minoria*. O relativo pânico genital que daí resulta contribui, por sua vez, para as narrativas do fim que são características da nossa época.

É necessário ainda, no mesmo movimento, que considerações de raça e classe e da virilidade radicada em determinadas tradições do feminismo branco também sejam levadas em

---

zer ali, de quatro ou chacina. Enquanto o cara estava trabalhando nela, pensou na cena da tarde, como Nadine encostou a mulher contra a parede, como foi destruída pela pistola. Realmente bestial. Bom pra caralho. A menos que seja o caralho que ela curte tanto quanto um massacre."

22. Ver Denis Sanglard, "Butô et sadomasochisme: *Sade 6412*, un solo obscène et critique", *SEXE à bras-le-corps*, 112, 2012: 12.

conta.[23] A título de exemplo, como explicar as feminilidades viris brancas em relação com homens de outras raças?[24] É o caso de soldadas brancas ou de mulheres em posições de poder que maltratam prisioneiros de cor, sujeitando-os a atos de tortura e a encenações degradantes, incluindo cenas com conotação homossexual, que eles são forçados a desempenhar contra a própria vontade.[25] Nessas situações de violência racial, é colocada em prática uma erotologia da crueldade.[26] Essa violência sexualizada resulta de uma virilidade que é ao mesmo tempo masculina e feminina, que se considera mais civilizada que aquela encontrada no resto do mundo.[27] Não apenas ela prolonga as relações de dominação além da dicotomia homens/mulheres, como também passa necessariamente pelo ódio e pelo desprezo dirigidos às representações do masculino que não estejam a serviço da supremacia branca.[28]

Pânico genital

Nas tradições africanas antigas, não havia corpo perfeito. Na ausência de encarnação, era mínima a corporeidade. O corpo não existia enquanto unidade dotada de uma valência sexual única. Era um campo semiótico e, desse ponto de vista, constantemente trabalhado pelos mais variados tipos de narrativas e capaz de

23. Kelly Oliver, "Women: The Secret Weapon of Modern Warfare?", *Hypatia* 23, n. 2, 2008: 1-16.
24. Ver Sherene Razack, "How is White Supremacy Embodied? Sexualized Racial Violence at Abu Ghraib", *Canadian Journal of Women and the Law* 17, n. 2, 2005: 341-363.
25. Ver Eileen L. Zurbriggen, "Sexualized Torture and Abuse at Abu Ghraib Prison: Feminist Psychological Analyses", *Feminism & Psychology* 18, n. 3, 2008: 301-320.
26. A respeito da exploração dos temas feministas como uma dimensão central das políticas neoliberais, ler Sara R. Farris, *In the Name of Women's Rights: The Rise of Femonationalism*, Durham: Duke University Press, 2017; e Françoise Vergès, *Un féminisme décolonial*. Paris: La Fabrique, 2019.
27. Catherine Mavrikakis, "La virilité rasée?", *Les Masculinités* 215, jul.-ago. 2007.
28. Ler Trudier Harris, *Exorcising Blackness: Historical and Literary Lynching Burying Rituals*. Bloomington: Indiana University Press, 1984.

ser vivenciado de múltiplas maneiras. Alguns órgãos, por outro lado, participavam da construção de identidades singulares, que também eram revisáveis, instáveis e imbuídas da ambivalência. O sujeito possuía um corpo da mesma forma como pertencia a um corpo. A relação entre possessão e pertencimento era tal que uma era condição da outra e vice-versa, o que contribuía para fazer do humano o protótipo da opacidade e para fazer, da sexualidade, um enigma. Esse caráter enigmático da sexualidade e da ambivalência constitutiva dos corpos se manifestava nos grandes rituais e espetáculos, especialmente nas danças, mas também nos festivais e em outras práticas de possessão e de cura. Elas se baseavam na aceitação da incoerência orgânica do corpo e do caráter polimórfico da matéria viva.

Mais ainda, era aceito que o que sustentava o corpo e lhe dava vida eram narrativas, sendo que a própria vida emanava da fabulação. Em sua multiplicidade, os órgãos eram retransmissores ou mesmo ferramentas especializadas. Eram separáveis e podiam entrar em conflito uns com os outros. Às vezes o corpo era pesado para suportar, e seu portador tentava se livrar dele. Às vezes o corpo também era incômodo. Carregado de ossos, nervos, fluidos e vísceras, era comparável a um fardo.[29] Mas, mesmo assim, tinha uma dimensão plástica que lhe conferia uma extraordinária capacidade de metamorfose. O sexo, em particular, era mais que um nodo anatômico. Assim como o rosto, era um pivô essencial da atividade fabulante. No ponto de confluência entre a sensorialidade e a interioridade, era a metáfora por excelência da multiplicidade caótica.

Na era das manipulações hormonais e cirúrgicas, o corpo contemporâneo está em grande medida "de volta à produção". E, de

---

29. Ler, a respeito de tudo o que foi dito, a obra de Amos Tutuola, sobretudo *Minha vida na mata dos fantasmas*. Trad. Luiz Drummond Navarro. Rio de Janeiro: Alhambra, s.d.; e *O bebedor de vinho de palmeira*. Trad. Eliane Fontenelle. São Paulo: Círculo do Livro, 1975.

passagem, sua vulnerabilidade intrínseca se escancara a olhos vistos, mas também a maleabilidade, a capacidade de acolher e de se deixar moer em diferentes materiais, da cera ao bronze, do vidro à terracota.[30] Além disso, ele se tornou, nas palavras de Michaël La Chance, "algoritmo abstrato, clone biotecnológico, avatar no virtual". Com o advento das imagens tecnológicas, ele acrescenta, "nossa capacidade de criar imagens se assemelha à construção de novos corpos. O processamento da imagem serve de modelo para as manipulações genéticas do futuro, o corpo sintético se revela o mais perfeito, pois não pode ser afetado pela idade nem pelas doenças. O alisamento do Photoshop tornou-se o equivalente do creme antirrugas, as animações 3D no cinema nos garantem eterna juventude".[31]

Nem o sexo nem o gênero escapam a essas transformações. Assim como o corpo, o sexo está sujeito a uma dispersão tanto ontológica quanto orgânica. Tanto pulsação fundamental quanto princípio arcaico de abertura, de multiplicidade e de proliferação, a sexualidade no antigo corpus africano era aquilo que nada era capaz de conter em um invólucro. Era o lugar em que o sujeito se submetia a um risco permanente, o da própria negação. O corpo, fragmentado, eludia a própria figuração. Era isso que conferia ao sexo todo o poder de irrigação, inervação e gestação. Isso porque, no espaço de um instante, a possibilidade da própria superação da carne, em sua materialidade, subitamente se abria. Era essa superação que permitia a passagem para outros corpos além dos gêneros e dos sentidos. Ao libertar a sexualidade contemporânea das restrições do olhar patriarcal-colonial, a porta se abre para todos os tipos de pânicos genitais. Pode ser que, pela primeira vez

---

30. Ver Michaël La Chance, "Vierges blanches et Vénus sanglantes: fictions sexuelles et corps fascinés", SEXES *à bras-le-corps* 112, 2012: 31-35.
31. *Ibid.*, p. 31-32.

VIRILISMO

na história da modernidade, esses pânicos prefigurem a colocação do falo em condição de minoria.

Esse posicionamento em condição minoritária é parcialmente impulsionado pelas transformações tecnológicas em curso. Estas não somente estão na origem de novas experiências sensoriais, mas também deslocam os termos nos quais se vinha tratando até o momento a questão do desejo sexual propriamente dito e das modalidades de sua satisfação.[32] Por um lado, há uma redescoberta do corpo humano como entidade proliferante, aberta ao mundo, a todos os tipos de enxertos e fluxos e ao universo das sensações. Por outro lado, a vida do corpo humano é objeto de um reinvestimento no ponto de intersecção de três tipos de práticas: as práticas de conexão, de substituição e de vibração. Um corpo inteiramente vivo e animado é um corpo móvel, conectado, vibrante e potencialmente plural, pronto para a metamorfose. É, potencialmente, um imenso campo de prazeres.

A fim de que sejam ampliados os campos de prazeres e a fim de que estes possam atingir o ponto máximo de intensidade, os potenciais sexuais devem necessariamente ser enxertados em um ou outro desses nodos de tensão. O corpo por si só, incapaz de fazer isso, precisa de adjuvantes ou acessórios. O desenvolvimento da robótica, da informática, da cibernética e da inteligência artificial permitiu, assim, inventar novas gerações de apetrechos sexuais e outras "máquinas marotas". Trata-se, na maioria dos casos, de objetos conectados e vibrantes. Eles têm a finalidade de acrescentar ao que existe, de aumentar as camadas de prazer. Desempenham, nesse aspecto, o papel de motores. É o caso em especial dos diversos "vibradores". De tamanhos e formatos

---

32. Luciana Parisi, *Abstract Sex: Philosophy, Biotechnology and the Mutations of Desire*. London: Continuum, 2004.

variados, eles se prestam a diferentes formas de manipulação. Alguns deles podem ser teleguiados e, consequentemente, operam à distância. Outros são verdadeiras próteses.

À medida que as fronteiras entre o humano e a máquina se tornam mais frouxas, surge a possibilidade de uma pluralidade de corpos, de afetos e de sexualidades. Ela é impulsionada pela robofilia. Ao lado de vibradores de todos os tipos, surgem os mais variados *Ersätze* [imitações, substitutos] de humanos, a exemplo das novas gerações de bonecas sexuais e outras manifestações antropomórficas da tecnologia, sejam elas *sex dolls* de silicone ou outras formas androides. O surgimento de novas *máquinas sexuais* representa um importante marco nas transformações em curso. Contribui para o aperfeiçoamento das práticas masturbatórias, cujo papel é conhecido na produção das bolhas hedonistas que são os sujeitos neoliberais. Em outro registro, essas novas máquinas sexuais possibilitam o desenvolvimento de sexualidades experimentais que não se limitam mais aos seres humanos ou que já não envolvem apenas o homem e a mulher, mas nas quais muitos outros agentes são envolvidos.

Graças às transformações tecnológicas, o falo vem sendo gradualmente descentrado. O desejo certamente se desloca na direção de objetos conectados, vibradores, *Ersätze* de humanos e outras figuras antropomórficas, mas também se encaminha para âmbitos cada vez mais polivalentes e abstratos. A vinculação do desejo à realidade biológica se afrouxa. O íntimo agora se estende a qualquer zona ou objeto provido de um coeficiente de ambiguidade. E mais ainda, a atividade sexual vem se tornando uma atividade conectada a interfaces, cujas plataformas constituem o terreno privilegiado de exercício. Ela é apoiada, além disso, pela miniaturização de todos os tipos de componentes, sendo que o próprio corpo se torna, nesse sistema, o equivalente de um sensor, um conjunto de chips conectados a um enorme sistema nervoso, o sistema fantasmagórico do capital tecnológico.

É possível, pois, que no futuro o falo propriamente dito seja efetivamente destituído. O tempo em que o homem e a mulher estavam no centro dos mitos fundadores da sexualidade se esgotou. Sexualidades diversas estarão acopladas a diversos corpos plásticos. O gozo virá por meio de sinais codificados. A sexualidade será obra tanto de sujeitos humanos quanto de dispositivos tecnológicos operando como verdadeiras fazendas. Na era neuronal, o cérebro, motor principal da libido, substituirá o falo. O objetivo final será chegar o mais próximo possível dele, para garantir sua instrumentalização.

Não será mais necessário buscar estímulos por meio do clitóris, do ânus ou do falo. Bastará um bombardeio intensivo de ondas das mais variadas espécies nas áreas do cérebro relacionadas ao prazer para, sem mediação, mergulhar nos poços do êxtase.[33] A era da sexualidade sem contato com outros seres humanos marcará o fim da hegemonia há muito exercida pelas relações sexuais entre os gêneros. À sapiossexualidade com humanos se somará a tecnossexualidade, que conjugará intimidade e possibilidades de descarga sexual dos instintos por intermédio de máquinas. Resta saber se isso bastará para fazer com que voltem a florescer as possibilidades de um amor sem desejo sexual e se, quando o falo for finalmente destituído, isso resultará em maior igualdade de gênero.

---

33. Michaël Pécot-Kleiner, "Comment la technologie va-t-elle s'emparer de notre sexualité?", <https://bit.ly/3lKoDAM>, 18 out. 2018.

CORPOS-FRONTEIRAS

As formas contemporâneas do brutalismo não se caracterizam apenas pelo desmantelamento dos amortecedores sociais e da cobertura de riscos ou, de modo mais geral, pela tentativa de fazer o mercado substituir a democracia. Elas também podem ser reconhecidas pela obsessão por abolir a política, uma das marcas distintivas do que veio a ser conhecido como "liberalismo autoritário". Mas as mutações mais decisivas do capitalismo contemporâneo não se referem apenas à desregulamentação das transações financeiras, à sujeição dos serviços públicos às condições de rentabilidade do setor privado, à redução dos impostos para os ricos ou à busca das boas graças dos provedores de liquidez. Acima de tudo, uma das principais transformações antropológicas da nossa época é a divisão da humanidade em múltiplas frações de *classes racialmente tipificadas*. Trata-se, por um lado, da distinção entre pessoas humanas solventes e pessoas insolventes. Por outro lado, em escala global, trata-se da divisão entre aquilo que Étienne Balibar chama de "a parcela móvel da humanidade" e a "humanidade errante".[1]

---

1. Étienne Balibar, "Sur la situation des migrants dans le capitalisme absolu", 9 fev. 2019, <https://france.attac.org/pdf/possibles/1777/6569>.

Pessoas "em demasia"

A instituição da fronteira é o mecanismo pelo qual essa nova divisão se inscreve na realidade. Mais ainda, as fronteiras já não são compostas de linhas irreversíveis e que só muito raramente se cruzam. Já não são exclusivamente físicas. São fundamentalmente híbridas e deliberadamente incompletas e segmentadas. Se elas constituem locais por excelência de manifestação de depredação contemporânea, é porque são o ponto de convergência dos inúmeros núcleos que, nos dias de hoje, asseguram o acolhimento e a regulação dos vivos, bem como a disseminação desigual dos perigos da nossa época. Elas se articulam ora com núcleos securitários, ora com núcleos humanitários e ora com núcleos identitários.[2] Até mesmo a lei da mortalidade agora passa a ser conjugada à instituição da fronteira.[3] Quer sejam físicas, virtuais ou pontilhadas, as fronteiras têm em comum o fato de serem carregadas de tensão. Operando atualmente tanto para fora quanto para dentro, elas se tornaram verdadeiros covos, aparelhos de captura, de imobilização e de afastamento de populações consideradas indesejáveis, excedentes ou mesmo "em demasia". Mas "populações excedentes" são o nome de quê?

Responder a essa pergunta exige retomar dois tipos de medos que moldaram o discurso ocidental acerca da "matemática populacional" desde pelo menos o século XVII. Trata-se do medo da superpopulação e do inverso, o despovoamento. O medo do despovoamento, ou seja, as condições que tornam possível a extinção da espécie humana, foi reavivado a partir do século XVII, numa época em que a subsistência fisiológica das pessoas estava

---

2. Aquilo que Nicolas Renahy chama de "capital de autoctonia", mas que ele equivocadamente restringe às classes populares. Ler "Classes populaires et capital d'autochtonie. Genèse et usage d'une notion", *Regards sociologiques* 40, 2010: 9-26.

3. Reece Jones e Corey Johnson, "Border militarization and the rearticulation of sovereignty", *Transactions of the Institute of British Geographers* 41, n. 2, 2016.

em jogo. Era esse o caso especialmente na França. Entre 1565 e 1788, o reino foi sacudido por intermináveis crises de subsistência. Em alguns momentos, foram consequência das inversões climáticas, do aumento do preço do trigo e da pressão fiscal e, em outros, da conjunção da penúria e das epidemias. As taxas de fertilidade e mortalidade se cancelaram mutuamente ao longo de sucessivas fases.[4] A população diminuiu durante as duas últimas décadas do reinado de Luís XIV, em seguida às duas grandes fomes de 1693-1694 e 1709-1710.[5]

De todas as epidemias, a peste e também a cólera, a varíola, o tifo e o sarampo foram as mais devastadoras.[6] Cada uma dessas epidemias causava sempre um acentuado aumento das mortes e dizimações, tanto nas áreas urbanas quanto rurais.[7] Além disso, epidemias e fomes despejavam nas estradas uma *humanidade errante* em busca de alimentos. Enquanto a fome matava, as epidemias, por sua vez, frequentemente levavam à súbita multiplicação e circulação da virulência. Nessas condições, "população" designava uma realidade de massa e, mais precisamente, corpos potencialmente virulentos.[8] Essa massa era ao mesmo tempo fisiológica, orgânica e biopolítica.

Essa era a massa dos corpos e organismos potencialmente expostos aos riscos de fragilização em decorrência do encontro com a doença e o infortúnio. A virulência, por sua vez, surgia sob distintas roupagens. Era o caso das febres em especial. Eram conhecidas por muitos nomes – febre pútrida, febre maligna, febre

---

4. Marcel Reinhard, "La population française au XVIIe siècle", *Population* 13, n. 4, 1958: 619-630.

5. Ler Paul M. Bondois, "La misère sous Louis XIV: la disette de 1662", *Revue d'histoire économique et sociale* 12, n. 1, 1924: 53-118.

6. Monique Lucenet, *Les Grandes Pestes en France*. Paris: Aubier, 1985.

7. François Lebrun, "Les crises démographiques en France aux XVIIe et XVIIIe siècles, *Annales* 35, n. 2, 1980; Marcel Lachiver, *Les Années de misère. La famine au temps du Grand Roi*. Paris: Fayard, 1991.

8. Anne-Marie Brenot, "La peste soit des Huguenots. Étude d'une logique d'exécration au XVIe siècle", *Histoire, économie et société* 11, n. 4, 1992: 553-570.

pestilenta, púrpura ou febre tifoide. Em diferentes modalidades, as febres indicavam a parte putrefável do organismo, aquela onde poderiam estar alojados os vermes e que poderia ser carcomida pelas larvas.[9] Em suma, o despovoamento era interpretado como uma verdadeira ameaça biológica, na confluência entre os acidentes climáticos, os regimes de colheita e de preços, a natalidade, a mortalidade e a mobilidade.

O medo do despovoamento era acompanhado pelo medo da superpopulação. Muitos acreditavam, por exemplo, que "um número muito grande de pessoas" colocava os Estados em perigo. Uma população excessiva e em vias de crescimento descontrolado era vista como um flagelo. De fato, considerava-se que seria fácil que se devorassem uns aos outros, quando o espaço e a comida viessem a faltar para a multidão. O excesso de população também poderia provocar terríveis distúrbios e até mesmo revoluções.[10] A rarefação dos nascimentos, combinada a uma elevação da mortalidade infantil, tendia a erradicar certas classes sociais, sobretudo quando associada a crises de subsistência.[11] A morte não era apenas uma questão de destinos singulares e não se distribuía de forma aleatória. A mortalidade não aumentava exclusivamente com a idade. Nascimentos e mortes obedeciam a leis que podiam ser matematizadas.[12]

9. Sobre esses aspectos medicinais e biológicos, ver Jean-Noël Biraben, *Les Hommes et la peste en France et dans les pays européens et méditerranéens*. Paris-La Haye: Mouton-EHESS, 1975, 2 vols.

10. Cynthia Bouton, "Les mouvements de subsistance et le problème de l'économie morale sous l'Ancien Régime et la Révolution française", *Annales historiques de la Révolution française* 1, 2000: 71-100.

11. A propósito daquilo que se chamava à época de "classes ocas", ler Jean Meuvret, "Les crises de subsistances et la démographie de la France d'Ancien Régime", *Population* 4, 1946.

12. Ver Jacques Véron, "Les mathématiques de la population, de Lambert à Lotka", *Mathématiques et sciences humaines* 159, 2002: 43-55.

De resto, a política populacional se manteve por muito tempo subordinada à questão dos meios de subsistência.[13] A ideia de que a população de um país deveria ser proporcional aos seus meios de subsistência estava, por exemplo, no cerne do malthusianismo. Por "meios de subsistência" se entendiam não apenas os recursos econômicos, mas também o capital alimentício elementar sem o qual a própria vida estava em perigo, a começar pelo corpo, convertido em refugo, e suas múltiplas dotações. A título de exemplo, as crises associadas à fome e à penúria, à peste, às outras epidemias e às guerras eram as mais propícias a ameaçar os meios de subsistência. As grandes crises de mortalidade e de subnatalidade geralmente coincidiam com esses momentos-chave. Controlar essas crises dependia dos avanços da medicina (a profilaxia).

O aumento do número de pessoas só era considerado legítimo se, paralelamente, ocorresse um incremento dos meios de subsistência.[14] Se o senhor feudal, como o soberano absoluto do século XVII, via "com bons olhos a multiplicação de seus súditos" e se o industrial do século XIX era sensível a uma "vigorosa natalidade da população trabalhadora", o mesmo não se passava com o proprietário da mansão. Este, como afirmaria Alfred Sauvy mais tarde, via com preocupação "desenvolver-se uma população de vagabundos, que rondava as cercanias da sua propriedade". Não seriam eles, algum dia, capazes de "recorrer a uma distribuição de bens fora da lei costumeira"?[15] Portanto o problema não era a natalidade em geral, mas a das classes trabalhadoras. Como veremos mais tarde, essa seria a preocupação que mais tarde viria a ser atribuída às "nações proletárias", o que levou Sauvy a dizer que o "medo da multiplicação dos outros", e especialmente das raças

---

13. Ler especialmente Richard Cantillon, *Essai sur la nature du commerce en général*. Paris: INED, 1952 [1755].

14. Thomas Malthus, *Essai sur le principe de population*. Paris: INED, 1980 [1798].

15. Alfred Sauvy, "Le faux problème de la population mondiale", *Population* 3, 1949: 450.

proletárias, levou a "uma recrudescência do malthusianismo nas populações já minadas pelo envelhecimento demográfico".[16]

Em meio aos fluxos e refluxos, o regime demográfico era globalmente caracterizado pela estagnação. Por mais intensas que fossem as flutuações, tanto as crises dos meios de subsistência quanto as crises demográficas constantemente colocavam em questão a própria ordem política. Elas suscitavam dramaticamente a questão de saber o que fazer com os pobres em geral e com a pobreza errante em particular: como alimentar os indigentes, a quem incumbia esse ônus? Na medida em que as penúrias e epidemias faziam com que multidões fossem jogadas nas estradas sem rede de proteção, o contingente de populações errantes e de corpos móveis e fragilizados aumentava sempre mais. Em vista disso, a política populacional se colocava, mais do que nunca, em termos de excedentes, ou seja, do número de seres humanos e de corpos "em demasia", cuja mobilidade se considerava que devesse estar sujeita a regras draconianas.

Datam dessa época uma série de perguntas perenes, que cada ciclo histórico e cada regime de dominação têm constantemente levantado, a começar pela questão de como definir quem está "em demasia", o que fazer com aqueles que estão "em demasia", com as vidas infectadas, e como lidar com elas no que se refere à lei de sobrevivência e à lei da mortalidade.[17] Como pôr um fim à produção de pessoas "em demasia"? Como garantir que haja apenas um número adequado de sujeitos e qual seria a "melhor eutanásia para uma população excessiva" e para o contingente de

---

16. *Ibid.*, p. 453.

17. A propósito dessas problemáticas no contexto contemporâneo, ler Steve Hinchliffe, John Allen, Stéphanie Lavau, Nick Bingham e Simon Carter, "Biosecurity and the typologies of infected life: from borderlines to borderlands", *Transactions of the Institute of British Geographers* 38, n. 4, 2012.

"bocas supérfluas"?[18] E, acima de tudo, como regular a mobilidade de corpos potencialmente virulentos, isto é, de rejeitos humanos, daqueles que eram imprestáveis como mão de obra, inabsorvíveis e, portanto, supérfluos?

Até o século XIV, os pobres mendigos errantes eram a expressão viva dessas pessoas "em demasia". Eles eram associados a figuras crísticas. Nessa condição, recebiam esmolas e recebiam cuidados caritativos. A partir do século XVI, começou uma fase de estigmatização.[19] Aqueles habituados a viver em qualquer lugar e em lugar nenhum, sem vínculos comunitários ou territoriais, não acabavam por contestar os valores da sedentariedade? Sem quase nunca trabalhar, as forças já reduzidas e eles mesmos comprometidos com uma morte prematura, não pertenciam afinal à humanidade inútil? As tentativas de controle dessa humanidade supranumerária, desamparada e ambulante consequentemente se intensificaram e resultaram, por um lado, no estabelecimento de estruturas assistenciais, como o Hospital Geral (1656) e os depósitos de mendicância criados em 1764, e, por outro, na crescente criminalização de formas ilícitas de migração que dali em diante passaram a ser tratadas como vadiagem.[20]

O arsenal repressivo direcionado contra as populações pobres e migrantes visaria, portanto, obter seu isolamento e confinamento, seguido de reclusão e eventual deportação para as colônias.[21] O tratamento de corpos migrantes assimilados a corpos virulentos ou a rejeitos humanos gradualmente viria a se assemelhar

---

18. Arthur Young, *Voyages en France*. Paris: Arman Colin, 1931 [1792], apud Jean Bourdon, "Remarques sur les doctrines de la population depuis deux siècles", *Population* 3, 1947: 483-484.

19. Ver Bronislaw Geremek, *Les Fils de Caïn. L'image des pauvres et des vagabonds dans la littérature européenne du xve au xviie siècle*. Paris: Flammarion, 1991; e *La Potence ou la Pitié. L'Europe et les pauvres du Moyen Âge à nos jours*. Paris: Gallimard, 1987.

20. Antony Kitts, "Mendicité, vagabondage et contrôle social du Moyen Âge au xixe siècle. État des recherches", *Revue d'histoire de la protection sociale* 1, n. 1, 2008: 37-56.

21. Ler André Gueslin, *D'ailleurs et de nulle part. Mendiants, vagabonds, clochards, SDF en France depuis le Moyen Âge*. Paris: Fayard, 2013.

a medidas de profilaxia social. A melhor maneira de gerir esses rejeitos humanos seria evacuá-los para fora dos espaços ordinários da vida. Nem por isso eles deixariam de circular, mas passariam a circular apenas sob a forma de fluxos e descargas direcionados para os escoadouros. A circulação desses corpos seria, assim, limitada. Eles seriam submetidos a procedimentos de triagem, não por serem considerados recursos passíveis de punção, mas com vistas à sua possível eliminação como fontes potenciais de incômodo.

Os corpos virulentos também viriam a ser apanhados nas malhas de múltiplos dispositivos punitivos. Por vezes, em épocas de epidemias, era possível dar ordens ao marechalato para perseguir os desgarrados e despachá-los às galés ou ao trabalho forçado nas fortificações. Assim criminalizados, migrantes, mendigos e vagabundos eram então transformados em condenados forçados a cumprir suas penas nas colônias penais da Marinha ou a trabalhar nos portos e arsenais. Tendo escapado da morte natural, eram imediatamente apanhados, condenados às galés ou ao banimento perpétuo, ao açoite, à confissão pública ou ao desterro temporário.[22]

A esse tratamento profilático da questão das pessoas "em demasia" e das populações excedentes se devem somar as práticas de eliminação. Em termos de eliminação de pessoas "em demasia", as consequências demográficas das guerras de massa e de outras campanhas militares podiam ser consideráveis. Por pouco numerosas que fossem e mesmo que sequer permanecessem no território que atravessavam, as tropas eram capazes de arruinar as populações civis, especialmente se praticassem exação ou pilhagem. A guerra fazia parte, portanto, da gama de dispositivos destinados a regular as populações excedentes.

Diante do inimigo, a população também era equivalente a munição. O pagamento do imposto de sangue cabia em grande

---

22. Marc Vigie, "Justice et criminalité au xviie siècle: le cas de la peine des galères", *Histoire, économie et société* 4, n. 3, 1985: 345-368.

medida às populações excedentes. Por vezes, elas eram alistadas à força em milícias formadas com base no serviço obrigatório. A incorporação de grandes proporções de súditos nos exércitos dependia da riqueza do Estado. Especialmente após a Revolução Francesa, prevaleceu a ideia de que o poder militar do Estado era proporcional ao tamanho da população que ele era capaz de armar.

A emigração para as colônias não constituía, em si mesma, uma prática eliminacionista, exceto quando os colonos tratavam de liquidar as populações autóctones que habitavam os territórios nos quais eles desejavam se instalar.[23] Ela talvez tenha sido o ápice de um processo multiforme, que bem descreveu o antropólogo Paul Broca perante a Academia de Medicina em 1867. O que acontece "no lugar em que os homens se multiplicam sobre um território inextensível?", pergunta-se a si mesmo. "Começam a se espremer, a desbravar o sertão, fertilizar os charcos, drenar os pântanos", responde.

> Até aí, tudo é maravilhoso, mas chega um momento em que o espaço todo está ocupado. E o que vem depois disso? Ainda resta o recurso da emigração. Deixa-se a pátria e atravessam-se os mares para expropriar e destruir pouco a pouco as raças mais fracas que a nossa, para ocupar a América, a Oceania, a África Austral. Mas o planeta em que vivemos não é elástico. O que acontecerá com as gerações futuras, quando elas tiverem esgotado o recurso temporário da emigração? Haverá um agravamento dessa luta pela vida que Darwin chamou de *struggle for life*, que se manifesta na natureza em todos os níveis da escala das criaturas.[24]

23. Henry Reynolds, *The Other Side of the Frontier*. Townsville: James Cook University of North Queensland, 1981. Ler também Dirk Moses, "The birth of Ostland out of the spirit of colonialism: A postcolonial perspective on the Nazi policy of conquest and extermination", *Patterns of Prejudice* 39, n. 2, 2005: 197-219. Ver também Hannah Arendt, *Origens do totalitarismo*. Trad. Roberto Raposo. São Paulo: Companhia das Letras, 2012. Sobre essas discussões, ler também Benjamin Madley, "From Africa to Auschwitz: How German South West Africa incubated ideas and methods adopted and developed by the Nazis in Eastern Europe", *European History Quarterly* 35, n. 3, 2005.
24. Apud Jean Bourdon, "Remarques sur les doctrines de la population depuis deux siècles", art. cit., p. 487.

Outras práticas eliminacionistas recorrem às transferências de populações.[25]

Matemáticas populacionais

Acabamos de mostrar que a noção de "excedente", ou de "pessoas em demasia", esteve no centro das matemáticas populacionais europeias desde o início da era moderna. Serviu de base para muitas teorias do "espaço vital" e como pretexto para as políticas de extermínio entre as duas guerras.[26] Também desempenhou um papel crucial na emigração europeia para o resto do mundo a reboque da colonização.[27]

Hoje e pelo resto do século XXI, a Terra está e estará dividida entre os "países prolíficos" e países que sofrem de um "declínio de vitalidade".[28] A questão da regulação populacional está, mais uma vez, na agenda cultural e geopolítica. Particularmente no Norte do planeta, já são muitos os que estabelecem uma ligação direta entre as pressões migratórias e a pressão demográfica. A esterilização das classes e nações dominadas ressurgiu na imaginação das dominantes. Há um temor de transbordamento das populações prolíficas. Por quê? Porque o problema da população é o problema da repartição da Terra, "o medo, mais ou menos declarado, de algum dia ter que fazer alguma partilha".[29] Enquanto, nos países do Sul, o capitalismo extrativista atinge sua velocidade

---

25. Gil S. Rubin, "Vladimir Jabotinsky and population transfers between Eastern Europe and Palestine", *The Historical Journal* 62, n. 2, 2019: 495-517.

26. Robert René Kuczynski, *L'Espace vital et les problèmes de population*. Oxford: Oxford University Press, 1944; Imre Ferenczi, "La population blanche dans les colonies", *Annales de géographie* 267, 1938: 225-236.

27. Robert Rochefort, "L'Europe et ses populations excédentaires", *Politique étrangère* 2, 1954: 143-156.

28. Ver United Nations, *World Population Prospects 2019*, <https://bit.ly/3hVDHKQ>.

29. Alfred Sauvy, "Le faux problème de la population mondiale", art. cit., p. 452.

de cruzeiro, o neomalthusianismo se consolida e passa a ser visto como a bandeira "ética" do neoliberalismo.

Na prática, o neomalthusianismo se baseia naquilo que a filósofa Elsa Dorlin chamou de "gestão colonial do rebanho humano". Segundo ela, essa gestão "se desdobra em diferentes técnicas de esterilização social".[30] É dentro desse paradigma que se devem compreender as políticas antimigratórias e os fenômenos de detenção, reclusão em campos, repulsão e deportação das humanidades errantes. Na era do brutalismo e do desprezo ostentatório pelo Estado de Direito, as pessoas "em demasia" passam a assumir diversas feições. Nem todas elas podem ser reduzidas ao retrato que Marx lhes pintou nas descrições da relação social capitalista.

Na época, os corpos "em demasia" faziam indubitavelmente parte do que Marx chamou de "exército industrial de reserva". De modo geral, consistia em um reservatório de forças musculares ora úteis (especialmente quando o sistema capitalista estava em fase de expansão e tinha necessidade de repor a força de trabalho) e ora inúteis (quando a fase de expansão era seguida pela fase de contração). Durante as fases de contração, esses corpos eram condenados ao desemprego. Nos termos da lógica capitalista, Marx também distinguiu diferentes escalas de "superpopulação". Dessa forma, ele tratou da "superpopulação relativa", típica das fases incipientes do capitalismo, quando o que estava em questão era destruir os modos de vida tradicionais e criar as condições objetivas para a proletarização.

Tratava-se, na época, de corpos dos quais se subtraíam as condições materiais de reprodução e subsistência. Essa subtração era o prelúdio de sua inserção em um mercado de trabalho no qual eram submetidos a novas lógicas de exploração. Nessa fase,

---

30. Elsa Dorlin, "Macron, les femmes et l'Afrique: un discours de sélection sexuelle et de triage colonial", *Le Monde Afrique*, 30 nov. 2017. Ver também Françoise Vergès, *Le Ventre des femmes. Capitalisme, racialisation, féminisme*. Paris: Albin Michel, 2017.

eram corpos espoliados e relativamente expropriados, contando a espoliação e a desapropriação relativa entre as condições para entrar na fase de acumulação primitiva.

A espoliação e a expropriação podiam, contudo, não ser absolutas. Era assim especialmente nas colônias de povoamento. Na África do Sul, por exemplo, o sistema de "reservas", e mais tarde de "bantustões", permitia subsidiar o capital. Graças a esses "subsídios", parte dos custos de sua operação era amortizada pelos sistemas tradicionais de reprodução, no centro dos quais se situavam as mulheres. Esses sistemas não haviam sido completamente eliminados, mas agora se articulavam de maneira relativamente complexa aos próprios mecanismos exploratórios.[31] A essas categorias, Marx acrescentou a "superpopulação flutuante", isto é, a massa de corpos potencialmente exploráveis, a "superpopulação latente", contingente no qual Marx incluiu os dependentes, que eram as mulheres e as crianças, e a "superpopulação estagnante", que abrangia os camponeses e os artesãos.

É muito improvável que essa taxonomia seja satisfatória numa época em que a relação social capitalista se apoia, em grande medida, no crédito e no endividamento, e que o preço da força de trabalho está em queda.[32] A competição pela alocação do crédito é agora a palavra-chave na disputa. Se, na nova orientação do capitalismo, o lucro é justamente canalizado cada vez mais pela via do crédito, então as regras de produção de populações obsoletas também mudam. As pessoas "em demasia" de hoje são aquelas que não dispõem nem das habilidades adequadas para

---

31. A respeito desses debates à luz das experiências da África Austral, ver Giovanni Arrighi, "Labour supplies in historical perspective: A study of the proletarianization of the African peasantry in Rhodesia", *Journal of Development Studies* 6, n. 3, 1970: 197-234; Harold Wolpe, "Capitalism and cheap labour-power in South Africa: From segregation to apartheid", *Economy & Society* 1, n. 4, 1972; Martin Legassick, "South Africa: Capital accumulation and violence", *Economy & Society* 3, n. 3, 1974.

32. Ler Maurizzio Lazzarato, *La Fabrique de l'homme endetté*. Paris: Amsterdam, 2011.

promover sua empregabilidade nem dos ativos, títulos ou bens necessários para garantir sua solvência.[33]

À era da *tomada de terras* na verdade se somou a era da *colocação em movimento* de fluxos de todos os tipos e da relativa desencarnação. A matéria propriamente dita não chegou a ser abolida. A própria terra continua sujeita a apropriações das mais variadas ordens.[34] Mais do que nunca, entretanto, a matéria só tem eficácia em articulação com o movimento desmaterializado. É o caso do crédito e das moedas, que têm o globo inteiro como espaço de circulação. É um espaço supostamente sem limites. Sob o regime do movimento desmaterializado, nenhuma fronteira é *a priori* intransponível. Basicamente, não existem mais fronteiras. Existem somente o horizonte e seu além. Já não existem, portanto, quaisquer restrições de princípio à circulação. Mais ainda, o espaço é reduzido ao grau zero, na medida em que não há espaço que não esteja a serviço da circulação. Em contrapartida, a circulação não é apenas a indutora da tecnologia. É também a indutora do movimento, seu substrato.

Mas o que dizer dos corpos humanos? E de quais corpos exatamente? Mudaram os padrões da exploração, no centro dos quais se situava o corpo marxiano, o do trabalhador, do camponês ou da mulher "em demasia". Talvez nunca tenha havido um tempo em que a crença em um corpo integral, membro pleno de uma comunidade política, fosse a norma. Talvez o sacrifício de corpos tenha sempre estado na base dos imaginários de toda e qualquer comunidade, entendida como lar vital. Talvez ceifar

---

33. A inspiração aqui vem em parte das reflexões de Michel Feher, "La gauche et les siens: enjeux (3/3)", AOC, 11 dez. 2019.

34. Simon Batterbury e Frankline Anum Ndi, "Land-grabbing in Africa", in Tony Binns et al., *The Routledge Handbook of African Development*. New York: Routledge, 2018; Natacha Bruna, "Land of plenty, land of misery: Synergetic resource grabbing in Mozambique", *Land* 8, n. 8, 2019.

determinadas vidas de tempos em tempos tenha sempre sido a própria condição de possibilidade da vida em sua generalidade.

Nos antigos sistemas de pensamento africanos, o corpo humano era visto como um condensado de relações energéticas, seu enfeixamento, assim como seu ponto de convergência e de coagulação. No contexto do tráfico de escravos, corpos humanos podiam ser comprados e vendidos. Os corpos dos escravos eram apresados e colocados para trabalhar como fontes preferenciais de energia. Era essa energia que o sistema da plantação extraía, explorava e finalmente exauria. Ocasionalmente, esses corpos eram submetidos a diferentes tecnologias de suplício, mutilação e tortura (vide os Códigos Negros). Tratava-se, na verdade, de rapar a vida o mais rente possível.

Com exceção do salário (por modesto que fosse), foi mais ou menos o mesmo que ocorreu no momento da passagem para a fábrica e para a manufatura. A sujeição dos corpos à máquina e aos seus ritmos visava a produção de bens consumíveis. Essa produção envolvia a degradação energética dos corpos de trabalhadores e operários por intermédio da máquina. No caso tanto do escravo quanto do trabalhador, o corpo não era, portanto, apenas o objeto de uma extração de energia. Ele era desprovido de integridade, pulverizável e deslocável, a um só tempo dispensável e indispensável, demasiado e insuficiente. Na era da máquina, era um dos incontáveis detritos da máquina. Com a transição para o imaterial, surgem outras figuras do corpo virulento.

Neomalthusianismo

É o caso do corpo-fronteira, divisível, desmembrável e remembrável, decomponível, montagem regida pela lei dos códigos e do espaço. O corpo-fronteira é, em sua essência, um corpo de raça, o corpo de uma classe racial sujeita a um cálculo intensivo de um novo tipo. Nele, externalização e internacionalização se unem. Sempre a ponto de tombar para o outro lado da cerca, ele é fundamentalmente desprovido de membrana de proteção. Retalhado, é dobrado em várias camadas e carrega na carne a memória de partições e subdivisões de todo tipo. É encontrado na terra, no mar, nos espaços abstratos, nas transformações do aéreo em luz e vapor, tanto sólido quanto fluido, escondido sob a fibra óptica.

Em grande medida, o paradoxo decisivo da história africana no capitalismo reside na tensão, praticamente não resolvida, entre o movimento e a imobilidade. Esse é também seu grande enigma.[35] Em outras regiões da Terra, essa tensão foi resolvida pela máquina e pelo que ela possibilitou, a saber, o automóvel e a estrada, o trem e o trilho, o avião e o navio, e, hoje em dia, toda a infraestrutura física que permitiu superar distâncias e velocidades. A máquina tornou possível domar os ambientes naturais, quer se tratasse de florestas, desertos, rios, oceanos ou montanhas. Ela multiplicou a capacidade de colocar seres, coisas e objetos em movimento. Em relação a isso, a máquina pode com razão ser caracterizada como "movimento materializado", ou então como matéria à qual é inerente se apropriar do movimento. Apropriação original e decisiva, observa Yves Stourdzé, não só porque efetivamente revoluciona a ordem social, mas também porque possibilita a implantação de novas cadeias de dominação.[36]

Na África, o homem punciona a vitalidade do homem e, no processo, fere a terra. Mas nem a terra nem o homem foram plenamente submetidos, pelo menos até agora, ao movimento mecânico. Essa submissão é, por enquanto, parcial e relativa. Consequentemente, a extorsão assume formas singulares. A extração e a

---

35. Igor Kopytoff (org.), *The African Frontier: The Reproduction of Traditional African Societies*. Bloomington: Indiana University Press, 1989; Fred Cooper, *Africa in the World: Capitalism, Empire, Nation-State*. Cambridge: Harvard University Press, 2014.
36. Yves Stourdzé, "Espace, circulation, pouvoir", *L'Homme et la Société* 29-30, 1973: 98.

perfuração são os meios preferenciais de coleta das riquezas. O espaço é composto por uma infinidade de pontos de punção e evacuação, que não chegam a formar propriamente uma rede. O grande movimento das forças elementares está longe de atingir a velocidade explosiva e a força giratória, típicas do que poderia ser chamado de a *grande forja*. Na ausência dessa experiência da grande forja, o corpo de raça continua a ser um tição coberto de fuligem, a postos para o acidente, quando não para a calamidade planejada.

A fronteira, porém, é apenas a parte visível de dispositivos e instalações de maior monta, que surgiram em resposta à questão do que fazer com os fluxos de dejetos, isto é, com a *humanidade excedente*, cuja fração fugidia e errante – em vias de crescimento acelerado – representa apenas uma ínfima parcela. As fronteiras e outras instalações são também plataformas de supertriagem. Os corpos-fronteiras compõem esses mundos do dejeto.[37] Ao contrário dos escravos, eles têm pouco valor agregado, seu valor de mercado é limitado. Alguns dejetos percorrem grandes distâncias. Embora percorram rotas diferentes, normalmente desembocam nos mesmos escoadouros quando capturados. As operações de captura são, cada vez mais, terceirizadas para prestadores de serviços externos ou privados. A maioria deles é encarregada de assegurar o descarte em locais distantes. É o caso dos corpos enterrados e incinerados no deserto. Outras formas de descarte sem tratamento ou reciclagem são típicas do setor naval.

A produção em massa de corpos-fronteiras abriu caminho para a reativação de imaginários populacionais típicos do período que coincidiu com a emergência do capitalismo e,

---

37. Dina Krichker, "'They carry the border on their backs': Atypical commerce and bodies' policing in Barrio China, Melilla", *Area*, 27 jun. 2019. <https://bit.ly/3kpkGSs>; Kathryn Cassidy, "'Where can I get free?' Everyday bordering, everyday incarceration", *Transactions of the Institute of British Geographers* 44, n. 1, 2018.

posteriormente, do colonialismo.[38] É possível falar dessa reativação como um *neonaturalismo*, isto é, a crença em uma série de verdades fundamentais que seriam legitimadas pelo sistema da natureza. Tais verdades não seriam, portanto, construções sociais ou históricas, mas fatos fundamentais que se justificariam por si mesmos. É o caso dos imaginários relacionados à espécie e à evolução dos seres vivos. Nossa época está em busca de novas bases para a classificação dos seres vivos. Estamos mais uma vez a nos questionar a respeito dos limites da espécie, uma vez que novas formas estão constantemente aparecendo, sobretudo em função da escalada tecnológica. Entre elas se inclui, novamente, aquilo que outrora era chamado de "formas aberrantes", às quais pertenceria a fração errante da humanidade.

O outro imaginário suscitado pelo neonaturalismo tem a ver com a hibridez. Originalmente, a hibridez era concebida como o fruto do cruzamento sexual de dois indivíduos de espécies diferentes, "cujo fruto tinha que ser necessária e radicalmente infecundo".[39] As espécies podiam ser diferenciadas umas das outras em dois níveis. Em primeiro lugar, no nível das dissemelhanças externas; em segundo lugar, no nível da fecundidade ou, justamente, da impossibilidade de fecundação mútua. A linguagem da zoologia sempre ofuscou o discurso sobre as espécies. Hoje, a crença na existência de espécies distintas se reaviva, e com ela o medo de cruzamentos inférteis. O discurso sobre a vida e os vivos volta a girar uma vez mais em torno da temática da fecundidade e de sua congênere, a hereditariedade. O desejo de endogamia é uma resposta à hibridez, percebida como uma ameaça

38. R. N. Ghosh, "The colonization controversy: R. J. Wilmot-Horton and the classical economists", *Economica* 31 (124), 1964: 385-400; Olindo De Napoli, "Race and Empire: The legitimation of Italian colonialism in juridical thought", *The Journal of Modern History* 85, 2013: 801-832.
39. André Sanson, "De l'hybridité", *Bulletins de la Société d'anthropologie de Paris*, 2e série, t. III, 1868, p. 730.

à distinção entre as espécies. A convicção é que a humanidade seja composta de diferentes gêneros; que, embora não haja raça como tal, espécies, sim, existem. Não há possibilidade de fecundação ou fecundidade, a menos que uma série de características comuns esteja presente. A fecundidade só seria possível dentro dos limites de um mesmo gênero natural, de *uma comunidade anatômica e epidérmica*. Tal comunidade seria, além disso, o meio mais seguro de determinar os indivíduos que a compõem.

No contexto contemporâneo, caracterizado pelo crescimento dos sistemas informáticos e computacionais, outra arquitetura e outras formas de dividir o planeta em espaços soberanos estão, por conseguinte, sendo implementadas.[40] Elas já não se referem tanto à tomada de terras e ao controle dos mares e do ar, mas à extensão do controle da velocidade e da matéria viva, entendida em parte como a matéria móvel. As máquinas espaciais são, cada vez mais, máquinas calculantes, abstratas e ubíquas. Operam por segmentação de espaços, produzindo de quebra locais que propiciam mais mobilidade para uns e ainda mais imobilismo para outros. A dialética da velocidade e da imobilidade (ou da imobilização) tem como efeito tornar a vida pesada para as pessoas "em demasia". Ao tratar delas, o Estado já não se vê obrigado a reprimir sua violência constitutiva.

O tratamento dos corpos-fronteiras já não opera em função da linha que separa o interior do exterior. Um agora é solúvel no outro. Como resultado, a malha da repressão comum e as práticas de imobilização operam sobre outras bases. Elas geralmente começam pela generalização das práticas de verificação de identidade, que podem abrir caminho para a custódia policial. Destacamentos policiais excepcionais têm ocorrido sempre com mais frequência por ocasião de manifestações cívicas. Os movimentos de protesto

---

40. Ler a respeito disso Benjamin H. Bratton, *Le Stack. Plateformes, logiciels et souveraineté*. Grenoble: UGA, 2019.

são reprimidos com gás lacrimogêneo. Os controles, as interpelações, o entrave à mobilidade, a custódia policial e, se necessário, a oitiva e posterior encaminhamento são, cada vez mais, parte da cadeia polícia-justiça, especialmente no caso de eventos de protesto.

A paz social surge agora por meio de formas moleculares da guerra social. No centro dessa guerra se situa o corpo, que é revirado para que as algemas possam passar, não sem antes o submeter a uma revista. A questão é colocar em funcionamento incontáveis mecanismos que permitam o exercício do poder de punir e intimidar, o poder de retaliação, mas dentro das margens de interpretação da lei, ou seja, no seu limite arbitrário. A combinação da arbitrariedade policial e da coerção judicial torna possível criar áreas de indeterminação jurídica que, por sua vez, permitem punir preventivamente pessoas convertidas em suspeitos, mas sem que tenham sido formalmente julgadas e condenadas.[41]

A guerra contra os corpos-fronteiras também depende de uma economia na qual ela se sustenta e que ela tem por função alimentar. Assim se explica, por exemplo, a fabricação ininterrupta e a venda de equipamentos e programas projetados para rastrear ou neutralizar os corpos virulentos. Nesses mercados e oficinas da brutalidade, encontram-se todos os tipos de instrumentos. São reveladores aqueles que possibilitam triturar corpos, espalhar nuvens de gás por cima de homens e mulheres imobilizados por botas na nuca, todos os instrumentos que permitem amolgar o corpo, quebrá-lo, deformá-lo violentamente, devolvê-lo à existência nua. Esses instrumentos, incluindo os equipamentos de tortura, visam aterrorizar aqueles que já têm medo, quebrar a resistência, cercar os corpos como anéis de fogo.

Todas essas são forças de desgaste. É o caso das "algemas elétricas para os tornozelos" ou das "forquilhas pontiagudas antimotim" que têm a função de disparar "descargas elétricas nas

---

41. Didier Fassin, *Punir. Une passion contemporaine*. Paris: Seuil, 2017.

coxas",[42] lançadores de gás lacrimogêneo. Incluem-se ainda os dispositivos de reconhecimento facial, os sistemas de gerenciamento de identidade supostamente infalíveis e feitos de componentes interoperáveis, os módulos biométricos integrais, cuja função é produzir a convergência dos registros de estado civil, da previdência social, das carteiras de identidade e dos passaportes, ou ainda as tecnologias de geolocalização e rastreamento dos corpos.

É bem-sabida a importância dada às questões populacionais no pensamento hitleriano e fascista. A destruição dos povos foi sua dimensão paroxística. Mas também se devem levar em conta as deportações em massa e outras formas de eliminação pela chamada morte natural ou por outras modalidades de morte provocadas pela subnutrição, por maus-tratos, pela falta de proteção contra as epidemias, a penúria ou a fome.[43] O brutalismo é uma forma assumida pela guerra social global. Como guerra molecular, é em grande parte dirigida contra aqueles que, desejando vender a única mercadoria que possuem, que é a própria força de trabalho, não conseguem mais encontrar compradores. A transformação em corpos-fronteiras talvez represente o maior desafio para a política populacional contemporânea.

42. <https://bit.ly/36Ji1LO>.
43. Paul Vincent, "Guerre et population", *Population* 2, n. 1, 1947: 9-30.

CIRCULAÇÕES

Em conjunto com a mudança climática, a governança da mobilidade humana será, assim, a grande questão do século XXI. Em escala global, os efeitos combinados do "capitalismo absoluto" (Étienne Balibar), da intensificação da velocidade e da saturação da vida cotidiana pelas tecnologias digitais e informáticas levaram à aceleração e à densificação das conexões. As circulações locais, regionais e internacionais se multiplicam e, com elas, surgem redes complexas de trocas de todos os tipos. Os espaços grandes e os pequenos não estão apenas colidindo. Eles também se entrelaçam, redesenhando ao longo do processo os mapas aos quais se estava habituado.

A humanidade enjaulada

Nem tudo, porém, é suave. As asperezas físicas persistem. Muitas vias de passagem estão obstruídas. Os controles e as restrições se tornam cada vez mais rígidos e os tempos de parada se ampliam,[1] assim como as deportações.[2] As potências do mundo seguem terceirizando suas fronteiras. Os mares e oceanos não

1. Julie Peteet, "Camps and enclaves: Palestine in the time of closure", *Journal of Refugee Studies* 29, n. 2, 2016: 208-228.
2. Alison Mountz, "The enforcement archipelago: Detention, haunting, and asylum on islands", *Political Geography* 30, 2011: 118-128.

são os únicos marcadores desse endurecimento.[3] Na Era do Antropoceno, as ilhas, as montanhas e, sobretudo, os desertos e outras zonas áridas passaram a ser as fábricas mais mortíferas.[4] Em muitas regiões do planeta, o gradeamento já é a regra. O tempo é constantemente pulverizado[5] e toda uma parcela da humanidade é reduzida a viver sua existência rodeada de arame farpado, como se estivesse em jaulas.[6] O campo, em particular, acabou tomando a forma de uma imensa gaiola, onde, tal como animais presos, os seres humanos andam em círculos, um lugar onde os espaços colidem, onde vidas vêm se despedaçar contra grandes e pequenos muros, barreiras e *checkpoints*, deixando para trás destroços do tempo e muitas vezes corpos em pedaços, sob o efeito de múltiplos estados de sítio, toques de recolher intempestivos, bloqueios sucessivos e, quando necessário, bombas de fragmentação, em suma, a desolação.[7]

Da humanidade enjaulada, a Palestina em geral e Gaza em particular se tornaram os ícones por excelência. São os grandes laboratórios de um regime de brutalização em vias de consumação tecnológica e que busca se globalizar. O objetivo é de fato generalizar e difundir, em escala global, os métodos aprimorados no contexto da gestão de "territórios ocupados" e de outras guerras de predação. Esse regime de brutalização se baseia na fissuração extrema de espaços deliberadamente tornados inabitáveis, na intensa fragmentação de corpos constantemente ameaçados de amputação,

---

3. Jenna M. Lloyd e Alison Mountz, *Boats, Borders, and Bases: Race, the Cold War, and the Rise of Migration Detention in the United States*. Oakland: University of California Press, 2018.

4. Ler, nessa perspectiva, Eyal Weizman e Fazal Sheikh, *The Conflict Shoreline: Colonization as Climate Change in the Negev Desert*. New York: Steidl & Cabinet Books, 2015.

5. A respeito do caráter perpetuamente temporário desses modos de vida, ver Sandi Hilal e Alessandro Petti, *Permanent Temporariness*. Stockholm: Art and Theory Publishing, 2019.

6. Ver Helga Tawil-Souri, "Checkpoint time", *Qui Parle* 26, n. 2, 2017: 384-422.

7. Abourahme Nasser, "Spatial collisions and discordant temporalities: Everyday life between camp and checkpoint", *International Journal of Urban and Regional Research* 35, n. 2, 2016: 453-461.

forçados a viver em buracos, muitas vezes sob escombros, nos interstícios e fendas instáveis de ambientes sujeitos a todo tipo de devastação, ao abandono, em suma, à dissecção universal.[8] Se de fato ingressamos num mundo reticular, ele é ao mesmo tempo feito de enclaves, zonas de supressão, inclusive da memória, becos sem saída e fronteiras itinerantes, móveis e difusas. Vale a pena repetir: a dissecção do espaço que é o corolário disso é em si um elemento-chave do regime contemporâneo de predação universal.[9]

A excisão de territórios e o poder de decidir quem pode se deslocar, onde e sob quais condições, já estão no centro das lutas pela soberania.[10] O direito dos estrangeiros de atravessar as fronteiras de outro país e adentrar seu território por certo ainda não foi oficialmente abolido. Entretanto, como mostram os inúmeros eventos típicos dessa época, está se tornando cada vez mais procedimental e pode ser suspenso ou revogado a qualquer momento e sob qualquer pretexto.[11] Isso se deve em parte ao fato de que um novo regime securitário mundial está tomando forma.

Esse regime é caracterizado pela externalização, militarização, digitalização e miniaturização das fronteiras, uma infinita segmentação e restrição dos direitos e o emprego quase generalizado de técnicas de rastreamento e vigilância, consideradas o método ideal para prevenir todos os tipos de riscos, incluindo a imigração clandestina.[12] Sua função primordial é facilitar a mobilidade de certas classes raciais, vedando-a a outras ou concedendo-a

---

8. Ver Adi Ophir, Michal Givoni e Sari Hanafi, *The Power of Inclusive Exclusion: Anatomy of Israeli Rule in the Occupied Palestinian Territories*. New York: Zone Books, 2009.

9. Ruben Andersson, "Profits and predation in the human bioeconomy", *Public Culture* 30, n. 3, 2018: 413-439.

10. Ler Pauline Maillet, Alison Mountz e Kira Williams, "Exclusion through *Imperio*: Entanglements of law and geography in the waiting zone, excised territory and search and rescue region", *Social & Legal Studies*, 7 fev. 2018, <https://bit.ly/3tYqfKT>.

11. Ruben Andersson, "The new frontiers of America", *Race & Class* 46, n. 3, 2005: 28-38.

12. *Id.*, *Illegality, Inc.: Clandestine Migration and the Business of Bordering Europe*. Oakland: University of California Press, 2014.

apenas sob condições crescentemente draconianas.[13] Esse regime securitário abriu caminho para formas dissimuladas e amiúde ostensivas de estigmatização e racialização, visando na maioria das vezes indivíduos já privados de seus direitos ou particularmente vulneráveis. Essa violência é alimentada por novas lógicas de detenção e encarceramento, de deportação e repatriação, inspiradas por vezes em práticas de supressão, triagem e encurralamento ou de zoneamento e invisibilização herdadas do colonialismo.[14] Isso levou a milhares de mortes, principalmente nas fronteiras da Europa, mas também nas zonas de trânsito.[15]

Hoje, portanto, a mobilidade é definida mais em termos geopolíticos, militares e securitários do que em termos de direitos humanos ou mesmo econômicos. Teoricamente, os indivíduos com perfil de baixo risco têm ampla margem para se movimentar livremente. Na prática, a avaliação de risco é utilizada principalmente para justificar um tratamento desigual e discriminatório, geralmente baseado em critérios ocultos, como a cor da pele ou a religião. À medida que se consolida a tendência de balcanização e de ensimesmamento, a redistribuição desigual da capacidade de transpor fronteiras em escala internacional vem se tornando um traço determinante da nossa época. Nos países do Norte, o racismo anti-imigrante segue ganhando terreno. Os "não europeus"

13. Amade M'charek, Katharina Schramm e David Skinner, "Topologies of race: Doing territory, population and identity in Europe", *Science, Technology, & Human Values* 39, n. 4, 2014: 468-487.

14. Nicholas De Genova, "Migrant 'illegality' and deportability in everyday life", *Annual Review of Anthropology*: 31, 2002: 419-447; David Lloyd e Patrick Wolfe, "Settler colonial logics and the neoliberal regime", *Settler Colonial Studies* 6, n. 2, 2016: 109-118.

15. Ver, entre outros, os trabalhos de Amade M'charek, "'Dead-bodies-at-the-border': Distributed evidence and emerging forensic infrastructure for identification", in Mark Maguire, Ursula Rao e Nil Zurawski (orgs.), *Bodies of Evidence: Anthropological Studies of Security, Knowledge and Power*, Durham: Duke University Press, 2018, p. 89-110. Ler também Tamara Last et al., "Deaths at the borders database: Evidence of deceased migrants' bodies found along the southern external borders of the European Union", *Journal of Ethnic and Migration Studies* 43, n. 5, 2017: 693-712.

e os "não brancos" estão sujeitos a formas mais ou menos flagrantes de violência policial e de discriminação e, ocasionalmente, a execuções em grande estilo.[16] A própria retórica do racismo mudou: ao velho discurso acerca da epiderme vieram se juntar conceitos de diferença e estraneidade abertamente flexionados em termos culturais ou religiosos.[17]

Num outro patamar, as circulações hoje representam uma das questões centrais nas grandes lutas sociais. Entravar a circulação dos fluxos e interpor bloqueios se tornou um dos métodos mais visíveis das novas formas de mobilização, cujo objetivo final é a destituição do sistema capitalista. Não se trata apenas de bloquear fluxos, estradas, centros comerciais, pontos nevrálgicos da circulação de capital ou mercadorias ou então de ocupar espaços simbólicos, mas também de bloquear o próprio tempo, desacelerar velocidades, pois o tempo e a velocidade fazem parte da infraestrutura e da logística capitalista contemporânea.[18] O bloqueio do tempo visa mudar tanto o terreno quanto a natureza das lutas. Para acabar com o presente e (re)conquistar o futuro, a insurreição já não basta. É preciso também desencantar as massas. As novas formas de insurreição aparentemente não precisam mais de líderes ou representantes. Verticalidade e delegação estão desacreditadas. A forma-assembleia foi acrescida (ou substituída) por novas formas. É o caso da forma-rede. Vários suportes digitais, tais como telefones celulares e outras plataformas, são mobilizados. Nesses novos corpos políticos, a imediatez da ação tem primazia sobre tudo o mais. A primazia é conferida ao local e à transversalidade, sendo o objetivo multiplicar pontos de fixação

---

16. Ler Alves Jaime Amparo, *The Anti-Black City: Police Terror and Black Urban Life in Brazil*. Minnesota: University of Minnesota Press, 2018.

17. Paul Gilroy, Tony Sandset, Sindre Bangstad e Gard Ringen Høibjerg, "A diagnosis of contemporary forms of racism, race and nationalism: A conversation with Professor Paul Gilroy", *Cultural Studies* 33, n. 2, 2019: 173-197.

18. Ver Keller Easterling, *Extrastatecraft: The Power of Infrastructure Space*. London: Verso, 2014.

dentro de espaços circunscritos. Além disso, a imprevisibilidade é um recurso. É crucial a ocupação dos espaços dos quais as multidões foram excluídas. Nesse processo, o bloqueio é uma arma decisiva. É uma forma de estancar as máquinas circulatórias – portos, aeroportos, refinarias, estações de transporte, centros logísticos. Isso leva o sistema à beira do colapso. Pode-se então começar a pôr a casa em ordem, começando pela localidade ou pela região. Pois é a partir da localidade ou da região, horizontalmente, que a vida pode ser reorganizada material e simbolicamente.[19]

Em outros contextos, é bem mais uma questão de intensificar as mobilidades e as circulações, ou então de transformar as relações entre as dinâmicas de mobilidade e as forças de imobilização. É o caso sobretudo na África, onde essas relações são estruturalmente precárias, instáveis e, com frequência, efêmeras. Não porque as práticas de imobilização necessariamente se contraporiam às práticas de circulação, mas porque a essas categorias fundamentais teriam que ser acrescentadas outras, tais como "passagem" ou "trânsito", para que se possa apreender a complexa gama de circulações. Aqui, na realidade, a presença transitória em um território é tão decisiva quanto o estabelecimento em um único lugar. Aos períodos de mobilidade, à intensidade e à frequência dos deslocamentos podem de fato se seguir longos períodos de imobilidade. Nem tudo se resume à partida e à chegada. A imobilidade de alguns é muitas vezes um recurso indispensável para a mobilidade de outros.[20]

O vínculo entre o móvel e o fixo, ademais, não parou de se complexificar, à medida que, aos movimentos temporários, foram

19. Bruno Latour e Camille Riquier, "Une Terre sans peuple, des peuples sans Terre", *Esprit* 1-2, 2018: 145-152. Consultar também Jakob Valentin Stein Pedersen, Bruno Latour e Nikolaj Schultz, "A conversation with Bruno Latour and Nikolaj Schultz: Reassembling the geo-social", *Theory, Culture & Society*, 25 ago. 2019, <https://bit.ly/3nOrNWM>.
20. Céline Bergeron, "Les rapports mobilité/immobilité dans le cas de situations résidentielles spécifiques: retours et perspectives de recherche", *e-Migrinter* 11, 2003: 28-35.

acrescidas mobilidades circulares, que ostensivamente desempenham, ambas, funções cruciais na reprodução social e econômica das famílias, bem como em suas estratégias de sobrevivência. A circulação de uns não é apenas o meio de assegurar o sustento de outros. Circulação e imobilidade "são negociadas, compartilhadas e organizadas" entre "os membros de um grupo, comunitário ou familiar". As práticas de circulação também levam à desagregação dos espaços de convívio. A residência única e permanente não é mais a norma. A multilocalização e a família dispersa colocam em questão, mais do que nunca, o princípio da sedentariedade.[21] Devem-se acrescentar a tudo isso não apenas o lugar específico que as mulheres ocupam nos processos de circulação e mobilidade, mas também os efeitos das mobilidades espaciais nas dinâmicas de mudança das relações de gênero.[22]

Sedentarização a fórceps

Em escala global, a questão agora é privar o maior número possível de pessoas do direito à mobilidade, ou ao menos impor-lhes regras draconianas que obriguem o maior número possível de indesejáveis a ficar em casa.[23] Com o reconhecimento e a concessão desse direito à mobilidade, são empreendidos esforços colossais para tornar o direito de permanência incerto e precário.

---

21. A respeito da multilocalidade e daquilo que os geógrafos chamam de o "habitar politópico", ver o número especial da revista *Espaces et Sociétés* 120-121, 2005. Ler também Jean-Pierre Lévy e Françoise Dureau (orgs.), *L'Accès à la ville. Les mobilités spatiales en questions*. Paris: L'Harmattan, 2002; e Mathis Stock, "L'habiter comme pratique des lieux géographiques", *EspacesTemps.net*, 18 dez. 2004, <https://bit.ly/36N3kY4>.
22. Ver Hélène Guetat-Bernard, "Mobilités spatiales, organisation familiale et ruralités des Suds: un regard par les rapports de genre", *Geocarrefour* 88, n. 2, 2013.
23. Nesse novo contexto, a categoria dos "indesejáveis" dificilmente pode ser limitada aos refugiados em busca de asilo. Ver Michel Agier, *Gérer les indésirables. Des camps de réfugiés au gouvernement humanitaire*. Paris: Flammarion, 2008; ou ainda Reece Jones, *Violent Borders: Refugees and the Right to Move*. London: Verso, 2016.

Nesse modelo segregacionista de circulação global, a África é duplamente punida, de fora e de dentro. Inúmeros Estados africanos ao redor do Saara são pressionados para refrear os migrantes. Antes, a Europa e os Estados Unidos precisavam de corpos africanos para carpir plantações, cultivar algodão, colher tabaco e cana-de-açúcar. Eram escravos. Eram comprados em troca de quinquilharias ou então capturados em homéricas caçadas pelo interior do continente. Hoje, pouquíssimos países no mundo querem africanos em seu território. Nem na condição de refugiados ou perseguidos, fugindo de ambientes tornados inabitáveis e buscando asilo, mas sobretudo nem como vítimas da guerra econômica e ambiental que as nações europeias e industrializadas vêm travando nessas regiões há vários séculos.[24]

A Europa então decidiu militarizar suas fronteiras e estendê-las para muito longe. Elas não param mais no Mediterrâneo. Agora elas se situam ao longo das tortuosas rotas e dos sinuosos caminhos percorridos pelos aspirantes à migração. Se, por exemplo, um aspirante africano à migração percorre o trajeto que leva de Yola a Kaduna, em seguida de Kaduna a Agadez e depois continua rumo à Tripolitânia, então a nova fronteira da Europa se estenderá até Yola e se moverá em função dos lugares e espaços atravessados pelos aspirantes à migração. Em outras palavras, é o corpo do africano, de cada africano tomado individualmente e de todos os africanos como classe racializada, que constitui agora a fronteira da Europa. Trata-se, pois, de uma fronteira móvel, ambulante, itinerante, não mais definida por linhas fixas, mas por corpos em movimento.[25]

---

24. Ler Michael Marder, "Being dumped", *Environmental Humanities* 11, n. 1, 2019; Brenda Chalfin, "'Wastelandia': Infrastructure and the commonwealth of waste in urban Ghana", *Ethnos* 87, n. 4, 2017: 648-671.

25. Ler a respeito disso os trabalhos de William Walters, "Migration, vehicles, and politics: Three theses on viapolitics", *European Journal of Social Theory*, 10 nov. 2014,

Esse novo tipo de corpo humano não é apenas o "corpo-pele" do racismo epidérmico, mas principalmente o "corpo-fronteira", aquele que é proibido abrigar ou proteger (daí a proliferação, na Europa, de leis contra a hospitalidade) ou até mesmo salvar do afogamento em pleno mar ou da desidratação em pleno deserto. A Europa decidiu que não é responsável pelas vidas dos potenciais migrantes nem pelos corpos sofredores que ela, por outro lado, continua a fabricar. Tendo enfrentado os obstáculos naturais do deserto e do mar, eles devem, no seu entender, arcar com os próprios riscos, desde que isso se faça ao longe, fora da vista, em outros países, se necessário.[26] Não sendo uma ilha, ela tenta alcançar esse objetivo reavivando e reutilizando, em circunstâncias sem precedentes e em uma escala muito mais ampla, um imaginário georracial e geocarcerário que, em seu tempo, a África do Sul aprimorara durante a era do apartheid[27] ou que muitos Estados coloniais tentaram implementar no contexto de políticas de sedentarização forçada.

Essas políticas não visavam apenas os ditos povos nômades. De modo geral, a colonização era uma forma de governo projetada para povos sedentários. Ela praticamente não admitia formas elusivas de existência e foi, do início ao fim, impulsionada pela obsessão com a fixação e a territorialização das populações. Mas, dos territórios acaparados pelos Estados coloniais, muitos abrigavam modos de vida intimamente ligados à possibilidade de movimentação. O deslocamento representava a pedra angular tanto da vida doméstica quanto da vida social e econômica. Mais ainda, nomadismo, seminomadismo e agropastoralismo podiam coexistir com a sedentariedade. Em tais contextos, o Estado

---

<https://bit.ly/36OHZNU>. Ver também Martina Tazzioli, "Spy, track and archive: The temporality of visibility in Eurosur and Jora", *Security Dialogue* 49, n. 4, 2018.

26. Para uma abordagem paralela, ler Gilbert Caluya, "Intimate borders: Refugee im/mobility in Australia's border security regime", *Cultural Studies* 33, n. 6, 2019: 964-988.

27. Ver Surplus People Project, *Forced Removals in South Africa*, vol. 1. Le Cap, 1983; e Hilton Judin, *Blank: Architecture, Apartheid and After*. Rotterdam: Nai, 1988.

colonial se esforçou para absorver as estruturas autóctones em sua malha. Cooptou as velhas elites a quem concedeu prerrogativas fiscais, políticas e jurídicas, quando não fundiárias. Ao fazer isso, procurava influenciar as formas de estratificação social.[28]

A sedentarização exigia o recenseamento dos indivíduos e das novas divisões administrativas. A nova distribuição territorial pretendia fazer com que o território administrativo coincidisse com o parentesco. Por conseguinte, grupos linhageiros ou tribais eram adstritos a determinados territórios e vice-versa. Nem todas as medidas tomadas com o intuito de designar cada entidade ou grupo de afinidade ao seu território foram coercivas. Algumas delas consistiam na criação de pequenos assentamentos em torno da infraestrutura básica e na geração de incentivos para ingressar no sistema salarial.[29] O objetivo não era o controle direto das populações ou do território em questão. Tal controle era frequentemente colocado sob a responsabilidade de chefes locais, que tinham a incumbência de fiscalizar as populações, que atuavam por delegação e que, cooptados entre as elites locais, deviam lealdade a seus novos amos.

O projeto de sedentarização forçada afetava indivíduos considerados isoladamente, mas atingia sobretudo corpos sociais e *corpos raciais*. Não era tanto uma questão de conquistar ou exercer um domínio direto sobre os territórios. Tratava-se *não de uma tomada de territórios propriamente dita, mas de um domínio sobre os corpos de sujeitos (indígenas) racialmente circunscritos*, contra os quais a proibição real e efetiva de se deslocar sem autorização era imposta por delegação. Em muitos casos, as políticas coloniais de sedentarização forçada pavimentaram o caminho para

---

28. Para um caso aparentemente muito distante, mas movido por dinâmicas semelhantes, ver Isabelle Ohayon, "Formes et usages du territoire à la période coloniale: la première sédentarisation des Kazakhs", *Cahiers d'Asie centrale* 23, 2014.
29. Ler Frédéric Sandron, "L'immobilité forcée: la sédentarisation des nomades dans le Sud tunisien", *Autrepart* 5, 1998: 63-77.

o confinamento das populações ditas tribais em reservas. Projetadas para as populações primitivas, eram fundamentalmente territórios militares. Na realidade, era necessário alterar não apenas a relação dos indígenas com o espaço, mas também utilizar o território como vetor de captura, de sujeição e de tribalização.[30]

Encravamento

De todos os grandes desafios que a África enfrenta neste início de século, nenhum é tão urgente e capaz de gerar consequências tão graves quanto a mobilidade de sua população.[31] Em grande medida, o futuro imediato do continente dependerá de sua capacidade de libertar as forças circulatórias, de ordenar territórios e espaços de tal forma que sua gente possa se deslocar sempre que possível, o mais longe possível, o mais rápido possível e, idealmente, sem nenhum entrave. Quer tome a forma de deserção generalizada, quer seja planejada, essa entrada em circulação das populações é inevitável, mesmo que apenas pelo efeito combinado – e deveras previsível – do crescimento demográfico, do aumento da predação econômica e das dinâmicas da mudança climática.

Aliás, as grandes lutas sociais na África ao longo deste século não versarão apenas sobre a transformação dos sistemas políticos, a redistribuição dos recursos e a distribuição da riqueza. Também tratarão do direito à mobilidade. Tampouco a criação digital deixará de se articular aos processos circulatórios. A demanda de mobilidade gerará tensões profundas e pesará sobre os equilíbrios futuros tanto do continente quanto de outras regiões do mundo, como já evidenciado pela assim chamada crise migratória.

---

30. Hedi Timoumi, "La colonisation française et la sédentarisation des semi-nomades des steppes tunisiennes (Cherahil) 1905-1925", *Cahiers de la Méditerranée* 6, 1973: 95-112.
31. A seção a seguir recupera parte do texto "Purger l'Afrique du désir d'Europe", *Le Débat* 205, 2019: 100-107.

Para compreender plenamente as implicações disso, é preciso dar as costas aos discursos neomalthusianos, geralmente alimentados pela fantasmagoria racista que incessantemente se alastra. A "corrida para a Europa" é, nesse sentido, um grande mito. O fato de que em breve um em cada quatro habitantes do mundo será africano não representa, *a priori*, nenhum perigo para ninguém. Afinal, atualmente, dos 420 milhões de habitantes da Europa Ocidental, sequer 1% é de africanos subsaarianos. Dos 1 277 292 130 habitantes do continente, apenas 29,3 milhões vivem no exterior.

Desses 29,3 milhões, 70% não tomaram o caminho nem da Europa nem de qualquer outra região do mundo. Eles se estabeleceram em outros países da África.[32] Na realidade, além de ser relativamente pouco povoada, tendo em vista seus 30 milhões de quilômetros quadrados, a África emigra pouco. Se comparada a outras massas continentais, a circulação de bens e pessoas se vê dificultada de muitas maneiras, e é chegado o momento de desmontar esses obstáculos. Muitas regiões mal foram desbravadas e dispõem de raríssimas vias de comunicação. O transporte em muitos casos é feito por animais de carga e, na medida do possível, por animais de sela, isso se não for nas costas das mulheres. Onde existem, as estradas se dobram a todos os acidentes do terreno, enquanto as densas florestas ou as cheias dos rios e riachos definem fronteiras internas.

Não existem, no entanto, apenas obstáculos naturais. Em um estudo sobre a economia política da circulação rodoviária no Kivu do Norte e do Sul (República Democrática do Congo), Peer Schouten, Janvier Murairi e Saidi Kubuya mostram até que ponto o espaço rodoviário congolês está fortemente militarizado.

---

32. United Nations, Department of Economic and Social Affairs, Population Division, "World population prospects", 2017; Marie-Laurence Flahaux e Hein De Haas, "African migration: Trends, patterns, drivers", *Comparative Migration Studies* 164, 2016; Fabrizio Natale, Silvia Migali e Rainer Münz, *Many More to Come? Migration From and within Africa*. Brussels: Joint Research Centre, European Comission, 2018.

Eles identificam cinco tipos de barreiras. Algumas têm a função de tributar o direito de passagem, seja a passagem dos usuários da estrada ou de cargas. Outras estão ligadas à exploração dos recursos naturais. Elas permitem taxar tanto os mineiros quanto a produção. As barreiras de mercado, por sua vez, são erguidas na entrada e/ou saída de localidades por ocasião das feiras periódicas. Convém acrescentar os postos localizados nos limites externos das zonas de influência de diversos agentes bélicos. Permite-se que os indivíduos passem por eles mediante o mero pagamento de uma taxa. Finalmente, a essa gama se somam as barreiras das divisas administrativas entre duas entidades descentralizadas.[33]

Instituições nascidas sob a colonização, as barreiras eram utilizadas pelo Estado colonial como meio de entravar a mobilidade e filtrar os deslocamentos da população subjugada visando a sedentarização. Tratava-se igualmente de um elemento essencial do regime fiscal, com o controle dos nodos de mobilidade servindo de reforço para as autoridades ciosas para cobrarem impostos de forma eficiente. Sob o Estado colonial, mobilidade e circulação seguiam ainda uma lógica de corredores e túneis. Onde quer que existisse, a infraestrutura (ferrovias, estradas raramente asfaltadas) ligava os centros de extração aos portos de exportação da forma mais rápida possível.[34] Os efeitos sobre o ambiente imediato que atravessavam eram quase nulos. A prioridade era dada à circulação mais lucrativa, tendo em vista que a maioria dos espaços coloniais era fundamentalmente caracterizada pelo encravamento. A tensão entre o fixo e o móvel marcou o processo de construção da soberania territorial durante a colonização, traduzindo-se ora em restrições excessivas à mobilidade e,

---

33. Os detalhes estão em Peer Schouten et al., *Tout ce qui bouge sera taxé: l'économie politique des barrières routières au Nord et Sud Kivu*. Anvers/Copenhagen: IPIS/Danish Institute for International Studies, dez. 2017.

34. Ler H. Laurens Van der Laan, "Modern inland transport and the European trading firms in colonial West Africa", *Cahiers d'études africaines* 84, 1981: 547-575.

em especial, à travessia das fronteiras, e ora em relações fluidas e desconexas entre o Estado central e suas próprias margens.[35]

O encravamento do continente continua a ser uma realidade esmagadora, e a instituição das barreiras sobreviveu à colonização.[36] De uma maneira ou de outra, sua aplicação remete a diversas formas de circulação de valores. Como travessias obrigatórias, acompanham o movimento das pessoas e dos bens a serem tributados, dentro de circuitos econômicos que também estão em movimento perpétuo e nos quais a distância e a modulação da velocidade operam como valores agregados. Não se trata, portanto, de libertar os componentes móveis da sociedade ou de investir na infraestrutura geradora de fluxos e de circulação, mas de criar pontos de fixação e outros gargalos em função dos quais são exercidas a punção e a predação.

Nem a intensificação das lógicas extrativas e muito menos os esquemas neoliberais que agora determinam a ação dos Estados africanos levaram a um afrouxamento do tão significativo encravamento da África. Por um lado, como explica Hélène Blaszkiewicz, os esquemas extrovertidos de transporte implantados durante a era colonial foram adaptados às preferências do momento. Mas a implantação da nova infraestrutura não é feita de acordo com uma lógica de desencravamento de regiões remotas ou marginais. É feita de acordo com "uma lógica de velocidade e rentabilidade dos deslocamentos". Obviamente, essa lógica "dá prioridade aos fluxos de mineração, os mais lucrativos e globalizados dos fluxos comerciais, e às infraestruturas que os viabilizam",

35. Ver Roland Pourtier, " Le panier et la locomotive: À propos des transports terrestres en Afrique Centrale", *Travaux de l'Institut de géographie de Reims* 83-84, 1993: 41-61.
36. Ler Peer Schouten e Soleil-Perfect Kalessopo, *The Politics of Pillage: The Political Economy of Roadblocks in the Central African Republic*. Anvers/Bangui: Danish Institute for International Studies, nov. 2017.

e é a aceleração permanente desses fluxos que é privilegiada.[37] Como nos tempos coloniais, o sistema circulatório ainda se caracteriza pela fragmentação e por efeitos de tunelamento. As infraestruturas foram construídas para conectar os locais de extração aos portos marítimos de exportação. A participação das estradas pavimentadas tem um aumento tímido e as ferrovias avançam muito pouco. Continuam proibitivos os custos de circulação e, com eles, os custos da migração.

Por outro lado, a economia extrativa gira em torno de encraves geralmente situados *offshore*, que se caracterizam pela maior liberdade possível em relação às condições circundantes.[38] Como explica Nicolas Donner, o que está em questão é imunizar-se contra os perigos potenciais do ambiente hospedeiro, condição para a colocação do recurso em circulação. Tudo acontece como se os encraves estivessem localizados em um ambiente vazio e hostil. Como ambientes quase inteiramente artificiais e cápsulas espaciais, operam como zonas estanques, isoladas do entorno imediato, protegidas por todo tipo de gangues, muros e zonas de acesso seletivo. No entanto eles se mantêm conectados ao resto do mundo distante. Tal como a lógica neoliberal, os sistemas extrativos não constituem, a rigor, gargalos. Eles concorrem, não obstante, para uma concentração cada vez mais intensa das atividades em determinados pontos críticos do território. Embora sem dúvida alguma contribuam para a reorganização espacial em curso na África contemporânea, não é favorecendo a mobilidade das pessoas. Pelo contrário, eles agravam situações internas de encravamento nos países africanos. Nesse contexto, imaginar outra vida, em outro lugar, é uma coisa. Organizar a partida e pôr-se de fato em marcha, é outra. Partir não está de modo algum ao alcance de todos.

37. Hélène Blaszkiewicz, "La mise en politique des circulations commerciales transfrontalières en Zambie: infrastructures et moment néolibéral", *Géocarrefour* 91, n. 3, 2017.
38. Hannah Appel, "Offshore work: Oil, modularity, and the how of capitalism in Equatorial Guinea", *American Ethnologist* 39, n. 4, 2012.

Como já se disse, inúmeras restrições físicas e ecológicas ainda limitam drasticamente as possibilidades de circulação. Isso ocorre especialmente nos países da zona de floresta. Apesar dessas restrições, as sociedades africanas, ao longo da história, estiveram longe de se manterem isoladas. Muito pelo contrário, elas só se deram a conhecer por meio da realidade constituída por aquilo que deveríamos designar como suas circulações. Grupos humanos e unidades sociais só se mantinham graças a elas. As circulações não se referiam apenas ao movimento, ao deslocamento e à mobilidade, mas remetiam também a práticas de extensão, bem como a práticas de complementaridade. Nos grandes espaços áridos, a relação espacial teria sido feita de idas e vindas, cruzamentos e travessias, estruturada como sempre fora por polaridades complexas. Ademais, o grande deserto africano nunca foi um espaço vazio. Nem do ponto de vista das habitações humanas, nem do ponto de vista dos recursos.

Contrariando um mito persistente, ele nunca foi dominado exclusivamente pela migração. Sempre se encontraram nele nômades e sedentários. Como nos lembra muito acertadamente Denis Retaillé, o Saara sempre foi povoado em "núcleos distintos" baseados em "assentamentos oasianos e urbanos".

> Os núcleos do povoamento desértico estão ligados por eixos que vão de norte a sul do grande deserto (e parcialmente de leste a oeste), sendo que as rotas transaarianas se agrupam em faixas etnicamente determinadas: mouros no oeste, tuaregues no centro, tubus no leste.[39]

Portanto é importante ter em mente a distinção entre as migrações (legais ou ilegais) e as circulações. "Circulações" devem ser entendidas como uma série de operações complexas por meio das quais uma sociedade inventa, via movimento e troca, um equilíbrio vital com seus ambientes ou é capaz de dar forma a esses

---

39. Denis Retaillé, "L'espace nomade", *Géocarrefour* 73, n. 1, 1998: 72.

ambientes e conectá-los entre si. As circulações devem, pois, ser consideradas tanto em termos de plasticidade social quanto em termos de ritmo. Na maioria das vezes, é uma questão de tecer redes de alianças. Essas redes não são necessariamente territorializadas. Não que as desigualdades não existam ou custem a ser institucionalizadas. Na realidade, elas são pregnantes, como atesta a presença quase permanente de uma população servil nas sociedades saarianas ou a preeminência, ao longo da história, de facções beligerantes. A maioria das guerras, aliás, envolve o controle das estradas e, consequentemente, dos circuitos comerciais. Elas acarretam a acumulação de cativos, a constituição de uma população servil ou de tutelados sujeitos ao sistema de tributos. Mas, mesmo para os escravos, é impossível pressupor qualquer pureza do ponto de vista da descendência. A assimilação cultural é uma realidade. Como nos lembra Retaillé, há espaço não só para os cativos, mas também para os clientes e até mesmo para as formas de parentesco dito contratual.

Mais ainda, as circulações devem ser consideradas no vínculo estrutural com as lógicas da sedentariedade. Jamais uma coisa sem a outra, na verdade. Não há praticamente nenhum domínio do território que não passe pelo controle de um núcleo de povoamento. A própria predação depende da capacidade de controlar as trilhas, as idas e vindas, as travessias e os cruzamentos, em suma, a organização das trocas. De resto, como mostraram muitos geógrafos, a circulação ou o nomadismo dificilmente elimina a necessidade de domicílio ou de laços. Eles podem assumir a forma de casas "onde permanecem os idosos, algumas das mulheres e as crianças". Nelas também vivem "as populações descendentes de escravos que se tornaram meeiros em glebas oasianas que fornecem trigo e tâmaras".[40]

---

40. *Ibid.*, p. 74.

Contração do mundo

Hoje, o custo humano das políticas europeias de controle de fronteiras se eleva incessantemente, acentuando os riscos atualmente enfrentados por migrantes potenciais. Já se perdeu a conta dos que morreram durante a travessia.[41] Cada semana apresenta sua cota de histórias, uma mais escabrosa que a outra. São geralmente histórias de homens, mulheres e crianças afogados, desidratados, intoxicados ou asfixiados nas costas do Mediterrâneo, do Egeu, do Atlântico ou, cada vez mais, no deserto do Saara.[42]

A violência infligida nas fronteiras e pelas fronteiras se tornou um dos traços marcantes da condição contemporânea. Pouco a pouco, a luta contra a chamada migração ilegal tem tomado a forma de uma guerra social ora travada em escala global. Dirigida muito mais contra categorias populacionais do que contra indivíduos em particular, ela agora combina técnicas militares, policiais e de segurança com técnicas burocrático-administrativas, desencadeando pelo caminho surtos de uma violência fria e, de tempos em tempos, não menos sanguinária.

Em relação a isso, basta observar a imensa máquina administrativa que todo ano permite que milhares de pessoas legalmente estabelecidas sejam imersas na ilegalidade, a sequência de expulsões e deportações em condições verdadeiramente assombrosas, a abolição gradual do direito de asilo e a criminalização da hospitalidade.[43] O que dizer, aliás, do emprego de tecnologias coloniais para regular os movimentos migratórios na era eletrônica, com a procissão diária de violência, como os intermináveis

41. Carolina Kobelinsky, "Exister au risque de disparaître. Récits sur la mort pendant la traversée vers l'Europe", *Revue européenne des migrations internationales* 33 (2-3), 2017: 115-131.
42. Charles Heller e Antoine Pécoud, "Compter les morts aux frontières: des contre-statistiques de la société civile à la récupération (inter)gouvernementale", *Revue européenne des migrations internationales* 33 (2-3), 2017: 63-90.
43. Frédérique Fogel, *Parenté sans papiers*. La Roche-sur-Yon: Dépaysage, 2019.

perfilamentos étnicos, as incessantes caçadas aos indocumentados, as inúmeras humilhações nos centros de retenção, os olhos esgazeados e os corpos algemados de jovens negros arrastados pelos corredores das delegacias de polícia, de onde saem com um olho roxo aqui, um dente quebrado ali, o maxilar fraturado, o rosto desfigurado, as multidões de migrantes de quem as últimas roupas e os últimos cobertores são arrancados em pleno inverno, que são impedidos de sentar nos bancos públicos e diante de cuja aproximação são desligadas as torneiras de água potável?

O século não será, porém, apenas o século dos entraves à mobilidade, em um cenário de crise ecológica e velocidades crescentes. Também será caracterizado por uma reconfiguração global do espaço, pela constante aceleração do tempo e por uma profunda clivagem demográfica. De fato, até 2050, dois continentes abrigarão quase dois terços da humanidade. A África Subsaariana terá 2,2 bilhões de habitantes, ou 22% da população mundial. A partir de 2060, será uma das regiões mais densamente povoadas do mundo. A virada demográfica da humanidade em direção ao mundo afro-asiático será um fato consumado. O planeta será dividido em um mundo de velhos (Europa, Estados Unidos, Japão e partes da América Latina) e um mundo emergente, que será o lar das populações mais jovens e numerosas do planeta. O declínio demográfico da Europa e da América do Norte prosseguirá inexoravelmente. As migrações não vão parar. Pelo contrário, a Terra está no limiar de novos êxodos.

O envelhecimento acelerado das nações ricas do mundo representa um evento de considerável envergadura. É o oposto dos grandes choques causados pelos excedentes populacionais do século XIX, que levaram à colonização europeia de grande parte da Terra. Mais do que no passado, a governança da mobilidade humana será o meio pelo qual uma nova partição do globo será colocada em prática. Uma clivagem de um novo tipo e de alcance planetário cindirá a humanidade, opondo aqueles que gozarão do direito incondicional de circulação e de seu corolário, o direito à velocidade, àqueles que, por razões essencialmente raciais, serão excluídos do gozo desses privilégios. Aqueles que terão se apoderado dos meios de produção da velocidade e das tecnologias da circulação se tornarão os novos donos do mundo. Somente eles estarão em condições de decidir quem pode circular, quem não deve ser condenado à imobilidade e quem só deve se deslocar sob condições cada vez mais draconianas.

A governança da mobilidade em escala global constituirá, portanto, em conjunto com a crise ecológica, um dos maiores desafios do século XXI. A reativação de fronteiras é uma das respostas de curto prazo ao processo de repovoamento do planeta de longo prazo. As fronteiras, no entanto, não resolvem absolutamente nada. Elas apenas agravam as contradições resultantes da contração do planeta. De fato, nosso mundo se tornou muito pequeno. Nisso, difere do mundo do período das "Grandes Descobertas", do mundo colonial das explorações, conquistas e assentamentos. Não é mais infinitamente expansível. É agora um mundo finito, atravessado por todo tipo de fluxos descontrolados ou mesmo incontroláveis, movimentos migratórios, movimentos de capitais ligados à extrema financeirização do capitalismo e às forças extrativistas que dominam a maioria das economias, especialmente no Sul. A tudo isso é preciso ainda acrescentar os fluxos imateriais decorrentes do advento da razão eletrônica e digital, o aumento das velocidades, a reviravolta dos regimes temporais.

Durante muito tempo, vivemos em um mundo no qual se supunha que a cada Estado correspondia uma população e que cada população tinha que residir em seu Estado. Esse postulado de residência em um determinado território (o princípio da sedentariedade) era considerado como uma das condições para a criação de um mundo habitável.

Mas as grandes crises que estamos atravessando neste início de século não estão apenas minando o princípio da sedentariedade. Na verdade, ele vem dando lugar ao princípio do entrelaçamento. Muitos lugares estão cada vez mais degradados; regiões inteiras vêm sendo despojadas de seus habitantes e muitas áreas hoje inabitáveis vêm sendo abandonadas. Pouquíssimas pessoas hoje em dia têm certeza quanto à sua morada. Como Isabelle Delpla corretamente aponta, "diante de parcelas de países praticamente desertadas pela população ou diante desses países que se despovoam", muitas pessoas "não sabem mais se estão dentro ou fora de suas fronteiras".[44] Ao mesmo tempo, entre humanos e não humanos, divisão, compartimentação e emaranhamento agora andam de mãos dadas. Vidas e futuros agora envolvem todos os tipos de vínculos e conexões.

Se, de fato, não há Estado no mundo que não tenha população no exterior, a verdadeira questão é saber sob quais condições a Terra, em suas dimensões planetárias, pode efetivamente se converter em autêntico berço de todos os seres humanos e em horizonte comum de todos os seres vivos.[45] Trata-se, então, de inventar outras formas de habitar o planeta. Como alcançar isso, senão imaginando formas políticas e estatais e modalidades de pertencimento cada vez mais flexíveis, maleáveis e móveis?

44. Isabelle Delpla, "Vivre au pays vide?", *Critique* 860-861, 2019: 133.
45. Ver Emanuele Coccia, "Gaïa ou l'anti-Léviathan", *Critique* 860-861, 2019: 32-43.

A COMUNIDADE DOS CATIVOS

A esta altura de nossa indagação, pode ser útil fazer uma pausa e recordar algo que ficou bem demonstrado nos capítulos anteriores. De fato, o corpo e suas células vivas continuam sendo alvos privilegiados do duplo processo de fraturamento e fissuração discutido nos capítulos anteriores. As formas contemporâneas de brutalismo não deixam margem para ilusão, se ao menos se reconhece por este termo o duplo movimento de demolição e desvitalização que deve permitir remodelar o existente, dar-lhe outra face e prepará-lo para acolher outras formas. O processo em andamento de desmaterialização, o triunfo da imagem e o surgimento de um nanomundo baseado nos mais diversos tipos de práticas instrumentais foram insuficientes para apagar a matéria. Pelo contrário, esses processos serviram apenas para destacar ainda mais seu caráter polêmico. Serão discutidas aqui duas formas de "comunidades negativas", a dos cativos e a dos fugitivos. Elas são o resultado do processo de fraturamento em curso, cujos impasses, ademais, reproduzem. Este capítulo tratará da impossibilidade de todo e qualquer poder transcender os limites corporais.

Será invocado apenas indiretamente *Geist der Utopie* (1918) [O espírito da utopia].[1] A obra de Ernst Bloch, exuberante e de

---

1. Retomamos aqui um dos elementos do nosso discurso de agradecimento pelo Prêmio Ernst Bloch, publicado sob o título "Pour un droit universel à l'hospitalité", AOC, 16 nov. 2018, assim como de um artigo intitulado "Étrange époque", AOC, 4 set. 2019.

delicada beleza, pode ser comparada a uma teia ou a um entrelaçamento de conceitos, ideias e traços, todos atados de forma mais ou menos reticular – na realidade, uma longa exortação dirigida ao mundo e à humanidade. Mas que tipo de teia Bloch tentou tecer, se não a da esperança e, em última análise, da fé – fé testada pela esperança e esperança testada pela fé?

Por que esse desejo de ser iludido e por que essa atração pela leucotomia? Nem sempre "por tolice", disse Bloch. É também porque somos, disse ele, "nascidos para a alegria", quiçá a filha mais velha da esperança. A esperança, afirmou, está "fundada no impulso humano para a felicidade". Como expectativa e busca de um "objetivo positivamente visível", ela é e sempre foi "um motor da história". Como tal, ela "dá um impulso para frente no transcurso monótono do tempo".[2] A esperança, argumentou ele ainda, é também um afeto que se cultiva, que requer trabalho, cuja função é lançar as pessoas ativamente no caminho de um devir "do qual elas próprias fazem parte".[3]

Ele não exige a fé automática do otimismo raso (um "veneno quase tão perigoso quanto o pessimismo absoluto",[4] como apontou), mas essa outra fé na ideia de que "certamente nem tudo ainda está perdido" e o futuro permanece aberto. À esperança ele contrapunha o temor e o medo, o pessimismo absoluto também. Este último se caracterizava não tanto pela ausência de fé, mas pela afirmação de uma fé negativa. O pessimismo absoluto era típico daqueles que acreditam que "nada vale a pena ser feito", que "a vida arrastará sua mediocridade de século em século, que a humanidade jamais sairá de sua letargia e que o mundo sempre parecerá um túmulo"?[5] Por se apoiar numa visão sepulcral do

---

2. Ernst Bloch, *Le Principe espérance*. Paris: Gallimard, 1976, p. 525 [Ed. bras.: *O Princípio Esperança*, 3 vols. Trad. Nélio Schneider e Werner Fucks. Contraponto: Rio de Janeiro, 2005].
3. *Ibid.*, préface [*ibid.*, prefácio, p. 13].
4. *Ibid.*, p. 240 [*ibid.*, vol. I, p. 197].
5. *Ibid.*, p. 527 [*ibid.*, vol. I, p. 432].

mundo, o pessimismo absoluto era um fator de corrupção, o motor do cinismo e do niilismo.

Em última instância, contudo, tanto a massa de indiferença quanto a falta de esperança no mundo eram explicadas pela "ausência de fé em um objetivo". O pessimismo incondicional e paralisante, sinônimo de aceitação resignada, opunha-se assim não a um "otimismo artificialmente condicionado" – miopia e, por isso mesmo, vertigem –, mas a um "otimismo crítico e militante", sustentado pela consciência antecipatória e voltado "inteiramente para o ainda não transformado, para as possibilidades cultiváveis da luz". Tal otimismo era impossível sem fé, quer dizer, sem a prontidão permanente para se aventurar não em um abismo, mas "no que ainda não foi concretizado".[6]

Desejo de se iludir

Os anos 1920-1930 foram dominados pelo vocabulário do sangue e da terra e pelo tema da "crise da humanidade europeia".[7] Durante muito tempo, a Europa havia sido embalada, quase sem peias, por ilusões. Afinal, não havia ela mesma decretado ser o único lugar onde se revelaria a verdade humana? O mundo inteiro estava à sua disposição. Com o advento dos tempos modernos, ela tinha se convencido de que sua vida e sua cultura, ao contrário de outras civilizações, eram animadas pelo ideal de uma razão livre e autônoma. Acreditava que era isso que lhe havia permitido tornar-se *o* continente central na história da humanidade, uma entidade simultaneamente *à parte* e em toda parte, o *ente universal*

---

6. *Ibid.*, p. 527-528 [*ibid.*, vol. I, p. 432-433].
7. Os textos que compõem "A crise das ciências europeias e a fenomenologia transcendental", publicado postumamente em 1954, foram escritos em 1935-1936; entre eles se encontra a conferência intitulada "A crise da humanidade europeia e a filosofia" [Edmund Husserl, *A crise da humanidade europeia e a filosofia*. Trad. Urbano Zilles. Porto Alegre: EDIPUCRS, 1996].

e a última instância do Espírito. Para retomar as palavras de um célebre crítico, ela sabia tudo, possuía tudo, podia tudo e era tudo.

O "Iluminismo", esse era o mito, na verdade uma teologia com dois corpos, um solar (o reino da razão) e outro noturno (a produção indefinida, a captação e o desencadeamento da "força"). De que outra forma se pode explicar essa efusão de energias destrutivas e a persistência, por vários séculos, dos laminadores da história que foram o tráfico de escravos, o imperialismo, o expansionismo colonial e outros aparatos de captura? Impelido por um pensamento pautado pela desmedida e pela supremacia, o mito não tardou a explodir. O século xx europeu foi de fato inaugurado com uma gigantesca carnificina (a guerra de 1914-1918), imediatamente seguida pela tomada do poder pelos nazistas em 1933, por inúmeras atrocidades, pela tentativa de exterminar os judeus da Europa e por duas bombas atômicas. Foi então que, arrebatados pela cisão, passaram a considerar que a história, uma fragmentação incoerente de fatos brutos, talvez já não fizesse sentido. Para maior desventura da humanidade, a própria razão, insolvente, talvez tivesse dado lugar à força propulsora do vazio, se não mesmo ao absurdo.

De fato, o sonho se havia transformado em pesadelo. Empoleirada em falsas certezas, a Europa, desnuda, revelava-se agora ao mundo não sob o signo da liberdade, da verdade e do universal, mas como o palco arcaico em que se desenrolava, como que em prefiguração, um espetáculo escabroso, o da liquidação programada da espécie humana. Cansada de ser e de viver, ela estava agora cindida entre duas vontades contraditórias – por um lado, a vontade de se curar do desconforto induzido pela interminável produção do mundo e de si como nada (o *ato terapêutico*) e, por outro lado, a tentação de ceder à compulsão autodestrutiva e a um desejo quase irresistível de suicídio.[8]

8. Sigmund Freud, "O mal-estar na civilização", *op. cit.*

O sol havia de fato envelhecido, como lembrou Aimé Césaire em *Discurso sobre o Colonialismo* (1950). A fim de afugentar o desejo de suicídio e a vontade de aniquilamento, foram retomadas as viagens às terras distantes. Daí o aparecimento no campo da escrita e da narrativa dos temas de "viagem" (rumar) e das problemáticas do "retorno", seja às "origens" e à "tradição" ou "à terra natal". Ao longo do século XVIII, em especial, a viagem a lugares distantes havia sido prerrogativa de comerciantes, conquistadores, missionários, exploradores e alguns escritores. São inúmeras as razões pelas quais a temática da partida, do afastamento e do retorno floresceu tanto durante o século XIX e nas primeiras décadas do século XX.

Distâncias enormes foram percorridas. Extensões imensas de territórios antes desconhecidos foram destrinchadas. A Terra assumira uma nova face. Para reconfigurar o campo do pensável em geral e renovar a crítica ao humanismo ingênuo, era absolutamente necessário "sair" da Europa, dar as costas à sua metafísica (o sonho de poder), voltar a invocar o mundo em sua totalidade, reconectar, se necessário, com a imensidão do universo e seus fluxos energéticos. Era necessário "sair" da Europa para melhor dar um passo atrás no pensamento, para melhor encarar a Europa, para melhor colocar diante de seus olhos o que ela havia se mostrado incapaz de perceber por conta própria, atolada como estava em suas infecundidades.

Talvez não estejamos em um ponto de virada equiparável e talvez não se trate mais de sair de lugar nenhum, já que todo lugar, todo canto da Terra agora está enredado em diversos outros lugares e pontos. Ainda assim a questão se coloca. Antes de mais nada, onde estamos em meio a isso e o que podemos esperar disso? E quanto ao mundo, à humanidade, ao conjunto das coisas vivas? Nesta era global, existe algo que nos pertença a todos e todas, que tenhamos em comum, que tenhamos a obrigação de compartilhar em partes mais ou menos iguais e cuja guarda nos caiba coletivamente? Existe algo que sejamos obrigados a *tornar comum*, nem que seja porque estão em jogo a nossa sobrevivência, a durabilidade deste mundo além das fronteiras que separam as raças (já que esse termo infame continua sendo o nosso futuro), os gêneros, os Estados, os povos, as nações, seus territórios, línguas e religiões? É verdade, então, que a diferença, e portanto a fronteira, esse poder da linha, seria a última palavra da humanidade? É verdade, além disso, como alguns afirmam, que nos enganamos, que sempre quisemos nos enganar, que na realidade a humanidade não está fadada a nada, em função justamente da vacuidade que ela carrega em si? Em outras palavras, *terá chegado ao fim o projeto histórico da espécie humana, isto é, o movimento rumo à liberdade*? De resto, o que pode significar hoje em dia a injunção para "orientar-se no mundo e no pensamento"? E, ademais, em qual pensamento, em qual língua, a partir de quais arquivos e visando exatamente o quê?

Contudo, se quisermos lançar um mínimo de luz sobre o espaço áspero e distorcido que é o nosso mundo hoje, se quisermos sentir seu pulso, sua respiração e seus soluços, pode ser útil trabalhar a partir dos efeitos de alívio, isto é, aqueles lugares aparentemente distantes e remotos, e ainda assim tão próximos e íntimos sob muitos aspectos, onde se joga de uma forma *que não podemos deixar de ver*, que não podemos mais fingir desconhecer, nosso destino comum a todas e todos. E quando digo "nosso destino comum a todas e todos", entendo esse "nós" e esse "todas e todos" não como uma comunidade que já existiria, além da heterogeneidade que nos constitui, mas como *aquilo* que se oferece a nós como possibilidade "no todo inesgotado do próprio mundo".[9]

9. Ernst Bloch, *Le Principe espérance*, *op. cit.*, p. 284 [*O Princípio Esperança*, *op. cit.*, vol. I, p. 232].

Na verdade, o que temos diante de nós é a chance de invocar outros nomes, de questionar o *nonsense* da identidade e da diferença nestes tempos paradoxais de conexão, de enredamento e de desvinculação. Nossa chance é poder olhar com novos olhos para *o que aí está, à nossa frente, que não podemos deixar de ver, mas que sentimos dificuldade de ver, de desvendar, de vislumbrar.* Justamente, ora, nosso presente está povoado de eventos que não podemos deixar de ver mesmo com nosso ardente desejo de cegueira. São eventos dos mais variados tipos, coisas que pensávamos que nunca aconteceriam; outras que pensávamos que só aconteceriam com outros, distantes, e que agora, ao se aproximarem de nós, acontecem conosco também; algumas coisas espantosas, outras aterrorizantes, inauditas, que provocam descrença, rompem os limites da nossa imaginação, provocam ora surpresa, ora raiva, ora comoção e pânico e ora estupor e sideração.

Eventos desse tipo, que ocorrem sem serem esperados, sem que tenham sido previstos, sem que se tenha preparado para eles, ocorrem cada vez mais. Pessoas que nunca quiseram viver longe de casa, que nunca contemplaram a possibilidade de partir, acordam uma manhã e o mundo que ainda ontem lhes era familiar desapareceu quase por inteiro ou ao menos não preserva mais nada daquilo que ali estava no dia anterior. No meio da noite aconteceu algo ensurdecedor, sem que se tivessem dado conta da exata medida, sem que se apercebessem, algo que de repente os tornou estrangeiros nos mesmos lugares em que nasceram e viveram até agora.

Veem-se essas pessoas quase todos os dias, cada vez mais. Ou, pelo menos, ouvimos falar delas. Pessoas em fuga que foram forçadas a deixar tudo para trás, outras que tudo perderam, que não sabem aonde ir ou que, contra toda e qualquer razão, querem a todo custo partir para lugares onde não são esperadas, onde serão estranhos, onde, em todo caso, não são desejadas e não se faz questão de esconder isso, longe disso. Essas pessoas sabem que não serão recebidas. Sabem que não lhes será dado um lugar, que correm o risco de serem abandonadas na rua, que arriscam que lhes seja arrancado o pouco que lhes resta, mas são teimosas. Elas irão de qualquer maneira. Sem nenhuma garantia. Elas apostam a própria vida.

Veem-se outras, arrastando ora uma criança ou várias pela mão, ora um fardo debaixo do braço, o pouco que conseguiram salvar dos escombros. Caminharam por muito tempo e seus corpos revelam um extremo cansaço. Com olhos abatidos, vasculham os escombros de suas vidas, em busca do que ainda possa ser útil. Outras ainda estão debaixo de lonas ou dentro de jaulas, acampando na chuva ou sob um sol escaldante, à espera de algo, alguns litros de água, alguns grãos de arroz, um pedaço de pano, um olhar e, talvez, no fim das contas, um documento oficial, um papel.

Hoje em dia, por pouca atenção que se dê, podem-se observar também velórios de cadáveres que muitas vezes são dolorosos de se ver – de tempos em tempos, cadáveres de crianças, mulheres ou jovens que se afogaram durante travessias intermináveis ou simples carcaças humanas sepultadas pelas areias do deserto. As paisagens do nosso tempo são criadas assim. Das centenas de milhares de pessoas que partem, que se vão, que sucumbem à síndrome da fuga tão típica da nossa época, é cada vez menor o número das que chegam ao seu destino. Partir já não é realmente o problema. Chegar é agora a questão, a possibilidade de nunca chegar ao destino.

As outras, dispersas, acabam barradas em algum lugar. Capturadas como presas, são mantidas em um ou outro campo, todos esses campos com nomes tão pitorescos, campos de refugiados, campos de deslocados, acampamentos de imigrantes, zonas de retenção para pessoas em trâmite, áreas de trânsito, centros de detenção, alojamentos de emergência, selva. Uma paisagem compósita e heterogênea, com certeza, que pode ser resumida em uma única palavra: campos de estrangeiros. Em última análise, de fato, não se trata de outra coisa senão isso. São campos de estrangeiros, tanto no coração da Europa quanto em suas fronteiras. E é o único nome que condiz com essas instalações e com o tipo de geografia carcerária que elas delineiam.

Em sua maioria, são lugares de internamento, espaços de relegação, dispositivos para colocar de lado pessoas consideradas intrusas, sem titulação e, portanto, sem direitos e, ao que se acredita, sem dignidade. Fugindo de mundos e lugares tornados inabitáveis por uma predação dupla, exógena e endógena, elas entraram onde não deveriam, sem terem sido convidadas e sem que sejam desejadas. Ao agrupá-las e colocá-las de lado, não se trata de resgatá-las. Ao prendê-las em campos, ao colocá-las em posição de espera, depois de as ter previamente destituído de qualquer status jurídico convencional, busca-se acima de tudo transformá-las em sujeitos potencialmente deportáveis. O movimento delas foi simplesmente impedido.

Partir

Muitos dificilmente teriam permanecido no próprio local de nascimento, plantados ali como tantos cepos imóveis. Produtos da "Grande Disseminação" (o Tráfico Atlântico), tentarão, cada um à sua maneira, reatar seu destino ao de uma entidade, a África, que se esforçarão para transformar em seu próprio nome, mas sempre em memória do mundo e da humanidade como um todo. Para eles, a origem se confundirá com o lugar de onde se parte e o cepo do qual se brota, as amarras que se cortam na saída para o mar aberto. Sendo a África comparável, para a maioria deles, a uma árvore que foi cortada, eles retornarão ao pé da árvore e se aproximarão do tronco, ou melhor, das suas raízes, na esperança de se alimentar de sua seiva e de precipitar seu frondescer.

São muitas as razões pelas quais as pessoas um dia deixam o país de origem. Raramente são fortuitas. Algumas são insondáveis, diante do mistério que representam as próprias origens. Mistério não no sentido eucarístico do termo (o signo de algo diferente que é constantemente lembrado e nunca chega a ser inteiramente decifrado), não no sentido daquilo que, secreto, de repente é objeto de revelação e, possivelmente, de escândalo, mas no sentido verdadeiramente singular daquilo que sempre permanecerá ao mesmo tempo ordinário e enigmático. Deixar um dia o próprio país ou o local de nascimento nem sempre está ao alcance de todos. Deixar a terra natal nem sempre é a manifestação do livre-arbítrio. Muitos, especialmente nos dias de hoje, são impelidos a partir por forças irrefreáveis. Com o coração pesado, eles partem contra a própria vontade, às vezes sem nada, pelos caminhos do êxodo, apesar do desejo ardente de permanecer em casa. De fato, há alguns que, se optassem por ficar, seria arriscando a própria vida que o fariam. Assim eles partem, na esperança de que um dia talvez possam retornar.

Mas o que quer dizer partir? Partir é, obviamente, colocar-se em movimento, sair de um lugar, afastar-se dele, vivenciar a distância, ausentar-se. Há também, no ato de partir, algo que provém da cessação da presença física, visível, imediata e corpórea. Partir é correr o risco da desaparição e do apagamento. Vestígios do ausente acabam sendo deixados para trás. Hoje em dia, são incontáveis os que partem e nunca chegam, engolidos em algum lugar por forças sólidas, líquidas ou farpadas, ou então relegados a um campo, abandonados em um deserto. Se ainda nos fazemos presentes depois de ter partido fisicamente, é por meio da memória, da lembrança do que fizemos, do que fomos junto àqueles com quem estivemos, visto que são os outros que, lembrando-se de nós, reavivam nossa efígie. Portanto, só existe memória autêntica na troca. É claro que se pode lembrar de si mesmo, mas, fora dessa troca (o outro se lembra de mim e eu me lembro do outro), a porta se abre para o esquecimento.

Entretanto, como já foi sugerido, muitos retornam apenas de forma esporádica, se tanto. Eles partiram de vez. Tendo brotado de uma cepa, fizeram morada em outro lugar. Com isso se resolve a questão das origens? Há uma tendência a confundir origens com local de nascimento. Acreditamos ser originários do lugar em que nascemos. E acreditamos que o local do nosso nascimento determina a nossa identidade. É daí que vem a figura do autóctone. Nosso local de nascimento não indica, porém, a totalidade das nossas origens e das nossas pertenças. A pertença não é uma questão exclusivamente territorial. Sob muitos aspectos, é uma questão de aceitação e reconhecimento. Isso pressupõe que outros nos aceitem em seu meio. É sempre um outro que assina meu certificado de pertença. A pertença só faz sentido na medida em que seja real a possibilidade de rejeição. Mas não basta ser rejeitado para não pertencer. O intruso está lá, mas não pertence. Assim como o passante, que reside, mas não é elegível para fixar morada. Só se pertence a partir do momento em que se aceita fixar morada entre outros que, em contrapartida, nos aceitam como sendo agora um dos seus, como sendo parte deles.

Nossas origens não se reduzem, portanto, ao lugar onde nascemos. Apesar de tudo, porém, sempre se é originário de algum lugar, e partir não muda nada em relação a isso. Ser originário de algum lugar não depende da minha presença visível e perene no lugar exato em que nasci. Existe no fato de eu ter nascido nos Camarões algo que nunca poderei apagar, no sentido de que nunca me será possível nascer em qualquer outro lugar que não nos Camarões. Ou no fato de ter nascido dos meus pais e, portanto, de estar registrado, a despeito de mim mesmo, em uma genealogia. Somos sempre descendentes de outros, da mesma forma como nascemos apenas uma vez em um único lugar, e esse acontecimento é irrepetível. Assim como a morte, quer ela nos seja infligida, quer a provoquemos nós mesmos.

Há, assim, algo singular, indelével e inextinguível nas origens – algo de que nunca conseguimos nos livrar e que, no entanto, não faz das origens um destino ou uma sina. Se, por um lado, é possível escolher morrer (em tal dia, em tal hora, em tal lugar), por outro, não é possível escolher nem o local de nascimento, nem os pais, nem os irmãos e irmãs, nem os parentes. Nascer em algum lugar, filho deste ou daquele, é basicamente um acidente, e não há absolutamente nada que se possa fazer a respeito disso.

Sejam eles afortunados ou lamentáveis, os acidentes não são isentos de consequências, consistindo, no fim das contas, em questões secundárias, quando se aceita que tudo o que é ou deve ser nunca é fixado ou estabelecido de antemão. As origens talvez não sejam insignificantes. Como eventos fortuitos, porém, não representam o essencial. O essencial está na jornada, ou seja, no percurso e na travessia de um lugar para outro, na maneira de trilhar o caminho de uma ponta à outra da existência, do começo ao fim da vida. Esse caminho é trilhado tanto no próprio movimento quanto em função dos encontros.

Existem encontros combinados. Outros são fortuitos, imprevistos e inesperados. Outros ainda são brutais, parecidos com duelos ou mesmo colisões. Saímos deles desfigurados, como se estivéssemos na presença de um criminoso, cujo rosto fosse substituído ou encoberto por uma *fácies*. De alguns encontros resultam apenas hiatos, dissonâncias ou mesmo infortúnios.

Saliências

O início do século xxi não é exatamente parecido com as primeiras décadas do século xx. Ainda assim, alguns sinais são inconfundíveis. Em praticamente todos os lugares hoje em dia, todas as inibições vêm sendo suprimidas. Como bem se sabe, Ernst

Bloch disse certa vez, "as pessoas querem ser enganadas".[10] Era esse o caso naqueles anos, anos de estupidez funcional e sistêmica e de sua coorte de corpos anônimos, que agora tinham os olhos fechados, corpos paralisados, derrotados ou arfantes, uma humanidade desfeita.[11] É também o caso ainda hoje, quando um após o outro, todos os tipos de limites estão prestes a serem ultrapassados, e o caminho conduz não a um milagre qualquer, mas àquilo que reúne todas as características do vazio.

Quem ainda não se deu conta disso? As utopias do fim continuam a florescer. O acúmulo de dúvidas e medos sem outras válvulas além da pulsão do solo e do sangue? Tantos sinais de alerta e presságios terríveis, para dizer a verdade. Para alguns, a história não passaria de uma enorme armadilha, e a contagem regressiva já teria começado. Seriam prova disso os territórios abandonados à carbonização e à dessecação, imensidões oceânicas que se tornaram tóxicas e foram esvaziadas de seus "habitantes" no espaço de uma geração, incontáveis desordens atmosféricas, cidades tentaculares com ar irrespirável onde se amontoam milhões de pessoas. A Terra teria entrado em um ciclo radioativo e, no ponto em que estão as coisas, seria a sobrevivência de todas as espécies (humanas e não humanas) que estaria em jogo.[12]

É verdade que incessantemente rodeiam à nossa volta diversas estrelas do mal. Ninguém mais está a salvo do embuste, da cegueira e da credulidade. Pouco importa o status social, a raça, o gênero, a classe à qual pertençam, até mesmo os mais sábios se deixam "apanhar na armadilha daquilo que reluz; e nem sequer é necessário que o que reluz seja ouro, desde que reluza". Como observou Ernst Bloch, "os fogos de artifício capitalistas

---

10. *Ibid.*, p. 522 [*ibid.*, p. 12].
11. Ernst Bloch, *Héritage de ce temps*. Paris: Payot, 1978.
12. Hicham-Stéphane Afeissa, *La Fin du monde et de l'humanité. Essai de généalogie du discours écologique*. Paris: PUF, 2014.

são muito engenhosos, não só em termos ópticos",[13] mas também se apoderam dos corpos e colonizam desejos e sonhos, por intermédio dos prazeres do consumo. Há agora que acrescentar a isso as tecnologias do cálculo, da abstração e da iluminação, entre cujas funções figura a de fabricar em simultâneo inúmeras ficções e também inúmeros estados alterados.

A promessa de um mundo fictício continua a ser uma das forças decisivas por trás da globalização do capital e de sua conquista não apenas da biosfera, mas também de nossos desejos e de nosso inconsciente.[14] Para se afirmar como religião, o capitalismo deve seguir mitigando as preocupações, as inquietudes, os medos e os sofrimentos daqueles que retém em suas teias. Ao mesmo tempo, deve seguir cumprindo as funções básicas de qualquer religião, tal como Walter Benjamin certa vez esboçou: o culto permanente, a veneração incessante da mercadoria; a exaltação "no sentido terrível" do emprego da pompa; a saturação da consciência, resultante do efeito de culpabilização até mesmo do próprio Deus; e a celebração de um Deus oculto e imaturo.[15]

Mais ainda, o capitalismo precisa da violência organizada – seja a violência estatal ou assuma ela outras formas mais ou menos privadas –, sem a qual não seria capaz de se converter de maneira duradoura na organização mitossimbólica que continuamente almeja se tornar.[16] Mas, acima de tudo, ele precisa do

---

13. Ernst Bloch, *Le Principe espérance*, *op. cit.*, p. 522 [*O Princípio Esperança*, *op. cit.*, p. 514].
14. Shohana Zuboff, *The Age of Surveillance Capitalism: The Fight for a Human Future at the New Frontier of Capitalism*. Cambridge: Harvard University Press, 2019; Jean Comaroff e John L. Comaroff (orgs.), *Millennial Capitalism and the Culture of Neoliberalism*. Durham: Duke University Press, 2001.
15. Walter Benjamin, *O capitalismo como religião*. Trad. Nélio Schneider. São Paulo: Boitempo, 2013.
16. Maurizio Lazzarato, *Fascismo ou revolução: O neoliberalismo em chave estratégica*. Trad. Takashi Wakamatsu e Fernando Scheibe. São Paulo: n-1 edições, 2019.

esquecimento, ou melhor, da memória seletiva de seus crimes.[17] A guerra, por sua vez, segue sendo uma das formas de atualização da força destrutiva necessária para a consolidação dos mercados e circuitos financeiros.[18] Apoiada nas tecnologias do silício e no raciocínio algorítmico, a nova economia-mundo permanece estruturada em função das velhas divisões raciais que constituem a mola-mestra da nova guerra travada contra as raças e categorias demográficas consideradas supérfluas. Conduzida em uma escala capaz de abarcar toda a espécie, essa guerra fisiológica e sexual, política e econômica, tem por base a mobilização de todos os tipos de *pulsões sem escoamento* e de energias abomináveis: o racismo, o virilismo, a xenofobia de Estado.

Metafísicas do "lugar de onde se vem"

"Volte para o lugar de onde veio!" é usado aqui e ali para interpelar minorias raciais ou religiosas, migrantes, refugiados e requerentes de asilo. Cada vez mais, tais clamores de incitação provocam assassinatos racistas, prosaicos, gestos dos mais profanos para a massa de homens degenerados que, aprisionados na imundície que é o racismo, agora povoam nosso presente. Vários outros foram levados à morte, às vezes com o ânus rasgado, eletrocutados ou submetidos a imobilização em decúbito ventral, vítimas de tiros disparados sem advertência, muitas vezes pelas mãos da polícia – o rosário infindável dos mortos na hora errada. A ordem hoje é, de fato, voltar "para o lugar de onde se vem", de onde se supõe que veio.

O "lugar de onde se vem", conforme se diz, é o lugar onde se nasce. Considera-se que seja um espaço geográfico ou mesmo

---

17. Michel-Rolph Trouillot, *Silenciando o passado: poder e a produção da história*. Trad. Sebastião Nascimento. Curitiba: huya, 2016.
18. Éric Alliez e Maurizio Lazzarato, *Guerras e capital*. Trad. Pedro Paulo Pimenta. São Paulo: Ubu, 2021.

uma localidade, uma cidade, um vilarejo, uma região, um território, ou então um Estado definido por linhas estanques, por fronteiras, que delineiam um interior ao qual se opõe um exterior, um lado de dentro que se constitui essencialmente por oposição a um lado de fora, por meio de múltiplas segmentações. Em sua versão benigna, o lado de dentro remete a uma relação quase carnal que o sujeito deve manter com uma localidade e uma comunidade da qual ele é membro pleno. Essa comunidade está ela mesma enraizada em uma região. Comunidade e região são, por sua vez, lugares de produção de uma história supostamente distinta e única, de uma língua, de saberes coletivos, em suma, de tradições particulares. Tomados em conjunto, todos esses elementos fazem do "lugar de onde se vem" um lar ou um sistema de interações dinâmicas entre um ambiente físico e biológico e um conjunto de fatores simultaneamente humanos e sociotecnológicos.

Em sua vertente metafísica, o "lugar de onde se vem", ou a localidade, é uma criação subjetiva. É considerado o espaço privilegiado para a gestação do futuro e a atestação do passado. Acredita-se que o "lugar de onde se vem" é o lugar por excelência onde se realizam os ideais de propriedade e segurança. Espaço físico e modo de vida, ele define o círculo das dívidas irremíveis, que já existiam antes de nós e depois de nós continuarão a existir, começando por aquelas que nos ligam a nossos ancestrais. Considera-se que a comunidade, em última instância, é uma comunidade de sangue. O Estado-nação, no fundo, nada mais é do que a transformação dessa comunidade de sangue em uma jurisdição singular. É por meio do sangue que esse Estado-nação supostamente se perpetua, ou seja, engendra o próprio tempo e engendra-se a si mesmo. Só se pertence a ele verdadeiramente se nas próprias veias corre esse sangue, ele mesmo passível de ser transmitido.

No entanto, nas grandes ideologias do nativismo e da autoctonia, o sangue, vetor de transmissão da vida entre gerações, não basta. Ao sangue se deve somar a ancoragem naquilo que Franz Rosenzweig chamou de "noite da criação".[19] Estabelecer-se em um país, reivindicá-lo, é assumir como sua aquela terra. De fato, o que distingue o detentor de direitos ou o nativo do forasteiro, do exilado, do viajante ou do residente temporário é essa ancoragem em uma terra que, além dos laços de sangue, possibilita deitar raízes em um solo. Somente o enlace da seiva, do sangue e do solo endossará, de uma vez por todas, a pertença. Chamaremos isso tudo de nacionalismo vitalista, uma cria por excelência das sociedades neoliberais.

De todas as características do nacionalismo vitalista, duas em particular marcam profundamente o presente. A primeira é a obsessão com a duração, ou então com a duração da vida dos povos, das pátrias e das comunidades, e a segunda é a obsessão com o inimigo, ou então com o perigo iminente, na forma do conquistador, do imigrante ou do indivíduo pertencente a outra raça, religião ou etnia.[20] Dois fatores garantem a sobrevivência e a duração e previnem contra o perigo ou mesmo contra o desaparecimento: de um lado, o sangue e, de outro, o solo – o sangue, preciosa seiva da vida que corre e irriga o solo. Para permanecer viva, a comunidade de sangue precisa, portanto, estar ancorada no "firme alicerce da terra".[21]

No espírito do nacionalismo vitalista, toda comunidade é, antes de mais nada, uma célula primordial. Injetá-la com sangue estranho ou nela implantar veias ou redes genéticas de origem externa só acarretará a ruptura de seu metabolismo natural e a produção de compostos exóticos. Somente têm lugar os consanguíneos, no ponto de confluência entre parentesco, herança e hereditariedade. São os únicos sujeitos dotados de direitos intrínsecos.

---

19. Franz Rosenzweig, *L'Étoile de la rédemption*. Paris: Seuil, 2003, p. 418.
20. Achille Mbembe, *Políticas da inimizade, op. cit.*
21. Franz Rosenzweig, *L'Étoile de la rédemption, op. cit.*, p. 418.

Além disso, é somente no "lugar de onde se vem" que se podem pleitear direitos duradouros, incluindo o direito à proteção contra o mundo exterior. Todos os outros, vindos de outros lugares, só podem aspirar a direitos que por definição são revogáveis, nunca assegurados perpetuamente. Quanto ao resto, o momento seria de triagem e seleção. As formas contemporâneas do nacionalismo vitalista, que celebram o culto ao "lugar de onde se vem" e à sedentariedade, estão em consonância com as metafísicas que há pouco foram brevemente descritas. Fazer com que futuros heterogêneos coexistam não é seu projeto. Separabilidade e estratificação dos direitos são, desse ponto de vista, os meios mais eficazes de resolver, de uma vez por todas, a questão da pertença, ou seja, em última análise, a questão da seleção, da separação e, no fim das contas, da secessão.

Em tempos pós-coloniais, esse trabalho de fraturamento e fissuração passa pelo "tribalismo". A mobilização de identidades étnicas ou tribais visando a apropriação privada do poder ou de bens comuns representaria, de fato, o maior obstáculo à democracia, à segurança e ao projeto de liberdade nas sociedades anteriormente colonizadas. O fato de que, em última instância, existam apenas etnias inventadas ou identidades fluidas não basta para explicar o apelo irresistível que a consciência tribal exerce no imaginário político dos antigos dominados.

E pior, não há razão para acreditar que algum dia a dimensão étnica venha a desaparecer, em decorrência do progresso econômico, de uma integração nacional bem-sucedida ou daquilo que alguns insistem em chamar de "evolução das mentalidades". Obviamente, a consciência étnica muda de feição conforme a situação. Na realidade, assim como a religião ou o desejo, ela é inescapável. E qualquer reflexão sobre a possibilidade de uma organização democrática da sociedade deve partir dessa premissa. Mas se as paixões étnicas e tribais dificilmente poderão ser neutralizadas de uma vez por todas, talvez possam ser refreadas. Para muitos povos do planeta, o último século e meio foi marcado pelo signo do arbítrio colonial. Para realmente completar o quadro, entretanto, seria necessário acrescentar várias experiências híbridas de tirania, de origem tanto interna quanto externa. Por vezes camufladas sob a máscara do nacionalismo, do anti-imperialismo ou do soberanismo cultural, a maioria dessas tiranias floresceu sob o manto da descolonização.

Em praticamente todos os lugares, porém, a tirania precisou do tribalismo para se impor. O tribalismo não foi apenas uma das condições de possibilidade para os regimes tirânicos. Estes também foram, em contrapartida, as melhores incubadoras de paixões tribais, seu maior incentivo. As formas de contestação às tiranias também foram marcadas a ferro pelo tribalismo. Nada foi mais propenso à exploração sectária do poder que o tribalismo. Nada, aliás, foi mais propenso à discórdia ou mesmo à guerra civil.

Mas o que se deve entender por "tribo" ou "sociedade tribal"? Uma ordem arcaica sujeita às leis do costume? Sem dúvida. Deve-se também levar em conta, no entanto, sua extraordinária plasticidade, sua capacidade de enxertar e fagocitar tudo o que, à primeira vista, parece constituir sua exata antítese. Seguramente, é um agrupamento no qual as exigências de solidariedade se baseiam no reconhecimento de uma ascendência comum e, talvez, na posse de um território. Indo mais além, é uma questão de sangue, visto que, sob o regime tribal, os concidadãos não são os *iguais* uns dos outros. São, antes de tudo, os irmãos e os parentes, os outros membros da tribo. Sendo que esses parentes, próximos ou distantes, são dos nossos, o sangue nos obriga a demonstrar-lhes uma lealdade a toda prova.

Ao contrário do que chegaram a afirmar alguns, a consciência tribal não é uma mera invenção colonial. Já bem presentes ao longo dos séculos que antecederam a conquista colonial, os processos de "comunitarização" (ou seja, de formação de coletivos mais ou menos fechados, com base no princípio de pertença a identidades mais ou menos imaginárias) se intensificaram na sequência da descolonização e acabaram impondo em praticamente toda parte uma sobrecarga exorbitante sobre as trajetórias do Estado e sobre suas relações com a sociedade.

Mecanismo elementar de identificação, a tribo se tornou a linguagem por excelência tanto da vontade de poder quanto da realidade da vulnerabilidade. Onde quer que lhes tenha sido permitido florescer, os afetos tribalistas frustraram a promessa de que as instituições políticas nas sociedades outrora colonizadas se poderiam fundamentar não no arbítrio, mas *na razão*. Eles não só prejudicaram os esforços para construir uma sociedade civil digna desse nome ou abortaram muitas mobilizações que, na origem, eram bastante promissoras. Eles também e acima de tudo fizeram retroceder as ideias de igualdade, ou mesmo de uma "coisa pública" protegida e garantida pela força do próprio nome.

De todas as formas de tribalismo nos tempos pós-coloniais, a mais corrosiva muitas vezes consistiu em garantir a uma comunidade étnica, em detrimento de todas as outras, um acesso prioritário a todos os tipos de "oportunidades de vida". Nesses casos, o círculo de indivíduos beneficiados por essas oportunidades – quer sejam oportunidades econômicas ou cargos militares, administrativos e civis – foi muitas vezes limitado a um grupo étnico, o do tirano. Uma das forças motrizes por trás do tribalismo é a luta pela extração e predação, e em seguida pela apropriação e distribuição de todos os tipos de rendas. O tribalismo consistiria na apropriação, por uma comunidade étnica e pela via dos instrumentos do Estado, de significativas parcelas extraídas das riquezas *a priori* comuns, ou mesmo na alienação incondicional de bens que não pertencem ao tirano em caráter pessoal. Ao abolir as condições republicanas de apropriação, tem-se como resultado um açambarcamento, por uma determinada comunidade étnica, daquilo que supostamente pertenceria, dada a sua natureza pública, a todos.

O tribalismo, tal como se desenvolveu desde o fim das colonizações diretas, faz parte, portanto, do que poderia ser chamado de lógica exclusiva dos açambarcamentos monopolistas. Sob regimes tirânicos, ele sempre visou transformar em propriedade étnica aquilo que, por lei, era propriedade pública. É assim que ele corrompe a própria ideia de república. Institui, em benefício de uma determinada comunidade, "poderes de disposição" que a comunidade em questão procura então converter em direitos adquiridos não por um período fixo, mas indefinidamente. Nesse sentido, o tribalismo é uma maneira de açambarcar a "parte dos outros". Nisso, é intrinsecamente gerador de conflitos.

Assim como a comunidade, nem a república nem a democracia existem *a priori*, como essências abstratas e imutáveis em cujo nome se estaria pronto para matar ou, inversamente, para arriscar a própria vida. Tal concepção de comunidade, de república e de democracia seria puramente ideológica. À parte de lutas sociais concretas, república, comunidade e democracia não significam absolutamente nada. A ideia de um poder público ao qual todos estariam vinculados talvez não seja universal. Se não estava de todo ausente, tampouco era compartilhada por todas as sociedades africanas antes da colonização. O conceito de "bens comuns", por outro lado, existia. Tais bens não possuíam apenas um caráter econômico, mas acima de tudo social e político. Eram considerados instâncias soberanas.

Eram considerados dotados de vida. Por serem entidades dotadas de vida própria, esses bens eram inalienáveis, na medida em que eram seus próprios proprietários. Pertenciam à comunidade, que, no entanto, não tinha sobre eles nenhum direito que ultrapassasse o seu próprio direito. Era o caso, por exemplo, das relações que a comunidade mantinha com a terra. Havia, por conseguinte, espaço para o inapropriável. Havia bens que cada um tinha o direito de reconhecer como seus. De modo geral, eram bens que extrapolavam os limites do corpo individual. Eles participavam da regeneração da vida de muitos.

Coletivos humanos de todos os tipos se sobrepunham claramente à ideia de poder público ou de propriedade privada. A variedade de formas do "comum" ou do "em-comum" era impressionante. Os laços comuns resultavam quer da crença, quer de uma atividade por intermédio da qual pessoas ou grupos de pessoas se relacionavam mutuamente. A própria identidade era parte da crença – língua, religião, tradições culturais, semelhanças físicas, afinidade de hábitos. A comunidade não tinha caráter essencialista. Mesmo quando remetia a crenças compartilhadas, como a crença em mitos de origem, isso nada mais era do que o nome atribuído à responsabilidade mútua entre as gerações. Nos dois polos do arco geracional estavam os ancestrais de um lado e as gerações futuras do outro. Fazer comunidade consistia em dominar a arte de estabelecer o elo entre ambos. Tecer o laço, compor o laço era uma questão processual. As comunidades não eram coletivos rígidos e fechados em si mesmos, mas assembleias processuais e em recomposição permanente, capazes de digerir as diferenças por meio de agregações constantes.

A dominação também assumia diferentes formas. Onde havia sido codificada, a ideia de direitos individuais não se fazia inteiramente ausente. É inegável, porém, que a feição desses direitos não era exatamente a mesma que lhes conferimos no sentido moderno do termo. Era em grande medida o caso em se tratando do direito à igualdade. Por mais que originalidade e singularidade fossem fomentadas, isto não representava necessariamente um direito fundamental à igualdade. As diferenças de status e hierarquia eram codificadas e até mesmo tidas por imutáveis. Em muitas circunstâncias, as desigualdades eram toleradas. A ausência de proteção devida aos dependentes já era menos tolerada. Não é mais isso o que ocorre nesses Estados que, não raro, têm de Estado apenas o nome.

O movimento imóvel

Trata-se, na realidade, de países sob tutela, criptocolônias sob o controle do capital internacional e de bonzos caducos cuja principal função consiste em gerir matanças e abortar a vida. A única coisa ali que parece capaz de mover as multidões é a necessidade organobiológica. Todos, senhores e escravos, carrascos e vítimas, chefes e súditos, tomam-se o dia inteiro por algo que não são ou que não poderiam ser. Constantemente tateantes e cambaleantes, são ameaçados de aprisionamento em um calabouço fundamentalmente sensorial. A tirania não busca primordialmente a supressão dos sentidos?

Sendo que a imobilidade constantemente se repete no movimento meramente aparente, são bem poucos os que procuram ficar. Viver no país já há muito tempo deu lugar ao desejo de fuga. Alguns partem de avião. Outros em caminhões ou, se preciso for, a pé. Outros ainda deixam o país de nascença com ou sem documentos de viagem. Apinhados ombro a ombro em embarcações improvisadas, centenas de milhares são arrebatados pela vontade de desertar, como se agora tudo estivesse perdido, como se não houvesse mais nada a ser salvo nesse irradiante deserto. Lançados às estradas do êxodo, viverão a espera, o controle, a prisão, a retenção e a expulsão. Logo enfrentarão os comitres líbios. Cães raivosos e assassinos de aluguel financiados pela Europa, serão eles que organizarão, sem que o pareça, o afogamento nas águas do Mediterrâneo, apreendendo os remanescentes (os sobreviventes) apenas para transformá-los em cativos a serem vendidos em leilão nos novos mercados de escravos da Tripolitânia.

Que nome deve ser dado àqueles que, tentando escapar desse jeito, se veem encurralados, como gado amontoado em campos e centros de detenção, onde são forçados a urinar em baldes e a dormir no meio de excrementos espalhados pelo chão, à mercê de um ataque aéreo? É realmente por vontade própria que partem, determinados a reconstruir suas vidas? Será que são, propriamente falando, "migrantes"? Não serão, acima de tudo, aventureiros? Ou melhor, *foragidos* ou *fugitivos* em um mundo onde já não há *refúgio* e, a rigor, nem *lugar de onde se vem*? Que ato condenável cometeram que os obriga a deixar suas casas e a assumir o status de *excluídos* nesses países onde ninguém os espera ou, pior ainda, ninguém os quer, onde cedo ou tarde acabarão por sofrer incontáveis ferimentos?

Nas condições atuais, inúmeras segmentações dividem os espaços. Uma nova partição do mundo está em curso. Agora, as fronteiras estão delimitadas tanto para dentro quanto para fora. Elas se tornaram lugares em que o Estado não tem quase nenhuma necessidade de reprimir sua violência originária. As linhas de fronteira não apenas distinguem o interior do exterior. Elas filtram as superfícies e, acima de tudo, as peles e revelam sua vulnerabilidade intrínseca.

Fugir, portanto, não garante absolutamente nada. Muitas vezes, fugir é se lançar à ruína completa. É ser arrebatado num movimento browniano. É nunca ter a certeza de poder voltar, nem mesmo para viver onde se nasceu. Fugir se tornou o outro nome para o anseio de viver em outro lugar que não lá de onde se vem. Nisso, a fuga é uma forma de rendição e capitulação. Tendo a perda se insinuado em cada momento de sua existência, o fugitivo ou o foragido não entende que um povo só pode se libertar de si mesmo, que tamanha passividade ora sofrida e ora calculada, contra o pano de fundo da luta pela sobrevivência, só acarreta bloqueios impossíveis de superar, travas impossíveis de quebrar, ou que, para reconquistar o próprio destino e destroçar a bestialidade na qual o brutalismo tenta confinar os vivos, não há outra escolha a não ser se erguer e *se defender* passo a passo.[22]

Nesses laboratórios que são os países de colonização recente, o brutalismo tem causado, assim, estragos incalculáveis, a começar pela proliferação de enfermidades e lesões cerebrais. Aliada ao tribalismo, a tirania vem multiplicando os corpos inchados, cobertos de cicatrizes, os espíritos combalidos e em constante busca por rotas de fuga. Chamaremos isso de lobotomização do espírito, isto é, o embotamento da razão e do bom senso, o anestesiamento dos sentidos, a confusão entre desejo, necessidade e carência, a aniquilação de todo e qualquer desejo que não seja o desejo sadomasoquista, a compulsão sádica, convém assinalar, e sua carga de repetição, obediência espontânea e imitação servil.[23]

De que outra forma explicar a existência de tantos indivíduos escotomizados, a proliferação das câmaras de tortura, a multidão de negros com pés e punhos algemados, os corpos que são dilacerados e saqueados, a carne esfarrapada dos que são eletrocutados, as mutilações sofridas durante as manifestações pacíficas, o gás lacrimogêneo despejado em alta concentração nos pulmões, os caminhões de jatos de água, os tiros com munição letal, um olho furado, uma perna amputada, a prisão preventiva em cárceres fétidos e, ainda por cima, o comparecimento perante falsos tribunais, presididos por falsos juízes, programados para odiar a vida?[24]

Em que língua descrever as carnificinas recorrentes, as vidas dos indivíduos que são moídos diariamente, os ritos da obediência cega, a habituação à subserviência e à humilhação, a supressão das singularidades, as máscaras usadas ao longo da jornada, a ausência de compaixão, o reinado da indiferença, o extraordinário fascínio por sanguinários sacrifícios, a morte violenta infligida aos

---

22. Elsa Dorlin, *Se défendre, op. cit.*
23. Achille Mbembe, *De la postcolonie, op. cit.*
24. Sony Labou Tansi, *L'État honteux, op. cit.*

opositores, o tipo de regressão infantil que acompanha todo processo de embrutecimento, a prostração de povos inteiros transformados em objetos atirados de um lado para o outro, os amplos e estreitos cenários da capitulação e da rendição, como se, sendo a única aventura possível, a fuga permitisse escapar dessa farsa tão grotesca quanto trágica?[25] Pois ali se vive sob tensão, à espreita. Permanentemente. Caçador num momento, presa no outro e, às vezes, ambos ao mesmo tempo. Agachados ou ajoelhados, muitos de fato estão na posição do animal que é perseguido, da carne, como tão bem descreveu o romancista Sony Labou Tansi.[26] Tudo, de fato, é uma questão de captura, de preferência aos montes. Brutalizar, efetivamente, é se acercar da presa, dar o bote, apalpar e apertar antes de degustar, o contato derradeiro.[27]

Talvez seja exatamente a isso que os foragidos e fugitivos querem dar as costas – às alas psiquiátricas que são especialmente as criptocolônias francesas na África. Eles estão cansados de se deixar intoxicar pela série de venenos que agora servem a todos como bebida. Os fugitivos querem esquecer a guerra tribal, as mãos cortadas, as extorsões em cada esquina, o policial que em plena luz do dia se converte em bandido e pungueia a população, a predação e a corrupção, a bota no pescoço, as hienas que riem em plena sessão de tortura, os falos gigantescos e altos como mastros, para os quais nada é inviolável, as prisões imundas repletas de vermes, onde os inocentes são esfolados e de onde emanam gemidos arrancados às mais variadas trombetas, o carnaval dos instintos.

É que, em qualquer comunidade de cativos, é o destino de todos ser prisioneiro em um momento ou outro. É na prisão que o brutalismo se revela, o homem atrelado ao seu correlato bestial, corpo-massa e corpo-carne, que é submetido à tortura e que foge

25. Yambo Ouologuem, *Le Devoir de violence*. Paris: Seuil, 1968.
26. Sony Labou Tansi, *La Vie et demie, op. cit.*
27. Elias Canetti, *Massa e poder*. Trad. Sérgio Tellaroli. São Paulo: Companhia das Letras, 1995, p. 201-223.

de seus órgãos, do cansaço de viver e do desejo de suicídio. A prisão é a primeira certificação empírica do desencaminhamento que a tirania provoca. Os negros são recolhidos. Isso é feito aos montes. São empilhados e amontoados. Os fugitivos não querem mais gritar diante do espetáculo odioso feito de crimes sanguinários e impunes, de torpezas e de crueldade, o barulho ensurdecedor da estupidez, aquela que o vibrião provoca. Eles não querem mais morrer aqui e ali, com o couro queimado, aprisionados dentro das células necróticas de regimes obscenos e vesânicos.

Aliás, quem nunca ouviu falar desses tiranos, cães de guerra adornados com ouro e pedras preciosas e dublês de vigaristas por baixo da figura mumificada? Quem ignora o destino reservado a seus opositores? Quem nunca ouviu falar das atrocidades, dos milhares de prisioneiros apinhados feito caranguejos nas gaiolas, como escravos nos porões dos navios negreiros? No fundo, qual é a diferença entre Kondengui, Campo Boiro ou Lindela e Abu Ghraib, Guantánamo ou, mais perto de casa, Robben Island? Ou então entre a "ocupação estrangeira ou colonial" e o tipo de "ocupação ou colonialismo interno" que se seguiu ao domínio estrangeiro?

Quem nunca viu as imagens dos troféus de caça deste ou daquele tirano castrado, mas que insiste em extravasar, surdo que é ao clamor que se ergue das violentas lixeiras que os sicários e griôs brevetados seguem chamando de "repúblicas", como que para mascarar a podridão à volta? Pois, de fato, especialmente sob o céu das criptocolônias francesas da África, fedor, tirania e dejetos andam juntos. A tirania é, na realidade, o equivalente a um gigantesco bueiro de esgoto, o aterro sanitário onde vêm saciar a sede a massa de escravos e carrascos, um fosso mantido ao alcance da mão por um exército de pequenos ciclopes a serviço de um ídolo voraz. Demônio das profundezas animado por um espírito-porco, o tirano é a figura híbrida da besta feroz, da serpente e do açougueiro, do condutor do rebanho, do carroceiro, do distribuidor de mercadorias roubadas e saqueadas que vende seu país em leilão, do sacrificador armado com uma faca embebida em ácido e formol e que, em seus sonhos megalomaníacos, almeja esmigalhar porções do próprio sol.

É preciso, contudo, estar atento para não ver na tirania nada mais do que uma forma africana de poder arcaico. Na verdade, o brutalismo contemporâneo – do qual a pós-colônia é apenas uma das inúmeras expressões – é o outro nome daquilo que chamamos de "o devir-negro do mundo". A emergência da computação como infraestrutura global coincide com um momento decisivo na história das guerras travadas contra populações consideradas supérfluas. Estas estão cada vez mais livres das amarras do Estado-nação, num momento em que, em decorrência do neoliberalismo, o próprio Estado se transforma em conglomerado de espaços estranhos e de enclaves crescentemente fragmentados. A crise ecológica só acentuará essa fragmentação. Uma nova economia das divisões está se estabelecendo sobre a face da Terra. A imobilização das massas consideradas supérfluas continuará mais viva do que nunca. As técnicas de rastreamento, captura e remoção serão intensificadas.

HUMANIDADE POTENCIAL E POLÍTICA DO VIVENTE

Se, neste último capítulo, fingimos revisitar os teatros de sombras do pensamento ocidental, é justamente a fim de maior distância dele mantermos. Este gesto de distanciamento é necessário, primeiramente, para colocar de maneira renovada a questão das relações entre os seres humanos e os objetos fabricados. Devemos começar nos livrando de uma barreira metafísica. Nem todos os objetos criados pelos humanos, resultados de sua expansão criativa e inventiva, tiveram sempre por meta o fomento do automatismo. Com frequência, esses objetos eram ingredientes imprescindíveis na produção daquilo que deveríamos chamar de *energias de ligação*. Era o caso da maioria dos objetos de arte africanos. De fato, esse é o sentido precípuo a ser atribuído ao conceito de animismo. Este gesto de distanciamento também é necessário se quisermos recuperar a zona de indeterminação de que esses objetos são portadores e, a partir dessa posição, articular uma crítica consistente ao materialismo contemporâneo. Na verdade, é essa posição que permite relativizar a polaridade natureza-artifício que tanto tem onerado a crítica da tecnologia no mundo ocidental. Uma vez superadas essas duas armadilhas, o caminho está aberto para retornar àquilo de que a África foi o signo ao longo dos séculos, a saber, *da humanidade potencial e do objeto futuro*.

Paganismo e idolatria

Uma coisa é fazer um juízo normativo e externo sobre os objetos africanos sem levar em conta sua história, sua heterogeneidade ou o enigma de que eles são a expressão.[1] Outra é buscar perceber, por meio de suas marcas distintivas, de sua substância e de suas funções, os modos de ser e de ver dos africanos; ou então tentar apreender, por seu intermédio, o núcleo metafísico a partir do qual o mundo de que os africanos foram os autores faz sentido, sobretudo aos próprios olhos e para si mesmos.[2]

Com efeito, estejam ou não ligados à prática de cultos ou rituais específicos, sejam ou não considerados obras de arte, esses objetos, muitas vezes reputados desconcertantes – no fundo, em decorrência de feições e traços – sempre despertaram no Ocidente as mais variadas sensações, sentimentos ambíguos, reações viscerais e até mesmo contraditórias – assombro, fascínio e deslumbramento, horror, frustração e repulsa, quando não execração. Onde quer que surgissem, costumavam provocar efeitos ofuscantes. Inicialmente vistos como objetos sujos, feios e monstruosos, marcas da sombra imune a qualquer tipo de tradução, perturbavam os dispositivos oculares existentes e reavivavam a velha questão do que é uma imagem e em que ela se diferencia de uma mera silhueta: o que é arte e experiência estética em geral e como ela se manifesta em sua pura verdade?

---

1. Entende-se por "objetos" ou "artefatos" africanos um conjunto geral ou ainda toda uma população de "coisas" ou produções materiais, quer desempenhem ou não uma função estética ou exijam um investimento do gênero. Sobre essas discussões no contexto europeu, ler Jean-Marie Schaeffer, "Objets esthétiques?", *L'Homme* 170, 2004: 25-45.
2. Engelbert Mveng, *L'Art et l'artisanat africains*. Yaoundé: CLE, 1980; Léopold Sédar Senghor, "Standards critiques de l'art africain", *African Arts* 1, n. 1, 1967: 6-9; 52; Aimé Césaire, "Discours prononcé à Dakar le 6 avril 1966", *Gradhiva* 10, 2009: 1-7.

De todas as maneiras em que essas manifestações da criatividade cultural de nossos povos foram vistas, quatro em especial merecem destaque.

Tudo começou nos séculos xv e xvi, quando os comerciantes portugueses desembarcaram na costa do que então era chamado de Guiné. No curso das transações comerciais com as populações locais, eles se viram confrontados com sistemas de definição de valor marcados por uma ambiguidade estrutural. Os objetos trocados se apresentavam ora na forma material de mercadorias, ora na forma corpórea de seres humanos, ao longo de uma trama constituída de contínuas variações, intensificações, entrelaçamentos e linhas em constante mutação.

Comecemos pela perspectiva missionária, perante a qual esses artefatos seriam fundamentalmente frutos de uma imaginação satânica. Essa visão teológico-pastoral já se manifestara durante a primeira evangelização, a dos reinos do Kongo, de 1495 a 1506 e posteriormente dos séculos xvii a xviii, e a do Daomé, no século xvii.[3] É patente que a demonização dos objetos africanos a partir do século xv deriva de uma herança irrefletida que muitas figuras missionárias, com raras exceções, transmitiram.[4] De fato, o diabo foi por muito tempo a face noturna da cultura cristã no Ocidente.[5]

No decorrer dos séculos xii e xii, os vários demônios que povoavam o antigo imaginário foram reduzidos a um, Satanás,

---

3. Duarte Lopes e Filippo Pigafetta, *Description du royaume de Congo et des contrées environnantes*, edição e tradução de Willy Bal. Louvain: Nauwelaerts, 1965, p. 81-82; Jean Cuvelier, *L'Ancien Royaume du Congo. Fondation, découverte et première évangélisation de l'ancien royaume du Congo*. Paris: Desclée de Brouwer, 1946; Olfert Dapper, "Description de l'Afrique", in Albert van Dantzig (org.), *Objets interdits*. Paris: Fondation Dapper, 1989, p. 89-367; Jean Bonfils, "La mission catholique en République populaire du Bénin aux xviie et xviiie siècles", *Nouvelle Revue de sciences missionnaires*, 1986: 161-174.

4. No registro das exceções, ler, por exemplo, Martine Balard, "Les combats du père Aupiais (1877-1945), missionnaire et ethnographe du Dahomey pour la reconnaissance africaine", *Histoire et missions chrétiennes*, vol. 2, no 2, 2007, p. 74-93.

5. Ver Robert Muchembled, *Une histoire du diable, xiie-xxe siècle*. Paris: Points, 2002.

mestre absoluto do inferno e rival de Deus na Terra. Pouco a pouco, a figura de Satanás invadiu muitas áreas da vida imaginária e social.[6] Satanás simbolizava a guerra dos mundos e o confronto entre o bem e o mal, a loucura e a razão. Ao mesmo tempo, ele atestava a natureza cindida da figura humana que ele rodeava e em cujo seio escavava um vazio quase intransponível.[7] Entre 1480 e 1520, e posteriormente entre 1560 e 1650, essa assombração demoníaca havia atingido seu auge, como atestam os intermináveis processos, as grandes caçadas e a multiplicação das fogueiras para queimar bruxas, quando a junção se fazia entre a figura satânica, por um lado, e o corpo e a sexualidade das mulheres, por outro.[8]

A primeira fase da expansão missionária na África trouxe consigo vestígios dessa tensão primordial. Com o advento da missão, os "lugares do demônio" se deslocaram para a África, uma região do mundo que então se pensava ser profundamente regida por uma vida caótica e à espera de uma ordenação e de uma salvação que só poderiam vir de fora.[9] Não é de admirar que os primeiros missionários interpretassem os artefatos africanos a partir do paradigma da "feitiçaria diabólica", que por séculos havia prevalecido no Ocidente.

Esses objetos foram submetidos a processos similares aos praticados, sob a égide do cristianismo, contra os bonecos cravejados com agulhas, os feitiços lançados aqui e ali, o futuro que se tentava prever, as poções que eram inventadas, o contato que se buscava estabelecer com os mortos, os sabás, as vassouras e as missas invertidas, as hóstias profanadas, as cópulas bestiais e os mais

6. Consultar o dossiê "Le diable en procès. Démonologie et sorcellerie à la fin du Moyen Âge", *Médiévales* 44, 2003.

7. Alain Boureau, *Satan hérétique. Naissance de la démonologie dans l'Occident médiéval* (1280-1330). Paris: Odile Jacob, 2004.

8. Guy Bechtel, *La Sorcière et l'Occident. La destruction de la sorcellerie en Europe des origines aux grands bûchers*. Paris: Plon, 1997.

9. Michael McCabe, "L'évolution de la théologie de la mission dans la Société des missions africaines de Marion-Brésillac à nos jours", *Histoire et missions chrétiennes* 2, n. 2, 2007: 1-22.

variados tipos de sacrifício sangrento que, segundo se acreditava, só eram possíveis por causa da crença em Satanás e em seus poderes. Apresentados como símbolos materiais da inclinação dos africanos à idolatria, ao culto aos mortos e à prática de sacrifícios sangrentos, os objetos de culto eram particularmente sujeitos à reprovação dos missionários.[10] Estes, em sua maioria, não viam neles nada além de um marco – mais um – da diferença essencial entre a mentalidade selvagem e a da humanidade civilizada.[11]

A mesma visão se impôs no contexto da segunda evangelização, iniciada em 1822 (ano da fundação da Obra da Propagação da Fé). Complexa e, em muitos aspectos, ambígua, a ação missionária tinha por objetivo a conversão dos africanos ao único monoteísmo válido, o da verdade, que "reconhece um só Deus e para o qual não há outros deuses".[12] Em teoria, não se tratava de importar para a África os hábitos sociais das nações europeias, mas de anunciar o Evangelho aos povos atrasados, cujas ideias e cujos costumes deveriam ser corrigidos e elevados, e os quais era preciso libertar do peso das superstições e conduzir à salvação. Na realidade, a ação missionária estava assentada em dois pilares: a refutação dos fundamentos metafísicos dos cultos nativos e, onde fosse necessário, a repressão religiosa visando a conversão.

Na lógica do cristianismo, o convertido tinha que reconhecer que o caminho que havia trilhado até ali levava diretamente à ruína. Renunciando a sua vida e condição anteriores, ele precisava se arrepender e empreender uma virada interior, ao final da qual

---

10. Ler, a título de exemplo, Kevin Carroll, *Yoruba Religious Carving: Pagan and Christian Sculpture in Nigeria and Dahomey*. London: Chapman, 1967.
11. A respeito desses debates, ver Lucien Lévy-Bruhl, *Les Fonctions mentales dans les sociétés inférieures*. Paris: Alcan, 1910; *La Mentalité primitive*. Paris: Alcan, 1922; e *L'Âme primitive*. Paris: Alcan, 1927. Sobre os debates da época, ler também Olivier Leroy, *La Raison primitive. Essai de réfutation de la théorie du prélogisme*. Paris: Geuthner, 1927; e Raoul Allier, *Les Non-Civilisés et nous: différence irréductible ou identité foncière*. Paris: Payot, 1927.
12. Jan Assmann, *Le Monothéisme et le langage de la violence. Les débuts bibliques de la religion radicale*. Paris: Bayard, 2018, p. 75.

eram adquiridas uma nova subjetividade e novas formas de habitar o mundo, o corpo e os objetos. Na teologia missionária, a submissão ao diabo – e, portanto, ao princípio da morte espiritual e da corrupção da alma –, consciente ou não, estava frequentemente alicerçada em objetos e nas relações que os primitivos tinham com eles. Além disso, em sua opacidade, o modo de vida pagão se caracterizava pela dominação dos humanos pelos mais variados tipos de fetiches, que eles constantemente invejavam, temiam, buscavam incessantemente adquirir ou destruir, e aos quais conferiam a força, o poder e a verdade que eram atributos exclusivos de Deus. Na prática, a conversão levou à invenção de culturas religiosas miscigenadas, compostas de empréstimos de todos os tipos, jogos de misturas, reapropriações arriscadas e práticas estéticas híbridas.[13] Essa foi a origem de muitos mal-entendidos, múltiplos paradoxos e um complexo processo de redefinição de cada um dos protagonistas do encontro.[14]

Foi nesse contexto que se desenvolveu o *discurso missionário antipagão*, que influenciou, mais do que se costuma admitir, as concepções que o Ocidente produziu a respeito dos objetos africanos, de sua substância, estatuto e funções. Esse discurso se assentava no postulado de que os negros viviam na noite do animal íntimo. O mundo africano seria, por sua vez, desprovido *a priori* de qualquer noção de um Deus soberano, capaz de ser a norma de todas as normas e a causa de todas as causas. Para dizer o mínimo, não havia uma consciência clara de tal princípio. Em vez disso, era um mundo povoado por uma multidão de seres,

---

13. Cécile Fromont, *The Art of Conversion: Christian Visual Culture in the Kingdom of Kongo.* Chapel Hill: University of North Carolina Press, 2017.
14. Ler, a respeito disso, Jean e John Comaroff, *Of Revelation and Revolution*, vol. 1: *Christianity, Colonialism and Consciousness in South Africa*, e vol. 2: *The Dialectics of Modernity on a South African Frontier*. Chicago: The University of Chicago Press, 1991. Ver também Achille Mbembe, *Afriques indociles. Christianisme, pouvoir et État en société postcoloniale*. Paris: Karthala, 1988.

deidades múltiplas, ancestrais, adivinhos, intercessores, gênios dos mais variados tipos em constante disputa pela preeminência. Com essas forças e entidades, as sociedades primitivas mantinham relações de imediatez e imanência.[15] Diante da dificuldade de distinguir entre o que dizia respeito às matanças ritualísticas, ao culto aos espíritos e à mera adoração da matéria, dificilmente se poderia reconhecer nessa profusão de crenças uma religião propriamente dita.

A par dessas figuras, uma legião de forças (a maior parte delas malignas) estruturava o universo e presidia a vida de todos. Algumas delas podiam assumir uma aparência humana. Outras podiam ser encarnadas nos mais variados elementos, incluindo os naturais, orgânicos, vegetais e atmosféricos. Era a elas que eram oferecidos cultos e sacrifícios.[16] As cerimônias cultuais podiam ser realizadas em locais delimitados, tais como os templos. Mas, no fundo, era todo o universo orgânico, vegetal e mineral (corredeiras dos rios, túmulos, bosques sagrados, a água, a terra, o ar, o relâmpago) que podia ser convocado e que servia de receptáculo para os poderes que eram adorados, geralmente na obscuridade, por intermédio de objetos-fetiches dos mais variados tipos, que os missionários assimilavam a ídolos.[17] Em toda a sua crueza e em suas feições exageradas, esses ídolos representavam a manifestação objetal do estado de corrupção em que estava mergulhada a raça negra.[18] Será que, por meio de tais objetos, os primitivos não buscavam limitar e controlar essas forças? Será que

15. J.-E. Bouche, "La religion des nègres africains, en particulier des Djedjis et des Nagos", *Le Contemporain*, 2e sem., 1874: 857-875, 1041-1058.

16. Bernard Salvaing, *Les Missionnaires à la rencontre de l'Afrique au xixe siècle. Côte des Esclaves et pays yoruba, 1840-1891*, Paris: L'Harmattan, 1995, p. 261-299.

17. Paule Brasseur, "Les missionnaires catholiques à la côte d'Afrique pendant la deuxième moitié du xixe siècle face aux religions traditionnelles", *Mélanges de l'École française de Rome* 109, n. 2, 1997: 723-747.

18. Laurick Zerbini, "La construction du discours patrimonial: les musées missionnaires à Lyon (1860-1960)", *Outre-Mers* 95 (356-357), 2007: 125-138.

concomitantemente não manifestavam o temor e a dependência que sentiam em relação a elas? Essa dependência, porém, não tinha nenhum propósito divino. Implicava nada menos que o nada, o nada do homem perante uma supremacia absoluta, diante da presença do assombroso.[19]

Dessa forma, incontáveis objetos eram destruídos por ocasião de grandes celebrações religiosas, enquanto outros, resultado de coletas, roubos, pilhagens, confiscos e doações, seguiam caminho para os museus ocidentais.[20] "Não se esqueçam de nos enviar, na primeira oportunidade, uma coleção de coisas de sua nova pátria", apressou-se em escrever o padre Augustin Planque em 1861 aos missionários enviados à África. "Queremos ter em nosso museu todos os seus deuses para começar, armas, ferramentas, utensílios domésticos; em suma, nada deve faltar."[21] Templos foram saqueados ou literalmente profanados.

O cristianismo se apresentava como a religião da verdade e da salvação. Como uma religião da ruptura radical, procurava abolir os cultos ancestrais. Daí a organização de amplas campanhas para extirpar a idolatria.[22] Assim, templos eram fechados, inúmeros fetiches destruídos – figuras feitas dos materiais mais

19. Pedro Descoqs, "Métaphysique et raison primitive", *Archives de philosophie* 5, n. 3, 1928: 127-165.
20. Ver os trabalhos de Laurick Zerbini, "Les collections africaines des Œuvres pontificales. L'objet africain sous le prisme du missionnaire catholique", in Yannick Essertel (org.), *Objets des terres lointaines. Les collections du musée des Confluences*. Milan: Silvana Editoriale Spa, 2011, p. 31-51; ou ainda "L'Exposition vaticane de 1925. Affirmation de la politique missionnaire de Pie XI", in Laura Pettinaroli (org.), *Le Gouvernement pontifical sous Pie XI. Pratiques romaines et gestion de l'universel (1922-1939)*. Rome: École française de Rome, 2013, p. 649-673.
21. Citado em Michel Bonemaison, "Le Musée africain de Lyon d'hier à aujourd'hui", *Histoire et missions chrétiennes* 2, n. 2, 2007: 2.
22. Para um caso notório, ler Pierre Duviols, *La Lutte contre les religions autochtones dans le Pérou colonial. L'extirpation de l'idolâtrie entre 1532 et 1660*. Toulouse: Presses universitaires du Mirail, 2008; e Fabien Eboussi Boulaga, *Christianisme sans fétiches. Révélation et domination*. Paris: Présence africaine, 1981.

variados (mechas de cabelo, unhas, garras), conchas de formas e cores diversas, bichos e insetos secos, coleções de raízes, vasos e jarras contendo preparados vegetais e unguentos. Em seu lugar, eram plantadas cruzes. Eram confiscados os amuletos e distribuídos terços, rosários e outras efígies de santos. Demônios e feiticeiros eram perseguidos com castigos públicos e espetáculos punitivos.[23] Havia um esforço para pôr fim às festas e rituais, investia-se contra certos instrumentos musicais e proibiam-se determinadas danças, assim como a suposta adoração dos mortos e práticas de contato com o invisível.

Diferença e apocalipse

Um segundo tipo de perspectiva surgiu durante a transição do século das Luzes para o século XIX, no contexto das teorias, em voga na época, da "história universal" e da diferença das raças humanas. A linguagem da raça e do sangue floresceu. Por um lado, a ideia de que Deus se havia revelado na religião cristã, a única religião verdadeira, permaneceu viva. Por outro lado, consolidou-se a tese de que a história do mundo era fundamentalmente a história do "progresso rumo à consciência da liberdade".[24] Essa história universal, conforme se argumentava, foi-nos apresentada sob a forma de um processo racional que levaria ao triunfo da razão, ou pelo menos à reconciliação entre o racional e o real.[25] Mas só deveria se tornar realidade onde a razão fosse capaz de se envolver com as grandes paixões humanas (incluindo a necessidade,

23. Ler, por exemplo, José Sarzi Amade, "Trois missionnaires capucins dans le royaume de Congo de la fin du XVIIe siècle: Cavazzi, Merolla et Zucchelli. Force et prose dans les récits de spectacles punitifs et de châtiments exemplaires", *Veritas* 139, 2018: 137-160.
24. Immanuel Kant, *Ideia de uma história universal de um ponto de vista cosmopolita*. Trad. Rodrigo Novaes e Ricardo Ribeiro Terra. São Paulo: WMF Martins Fontes, 2016.
25. Georg Wilhelm Friedrich Hegel, *Filosofia da História*. Trad. Maria Rodrigues. Ed. UnB: Brasília, 1999; e *Princípios da filosofia do direito*. Trad. Orlando Vitorino. São Paulo: Martins Fontes, 1996.

a força e os instintos), ou então onde permitisse que as paixões agissem em seu lugar. Em outras palavras, a história universal só era possível se a razão e a verdade assumissem conscientemente a forma e a estrutura do mito.[26]

Nesse caso, o grande mito do século XIX era o da raça.[27] Acreditava-se que era por meio da raça que a "Ideia Absoluta" se realizava. Hegel, por exemplo, julgava que, em cada época da história, havia efetivamente uma e apenas uma nação, um e apenas um povo, que verdadeiramente representava o espírito do mundo e tinha, como tal, "o direito de governar todos os outros".[28] Diante dessa nação, desse povo ou dessa raça, "nenhum direito têm os outros povos". Eles "nada são na história universal".[29] Nesse sistema em que uma determinada raça se arrogava o título de "único agente do espírito do mundo" e em que a razão se convertia em mito, a raça não era mais apenas o nome de uma pretensa substância comunitária. Era uma força estruturante, uma ficção dotada de realidade própria e capaz de produzir realidade.[30] O elemento racial era tanto uma determinação biológica (algo relacionado ao sangue, à transmissão hereditária) quanto algo relacionado ao corpo, o corpo de um povo dotado de uma vontade de poder. Mas era também uma disposição afetiva que estava disponível e podia ser mobilizada se necessário, a representação fantasmagórica de uma diferença de natureza ontológica.

Os artefatos africanos não conseguiram evitar essa porta. A raça negra, em particular, era uma variedade inferior da raça humana, segundo se pensava. O que fosse de sua autoria era, por definição, desprovido de vida. Seus objetos não eram a manifestação nem de qualquer vontade soberana que fosse nem de qualquer energia

---

26. Ernst Cassirer, *O mito do Estado*. Trad. Álvaro Cabral. São Paulo: Conex, 2003.
27. *Crítica da razão negra, op. cit.*
28. Ernst Cassirer, *O mito do Estado, op. cit.*, p. 317.
29. Georg Wilhelm Friedrich Hegel, *Princípios da filosofia do direito, op. cit.*, p. 309.
30. Eric Voegelin, *Race et État*. Paris: Vrin, Paris, 2007.

própria cujo propósito derradeiro fosse a liberdade. Neles, a própria noção de símbolo encontrava seu fim, deixando espaço apenas para uma fealdade hedionda, campo de circulação de uma força fundamentalmente arbitrária. Por não terem sido produzidos por sujeitos morais, os objetos negros só podiam suscitar desprezo, pavor e asco. Diante deles, sentia-se ora uma espécie de horror impotente, ora uma vertiginosa sensação de perigo. Isso porque, nesse mundo profano de coisas e corpos, o homem, animal vivo, nunca foi mais que uma coisa de antemão alienada, pronta para ser retalhada, cozida e consumida em sanguinários sacrifícios.

Por ocasião dessas celebrações da matéria, durante as quais a violência provocava internamente seus estragos, o corpo propriamente dito, assim como o objeto que supostamente o representava, já não era o substrato de nenhum espírito.[31] O objeto era escravo da pessoa que o produzia e utilizava, do mesmo modo como o criador do objeto era escravo deste. No fundo, um vínculo de estreita semelhança unia ambos. Nenhum dos dois existia para seus próprios fins, mas para uma finalidade que lhes era alheia. Se é que havia algum deslumbramento, ele só podia ser cego. E a criação não estava a serviço de nenhuma ordem perene. Criava-se justamente com o intuito de tornar possível a operação de sacrifício e destruição. E era isso que esses objetos significavam – a impossibilidade de escapar dos limites da coisa, de retornar do sono animal, de ascender à humanidade.[32]

Nessas obras, o exorbitante e o banal se encontravam. Em todo caso, atestavam o caráter trágico de uma existência arbitrária, fadada a nada. Embora, de fato, cumprissem funções, ainda assim careciam de substância. Receptáculos das paixões obscuras da existência humana, elas satisfaziam acima de tudo desejos que

31. Catherine Coquery-Vidrovitch, "La fête des coutumes au Dahomey: historique et essai d'interprétation", *Annales* 19, n. 4, 1964: 696-716.
32. Georges Bataille, *Teoria da religião. Seguida de Esquema de uma história das religiões.* Trad. Fernando Scheibe. Belo Horizonte: Autêntica, 2015, p. 48-49.

ou se desgarravam da realidade ou não eram sublimados. Além disso, estavam ligadas a corpos repugnantes. O sentimento de vergonha e a estranha dose de desprezo que atingiam esses corpos eram deslocados para esses artefatos, metáforas objetais da função sem substância.

No fim das contas, em sua excessiva crueza, grosseria sensual e sua mal disfarçada nuance erótica, os objetos negros eram acima de tudo objetos sexuais. Eram testemunho de um impulso desinibido para fora, vida genital não sublimada, típica da sexualidade primitiva. De acordo com a visão missionária, a arte dos pagãos, ao que se pensava, era movida por uma violência inintegrável. Isso porque era dominada, desde as origens, pelo tormento do sexo. Nela, as funções corporais e genitais se mantinham desmetaforizadas. Se, em determinados contextos, a arte é a promulgação de um inconsciente, entre os primitivos, esse mesmo inconsciente era dominado por imagens de penetração arcaica, de coito selvagem e epiléptico e de bissexualidade primordial. O indivíduo, na verdade, não era nem homem nem mulher, mas simultaneamente animal e objeto, as três coisas, simplesmente prevalecendo uma sobre a outra, como diria Freud.[33]

Consequentemente, esses objetos falavam antes de mais nada de suas predisposições pulsionais. Quando faziam menção ao corpo e ao sexo ou quando os tornavam visíveis, era para abrir caminho não para a representação, muito menos para a sublimação, mas para a sensação e a excitação. Portanto eles não estavam na representação. Estavam na excitação. As pulsões que desencadeavam naqueles que os viam não tinham a intenção de lançar um raio de luz na escuridão. Visavam despertar e reativar uma espécie de elo de destrutividade originária que chocava tanto quanto atraía, fascinava, mas também perturbava, gerando ao final uma

---

33. Sigmund Freud, *Três Ensaios sobre a Teoria da Sexualidade – Obras Completas, vol. 6.* Trad. Paulo César de Souza. São Paulo: Companhia das Letras, 2016.

profunda angústia de castração. A intensidade afetiva que liberavam não era da ordem do arrebatamento. Eram capazes de chocar aqueles que os encontravam, de abarcar as aparências do real ao mesmo tempo que delas se libertavam, mas também de dar livre curso às paixões fundamentais da existência que o Ocidente queria manter sob controle, como condição para a passagem do mundo dos instintos para o da cultura.

No início do século xx, surgiu um terceiro tipo de perspectiva – ora etnográfica, ora conceitual.[34] O olhar conceitual enfatiza as qualidades plásticas e puramente formais dos "objetos negros", a sensação de profundidade evocada pela escultura africana ou a forma de engendrar o espaço, o poder de intensificação afetiva da imagem. Considera-se que esses objetos libertam a escultura não apenas de toda perspectiva, mas também de todo aspecto pictórico. O olhar etnográfico, por sua vez, procura ancorá-los no contexto de seu nascimento, a fim de desvelar seus sentidos sociais. No processo, é conferido a eles o status de obras de arte, embora tampouco neste caso sejam efetivamente decifrados em seus próprios termos.[35]

Para Carl Einstein, por exemplo, a arte do negro é acima de tudo determinada pela religião. As obras esculpidas são veneradas como o eram por todos os povos da antiguidade. O artista modela a obra como se fosse a divindade. Mais do que isso, o artista cria um deus, e a obra é "independente, transcendente e livre de todos os laços". Ele não é incumbido de imitar a natureza, como na tradição europeia. "A obra de arte africana, por outro lado, não significa nada, não é um símbolo; ela é o deus." Ela faz ruir

---

34. Em *Negerplastik* (Leipzig: Verlag der Weißen Bucher, 1915), Carl Einstein concentrou-se nas qualidades formais dos "objetos negros", enquanto em *Afrikanische Plastik* (Berlin: E. Wasmuth, 1921) ele estava mais interessado em suas funções e significados dentro de suas sociedades de origem.
35. Ver Coline Bidault, "La présentation des objets africains dans *Documents* (1929/1930), magazine illustré", *Les Cahiers de l'École du Louvre* 3, n. 3, 2013: 5-13.

toda distinção entre o significante e o significado. Para outros, o poder das obras africanas se explica por sua carga mágica, por sua capacidade de manipular o mundo por intermédio da magia.[36] Elas nos interessam porque é possível recorrer a elas na esperança de ir além dos limites da civilização ocidental.

A ideia é que a Europa esqueceu algo fundamental que o retorno ao signo africano pode permitir que ela redescubra; algo relacionado à memória das formas puras, libertas de qualquer origem e, como tais, capazes de abrir caminho para um estado extático, o grau máximo de intensidade expressiva e o ponto sublime da sensação.[37] Essa emancipação de toda e qualquer origem é, ao mesmo tempo, uma emancipação de toda e qualquer perspectiva. Argumenta-se que, na arte negra, a distância psíquica entre o espectador e a imagem se reduz. Emergem os aspectos invisíveis inerentes à imagem. Surge então a possibilidade de uma percepção absoluta. O objeto não é mais contemplado apenas pela consciência, mas também pela *psique*.

Isso porque a arte negra propõe outras formas de representar o espaço que são de caráter tanto simbólico quanto ótico. O que ela nos permite ver é um equivalente mental da imagem e não a imagem em si. Suscita, pois, outra modalidade do ver. Para ver, não há necessidade de imobilizar o olho. Pelo contrário, trata-se de libertá-lo, torná-lo ativo e móvel, relacioná-lo com vários outros processos psíquicos e fisiológicos. Só assim ele poderá reconstruir ativamente a realidade. O olho, em tais condições, não é um órgão morto. A partir do que vê e reconhece, seu trabalho é explorar o que falta; reconstruir, com base em diversos vestígios

---

36. André Breton, *L'Art magique*. Paris: Club français du livre, 1957.

37. Retomamos aqui elementos de um artigo publicado sob o título "À propos de la restitution des artefacts africains conservés dans les musées d'Occident", AOC, 5 out. 2018.

e indícios, o objeto apresentado na imagem, em suma, ocasionar sua aparição, levá-lo a ganhar vida.[38]

A Europa que redescobriu os objetos africanos no início do século xx era assombrada pelas duas narrativas, de (re)começo e fim. Sendo o começo o ponto de partida de uma mutação para outra coisa, a questão que ela se punha era saber se a arte podia realmente servir como ponto de partida para um futuro que não fosse uma mera repetição do passado. Com relação ao fim, ele pode se apresentar quer na modalidade da consumação (a experiência viva de significados que seriam válidos de forma incondicional), quer na da catástrofe. Há fins que tornam impossível qualquer recomeço. E há conflagrações que impedem o advento do fim ou que o contemplam apenas na modalidade da catástrofe.

No início do século xx, os objetos africanos contribuíram para reavivar esse debate no coração de uma Europa em busca de uma maneira diferente de pensar o tempo, a imagem e a verdade. Era uma Europa conquistadora, cujo domínio mundial estava relativamente bem estabelecido, mas que foi simultaneamente tomada pela dúvida, pois, em última instância, essa autoridade sobre o resto do mundo – o colonialismo, especificamente – repousava, como viria a sugerir mais tarde Aimé Césaire, sobre uma estrutura apocalíptica.[39] Ela se questionava se seu domínio sobre o mundo não seria, no fim das contas, puramente espectral; e se seria possível articular um pensamento do tempo, da imagem e da verdade que não fosse meramente um pensamento do nada, mas um verdadeiro *pensamento do ser e da relação*.

Os objetos africanos teriam, pois, desempenhado funções insubstituíveis na trajetória histórica da Europa. Eles não teriam servido apenas como penhor de sua busca quimérica (e não raro

---

38. Apoiamo-nos aqui parcialmente na análise de Carlo Severi, *L'Objet-personne. Une anthropologie de la croyance visuelle*. Paris: Rue d'Ulm, 2017, p. 49-53.
39. Aimé Césaire, *Discurso sobre o colonialismo*. Trad. Sebastião Nascimento. Rio de Janeiro: Cobogó, no prelo.

desastrosa) pela revelação e manifestação da verdade no mundo ou de sua busca desesperada por um compromisso entre o espírito, o sensível e a matéria. De forma quase espectral, eles também a teriam lembrado até que ponto a aparição do espírito na matéria (a própria questão da arte) sempre requer uma linguagem, uma outra linguagem, a linguagem do outro, a chegada do outro à linguagem.

Hoje, em quase todos os pontos do Ocidente, coloca-se a questão sobre se esses objetos devem ou não ser devolvidos aos seus verdadeiros donos. Mas são muito poucos os que se interessam em compreender o que justificou, na origem, sua presença na Europa e o que eles significaram na consciência europeia. É importante, nessas condições, retornar ao essencial. Do que exatamente queremos nos livrar? O que estamos tentando repatriar e por quê? O trabalho que esses objetos estavam destinados a realizar na história da consciência europeia está completo? O que terá produzido afinal e quem deveria arcar com as consequências? Após tantos anos da presença desses objetos no seio das suas instituições, a Europa finalmente aprendeu a lidar com aquilo e aqueles que vêm de fora, até mesmo de muito longe? Será que finalmente está pronta para tomar o caminho rumo a esses destinos que ainda estão por vir ou será que ela mesma já não é mais que um puro evento de fissura, isso que se fende em pura derrocada, sem profundidade nem perspectiva?

Grilhão de dívidas

Legalismo e paternalismo, eis os dois tipos de resposta geralmente mobilizados por quem se opõe a esse projeto de restituição. Por um lado, alega-se que, em última instância, a lei (no caso, diferentes variantes do direito de propriedade europeu) não permite a devolução ou transferência desses artefatos para seus legítimos proprietários. Toma-se o devido cuidado de não questionar sua origem externa ou a de seus criadores. Age-se, no entanto, como se a resposta à indagação sobre a quem pertencem não dependesse em absoluto da questão – pré-jurídica – de saber de onde vêm e quem são seus autores.

Em outras palavras, introduz-se uma clivagem entre o direito de propriedade e fruição, por um lado, e o ato de produzir e o sujeito que produz, por outro. Alega-se, mais especificamente, que não basta ter produzido algo para ser automaticamente seu proprietário. Produzir um objeto é uma coisa. Outra bem diferente é ter o direito de utilizá-lo, dele usufruir e dispor de forma exclusiva e absoluta e protegida pelas disposições legais. E assim como produzir não é o equivalente de possuir, a origem de uma obra não é condição suficiente para reivindicar a posse ou o direito de posse.

Age-se também como se, na verdade, as condições em que esses objetos foram adquiridos não fossem nada problemáticas; como se, do início ao fim, tivessem sido transações de igual para igual, em um mercado livre no qual o valor dos objetos fosse determinado por um mecanismo objetivo de precificação. Concluiu-se que, tendo passado pelo crivo do mercado, tais objetos não seriam mais "vacantes e sem dono". Seriam agora "inalienáveis", propriedade exclusiva ou da autoridade pública propriamente dita (que os administra por meio das instituições museológicas) ou de particulares que, tendo-os adquirido, estariam qualificados, aos olhos da lei, a deles usufruir integralmente, sem impedimentos. De um ponto de vista jurídico, o debate sobre a restituição dos objetos africanos seria, portanto, carente de objeto, pois a presença deles nos museus ocidentais e em outras instituições privadas dificilmente configuraria um confisco e, assim sendo, prescindiria de qualquer juízo moral ou político.

Outros – ou quiçá os mesmos – argumentam que a África dificilmente disporia das instituições, da infraestrutura, dos recursos técnicos e financeiros, da mão de obra qualificada ou do *know-how* que seriam necessários para garantir a preservação e a conservação dos objetos em questão. O retorno dessas coleções a esses ambientes acabaria por expô-las a riscos redobrados de destruição ou deterioração, de vandalismo ou espoliação. Conservá-las nos museus ocidentais seria a melhor maneira de protegê-las, não obstante se pudesse emprestá-las aos africanos de tempos em tempos para eventos especiais. Outros, por fim, até estariam dispostos a restituir os objetos, mesmo na ausência de qualquer reivindicação por parte das comunidades africanas supostamente espoliadas. Mas não se trataria de reconhecer dívida alguma com quem quer que fosse.

Essa forma de colocar o problema da restituição – desde que não implique nem reconhecimento de dívida nem qualquer outra obrigação decorrente – não é neutra nem inocente. Faz parte das estratégias de *ofuscação* utilizadas por aqueles que estão convencidos de que, em uma guerra declarada ou não, o vencedor sempre tem razão e o saque é sua recompensa. O derrotado está sempre errado, não tem outra escolha senão agradecer ao seu algoz se sua vida for poupada, e não existe nenhum direito automático de justiça para os derrotados. Em outras palavras, é a força que cria a lei e não há força da lei que não derive do poder dos vencedores. Como evitar que a verdadeira natureza da disputa seja ocultada dessa forma e que uma causa tão eminentemente política e moral seja reduzida a uma mera batalha de notários e contadores senão dando as costas a uma concepção tão cínica do direito?

Sob o pretexto de que a lei e o direito seriam autônomos e prescindiriam de qualquer suplementação, deriva-se daí que o direito estaria desvinculado de qualquer exigência de justiça. Sua função já não é proporcionar a justiça, mas sacramentar as relações de poder existentes. É necessário, pois, renunciar a uma abordagem puramente contábil da restituição, considerada apenas do ponto de vista da instituição da propriedade e do direito que a ratifica. Para que a restituição dos objetos africanos não seja uma oportunidade para que a Europa se conceda uma boa consciência a preço baixo, é preciso, portanto, redirecionar o debate para as questões histórico-filosóficas, antropológicas e políticas que estão em jogo no ato da restituição. Percebe-se então que qualquer política autêntica de restituição é indissociável de uma *capacidade de verdade*, sendo que honrar a verdade e reparar o mundo se tornam, por isso mesmo, o fundamento imprescindível de um novo vínculo e de uma nova relação.

Isso certamente não resume toda a história da África, mas, de todas as regiões da Terra, sem dúvida a nossa se distingue das outras pela natureza, pelo volume e pela densidade do que dela foi roubado, do que dela foi arrancado e daquilo de que ela foi despojada. Será porque o continente nunca exerceu um domínio incontestável sobre os mares? Ou, como lembrou o poeta Aimé Césaire em outras circunstâncias, porque ela não inventou nem a pólvora nem a bússola?[40] Ou então porque seu nome nunca foi conhecido e temido em terras distantes, exceto talvez pela severidade do seu clima – e, segundo Hegel, pela ferocidade de seus potentados e por seus banquetes canibais, o alfa e o ômega de toda fantasia racista?

O fato persiste de que, se tantos de seus tesouros hoje se encontram no exterior, é porque há uma parte brutal da história da África feita de depredações e saques, lacerações, contínuas subtrações e sucessivas capturas – a extraordinária dificuldade de manter seu povo em terra e de preservar para si mesma o melhor do seu trabalho. De fato, já no século xv, os europeus aportaram na costa africana. Durante quase quatro séculos e com a

---

40. "Os que não inventaram nem a pólvora nem a bússola/ os que nunca souberam domar o vapor nem a eletricidade/ os que não exploraram nem os mares nem o céu/ mas aqueles sem os quais a terra não seria a terra", Aimé Césaire, *Cahier d'un Retour au Pays Natal: Diário de um Retorno ao País Natal*. Trad. Lilian Pestre de Almeida. São Paulo: Edusp, 2012, p. 61-63.

cumplicidade ativa dos chefes, guerreiros e comerciantes locais, eles mantiveram um comércio armado e lucrativo de carne humana, apoderando-se, no processo, de milhões de corpos de mulheres e homens vivos e em idade de trabalhar. Depois veio o século XIX. No decorrer de inúmeras expedições e outras incursões, eles confiscaram, peça por peça e a despeito de múltiplas resistências, tudo aquilo em que estavam em condições de pôr as mãos, incluindo territórios.

O que não podiam transportar eles saqueavam e geralmente incendiavam. A predação dos corpos não bastava. Durante a ocupação colonial propriamente dita, faziam muitos habitantes de reféns em troca de resgate e confiscavam ou destruíam aquilo que estes consideravam mais valioso. Com os celeiros secos, o rebanho abatido e as plantações queimadas, muitas regiões foram despovoadas, sujeitas que estavam a doenças e à desnutrição, ao trabalho forçado, à extração da borracha e outras corveias, e expostas aos desequilíbrios ecológicos acarretados pela colonização.[41]

Quase nenhum domínio foi poupado – nem mesmo os ancestrais e os deuses. Até mesmo os túmulos foram profanados. No turbilhão, levaram quase tudo – objetos de ornamentação, outros relacionados às necessidades da vida cotidiana, tecidos finos, colares suntuosos, anéis, joias artisticamente trabalhadas e incrustadas com ouro, cobre ou bronze, cinturões, diversos objetos bordejados com ouro, incluindo espadas, escudos destinados aos guerreiros, portais, assentos e tronos esculpidos com figuras de homens, mulheres, animais e elementos da flora e da fauna, magníficas fíbulas, braceletes e muitas palhetas, milhares e milhares de "medicamentos" que acabavam identificados como "fetiches". O que dizer das peças de madeira esculpida, entalhadas com linhas curvas e entrelaçadas? Ou as malhas trançadas e as telas

---

41. Ler, a título de ilustração, *Le Rapport Brazza. Mission d'enquête du Congo: rapport et documents* (1905-1907). Neuvy-en-Champagne: Le Passager clandestin, 2014.

de todos os tipos, os inúmeros relevos e baixos-relevos, as figuras humanas em madeira ou bronze, combinadas com as cabeças de quadrúpedes, imagens de pássaros, serpentes e plantas semelhantes às maravilhosas paisagens dos contos populares, sons e tecidos multicoloridos? Como esquecer, além disso, os milhares de crânios e o rosário de ossadas humanas, a maioria delas amontoadas nos subterrâneos das universidades e dos laboratórios hospitalares e nos porões dos museus do Ocidente? Existirá, afinal, um único museu no Ocidente que, em sua concepção, não esteja assentado em ossadas africanas?[42]

Como constataram muitos observadores, inúmeras missões etnográficas assumiram o aspecto de atividades predatórias típicas dos sequestros e pilhagens, das caçadas e razias.[43] Realmente, a contiguidade dos objetos naturais, dos artefatos diversos e dos animais selvagens empalhados em muitos museus ocidentais (etnográficos e militares) do século XIX comprova essas misturas. A coleta de objetos materiais pertencentes a esses "povos da natureza" era frequentemente acompanhada pela coleta de troféus de caça e, portanto, pela matança e pelo esquartejamento dos animais.[44] Tudo era então colocado em ordem em um processo museológico que transformava a totalidade do butim (incluindo os animais) em produtos culturais.[45] As missões de coleta não se limitavam, portanto, aos objetos ou ao desmembramento dos

---

42. Lotte Arndt, "Vestiges of oblivion: Sammy Baloji's works on skulls in European museum collections", *Darkmatter*, 18 nov. 2013, <https://bit.ly/3zwOXmN>.

43. Ver Julien Bondaz, "L'ethnographie comme chasse. Michel Leiris et les animaux de la mission Dakar-Djibouti", *Gradhiva* 13, 2011: 162-181; e "L'ethnographie parasitée? Anthropologie et entomologie en Afrique de l'Ouest (1928-1960)", *L'Homme* 206, 2013: 121-150. Ver também Nancy J. Jacobs, "The intimate politics of ornithology in colonial Africa", *Comparative Studies in Society and History* 48, n. 3, 2006: 564-603.

44. John M. MacKenzie, *The Empire of Nature: Hunting, Conservation and British Imperialism*. Manchester: Manchester University Press, 1988.

45. Ver Nelia Dias, "L'Afrique naturalisée", *Cahiers d'études africaines* 39 (155-156), 1999: 590.

corpos humanos.[46] Incluía a captura de animais selvagens, "desde as menores criaturas até os grandes mamíferos".[47] Esse também era o caso de muitos espécimes zoológicos e entomológicos. Não era nada surpreendente que, durante as coletas de máscaras, as cabeças das máscaras, em um gesto dramático de decapitação, fossem separadas de seus trajes. "O vocabulário utilizado para designar as práticas de coleta reflete bem essas interferências", sugere Julien Bondaz. Embora se deva reconhecer que nem todos os objetos foram coletados exclusivamente por meio da violência, permanece, entretanto, o fato de que os modos de aquisição desses objetos geralmente se pautavam por práticas predatórias.

Perda de mundo

Todos esses objetos faziam parte de uma *economia generativa*. Produtos de um sistema aberto de compartilhamento do conhecimento, eles eram a expressão do casamento do gênio singular e individual com o gênio comum, inseridos em ecossistemas participativos, onde o mundo não era um objeto a ser conquistado, mas uma reserva de potenciais, e onde não havia poder puro e absoluto, exceto aquele que era fonte de vida e fertilidade.

Por isso, em se tratando de restituição, é preciso voltar ao que é fundamental. Explicar a persistência das punções a que fomos submetidos pela ausência de proezas científicas e tecnológicas e de poder de fogo é apenas um verniz que esconde o essencial. Primeiramente, a história dos sistemas tecnológicos africanos e

---

46. Allen F. Roberts, *A Dance of Assassins: Performing Early Colonial Hegemony in the Congo*. Bloomington: Indiana University Press, 1998; Ricardo Roque, *Headhunting and Colonialism: Anthropology and the Circulation of Human Skulls in the Portuguese Empire, 1870-1930*. Cambridge: Cambridge University Press, 2011; Andrew Zimmerman, *Anthropology and Antihumanism in Imperial Germany*. Chicago: University of Chicago Press, 2001.
47. Ler Julien Bondaz, "Entrer en collection. Pour une ethnographie des gestes et des techniques de collecte", *Les Cahiers de l'École du Louvre* 4, n. 4, 2014.

das suas respectivas funcionalidades operacionais ainda está para ser escrita. Por outro lado, sem dúvida se perdeu de vista o fato de que a relação que o gênero humano mantém com o mundo, a matéria e tudo o que é vivo não se esgota na ciência e na tecnologia. A ciência e a tecnologia modernas são apenas mediações, em meio a outras tantas, da presença humana na natureza e na existência. Ciência e religião não se opõem necessariamente à magia, o profano não é a antítese do sagrado e o modo mágico de existência não é necessariamente pré-técnico. Não existe escala evolutiva única, ao longo de uma trajetória linear, que sirva de parâmetro de medição e de julgamento para todos os modos de vida.

Que a África não tenha produzido bombas termobáricas não significa que não tenha criado objetos tecnológicos ou obras de arte, nem que tenha se mantido fechada para empréstimos ou inovações. Ela privilegiou outros modos de existência, nos quais a tecnologia *stricto sensu* não representava nem uma força de ruptura e difração nem uma força de divergência e separação, mas uma força de desdobramento e multiplicação. No bojo dessa dinâmica, cada realidade concreta e distinta sempre foi, por definição, símbolo de outra coisa, de outra figura e de outra estrutura.

Nesse sistema de referenciamento permanente, de relações mútuas de correspondência, de múltiplos esquemas de mediação, cada objeto continuamente envolvia, mascarava, desvelava e expunha outro, prolongava seu mundo e nele se inseria. O ser não se opunha ao não ser. Em uma tensão tão intensa quanto interminável, um se esforçava sempre para incorporar o outro. O devir assumia o lugar da identidade, essa realidade que só surgia após o fato – não a que se completa e consagra, mas sempre a que inicia, anuncia e prefigura; a que autoriza a metamorfose e a passagem (para outros lugares, para outras figuras, para outros momentos). Para essa humanidade plástica, inserir-se no mundo com o intuito de participar dele e prolongá-lo era mais importante do que o matematizar, dominar e subjugar.

Como nas culturas ameríndias descritas por Carlo Severi, os seres humanos não eram os únicos dotados de fala, movimento e até mesmo de sexo. Muitos artefatos também o eram ou poderiam sê-lo, assim como os animais e outros seres vivos. Se tudo foi gerado, tudo estava igualmente sujeito à morte.[48] Tudo tinha seu emblema. Mais que isso, tudo o que existe, ao que se pensava, estava envolto em um movimento de constante transformação e, em momentos singulares, podia assumir os emblemas e o poder de outro ser ou de vários seres ao mesmo tempo. Diferentes modos de existência podiam caracterizar qualquer indivíduo, "qualquer que seja sua natureza, animal, vegetal, humana ou de artefato",[49] observou Severi. Nada expressa melhor essa ideia de uma transformação potencial e incessante de todos os seres do que aquilo que Carl Einstein chamou de "drama das metamorfoses", significando a constante renovação das formas graças ao "seu deslocamento e sua recomposição plural".[50]

Esse princípio da relação expressa não por uma identidade morta, mas por uma "circulação contínua" da energia vital e por passagens constantes de uma forma a outra, não se aplicava apenas aos seres humanos. Animais, aves e plantas podiam assumir a forma de seres humanos e vice-versa.[51] Isso não significava necessariamente que, entre a pessoa ou o existente e seu duplo externo, a indistinção fosse completa ou que suas singularidades fossem reduzidas a nada. O mesmo era válido para o uso da máscara. O portador da máscara não se tornava o deus. O neófito

---

48. Dominique Zahan, *La Graine et la Viande. Mythologie dogon*. Paris: Présence africaine, 1969.
49. Carlo Severi, *L'Objet-personne, op. cit.*, p. 267.
50. Joyce Cheng, "Georges Braque et l'anthropologie de l'image onirique de Carl Einstein", *Gradhiva* 14, 2011: 107.
51. Amos Tutuola, *Minha vida na mata dos fantasmas*. Trad. Luiz Drummond Navarro. Alhambra: Rio de Janeiro, s.d.

mascarado celebrava a epifania de um ser múltiplo e plástico, composto de múltiplos outros seres do mundo, com características próprias, tudo reunido em um único corpo. A capacidade de perceber-se como um objeto ou como um médium não acarretava necessariamente uma fusão completa entre sujeito e objeto. O conceito de limite ontológico, consequentemente, jamais teve a autoridade que adquiriu nas trajetórias de outras regiões do mundo. O importante não era ser si mesmo, ter sido si mesmo ou repetir-se fielmente a uma unidade primitiva. Negar-se ou repetir-se quando necessário dificilmente era objeto de reprovação. *Tornar-se outro*, ultrapassar os limites, ser capaz de renascer, outra vez, em outros lugares e em uma profusão de figuras diversas, uma infinidade de outros, convocados por princípio para gerar outros fluxos de vida – essa era a exigência fundamental, no seio de uma estrutura do mundo que, a rigor, não era nem vertical, nem horizontal, nem oblíqua, mas *reticular*.

Embora nem todas as obras de arte fossem objetos rituais, elas eram trazidas à vida por intermédio de atos rituais. Aliás, não havia objeto a não ser em relação a um sujeito, segundo uma definição recíproca. Era por meio de rituais, de cerimônias e dessas relações de reciprocidade que se realizava a atribuição de subjetividade a qualquer objeto inanimado. Eis o mundo que perdemos, do qual os objetos africanos eram os portadores e cuja epifania eles celebravam por meio da pluralidade de suas formas. Esse mundo ninguém jamais será capaz de nos restituir.

Os objetos, em contrapartida, eram veículos de energia e movimento. Matérias vivas que eram, contribuíam para a vida. Mesmo que em si mesmos não fossem mais que utensílios e instrumentos, faziam parte da vida, da vida física, da vida psíquica, da vida energética, do tipo de vida cuja característica primordial era a circulação. Talvez seja essa a razão pela qual, como poderes de engendramento, de subversão e de mascaramento, tanto quanto marcadores privilegiados do paganismo e do animismo, foram objeto de tanta demonização. Como podem pretender hoje em dia restitui-los a nós sem que os tenham antes desdemonizado – sem que tenham eles mesmos "renunciado ao demônio"?

Fomos, assim, durante um período relativamente longo, o entreposto do mundo, tanto sua fonte vital de abastecimento quanto o abjeto alvo de sua punção. A África pagou um pesado tributo ao mundo, e está longe de ter acabado. Com isso, há algo de colossal, de inenarrável, de quase inestimável que se perdeu para sempre, algo de que as vidas de todos os nossos objetos em cativeiro são o testemunho, assim como as vidas de todos os nossos confinados na paisagem carcerária de ontem e de hoje.

Em determinadas circunstâncias, alguns desses objetos desempenhavam um papel propriamente filosófico no âmbito da cultura. Também serviam como mediadores entre os seres humanos e as forças vitais. Serviam como um meio para que os humanos pensassem sobre sua existência em comum. Por trás do gesto técnico de produzi-los se ocultava um horizonte específico – a mutuação dos recursos generativos de um modo que não colocasse em perigo todo o ecossistema; a recusa incondicional a transformar tudo em mercadorias; o dever de abrir a porta e dar voz para as dinâmicas do *peer-to-peer* e para a criação ininterrupta de bens comuns. Foi, portanto, a um empobrecimento real do mundo simbólico que sua perda levou.

Por trás de cada um deles estavam também os ofícios, e por trás de cada ofício um acervo de conhecimentos e habilidades incessantemente aprendidos e transmitidos, um pensamento técnico e estético, informações figurativas, uma certa dose de magia, em suma, o esforço humano para domar a própria matéria da vida, sua provisão de substâncias. Uma de suas funções era estabelecer relações entre formas e forças, simbolizando-as; ativar as forças que permitem mover o mundo.[52]

Tudo isso se foi, o pesado tributo que a África pagou à Europa, região do mundo à qual estivemos ligados por uma relação intrínseca de punção e extração. Essa talvez seja uma das razões pelas quais muitos africanos associam à memória da Europa uma nota ao mesmo tempo de fascínio e de infâmia. Fascínio perverso que exercem a força e o poder brutos, em decorrência da mentira e da quase constante negação da responsabilidade. Infâmia porque estão convencidos de que a Europa não os quer, porque ela quer acima de tudo uma África obediente e dócil, uma África semelhante a um cadáver envolto em seu sudário e que, por mais que esteja fundamentalmente sem vida, sempre revive e se ergue em seu caixão, porque o tipo de africano que tolera e aceita é o africano cujas energias ela nunca para de capturar e desviar, aquele que obedece com a fidelidade dócil do animal que acabou por reconhecer seu amo de uma vez por todas.

A capacidade de verdade

Por muito tempo, o Ocidente se recusou a reconhecer que nos devia qualquer dívida que fosse, o grilhão de dívidas que acumulou no decorrer de sua conquista do mundo e que vem arrastando desde então. Hoje, a maioria de seus defensores afirma que, pelo contrário, somos nós os devedores. Dizem que lhe devemos uma dívida de "civilização", porque alguns de nós, argumentam eles, tiramos vantagem dos abusos contra nós cometidos, por vezes com nossa própria cumplicidade. Hoje, ele não quer apenas se livrar de nós como forasteiros que somos. Quer também que

52. Ver, a respeito disso, os trabalhos de Pierre Bonnafé, "Une force, un objet, un champ: le *buti* des Kukuya au Congo", *Systèmes de pensée en Afrique noire* 8, 1987; "Une grande fête de la vie et de la mort: le *miyali* des Kukuya", *L'Homme* 13 (1-2), 1973; e *Nzo Lipfu. Le Lignage de la mort*. Paris: Université de Paris-X, 1978.

levemos nossas coisas de volta. Sem se explicar. Quer poder enfim dizer: "Já que não lhes causei nenhuma injustiça, não lhes devo absolutamente nada."

Ao nos convidar a retomar nossos objetos e assim liberar os espaços que ocupavam em seus museus, o que busca? Compor novos laços? Ou, nesta era de fechamento, busca reiterar aquilo de que sempre suspeitou, que somos pessoas-objetos, descartáveis por definição? Haveremos de facilitar-lhe a vida, renunciando a qualquer direito de regresso? Ousaremos ir ainda mais longe e recusaremos a oferta de repatriação? Transformando assim esses objetos em provas eternas do crime que ele cometeu, mas pelo qual não quer reconhecer a responsabilidade, exigiremos dele que viva para sempre com aquilo que roubou e que assuma até o final o seu papel de Caim?

Suponhamos que aceitássemos a oferta, e que, em lugar de uma verdadeira *restituição*, nós nos contentássemos com uma mera *recuperação de artefatos agora desprovidos de substância*. Como fazer a distinção entre objetos e seu valor de uso, por um lado, e obras de arte propriamente ditas, por outro? Ou entre objetos rituais e cultuais e objetos comuns, sendo que são pouquíssimos os que têm alguma certeza sobre o que cada um desses objetos é em si, como foi produzido e como "funcionava", de quais energias era o repositório e quais era capaz de liberar, em quais circunstâncias e com quais efeitos, não só sobre a matéria em si, mas também sobre os seres humanos e os seres vivos em geral? Na verdade, todo esse conhecimento se perdeu.

Conforme explica Pol-Pierre Gossiaux, a arte africana se baseava em grande parte em uma estética que pode ser descrita como cumulativa. Os objetos eram o resultado "da montagem e do acúmulo de elementos díspares", que só assumiam "sentido e função a partir das relações formais e semânticas assim criadas por acúmulo". O objeto montado dessa forma só era considerado "belo" na medida em que assumisse plenamente suas funções rituais. Esses acúmulos, assinala Gossiaux, não eram fruto do acaso. Exigiam um longo aprendizado e uma longa iniciação na manipulação de conhecimentos seculares que se perderam.[53] Além dos objetos propriamente ditos, quem restituirá os atos de pensamento associados a eles, os tipos de cognição que propiciavam, as formas de memória e imaginação que mobilizavam e das quais eram, por sua vez, o produto?

Além disso, entre o que se foi e o que está voltando existe um grande abismo, pois em sua maioria esses objetos foram distorcidos e se tornaram irreconhecíveis. Os objetos presentes em coleções e museus não foram apenas isolados dos contextos culturais em que estavam destinados a operar.[54] Alguns deles chegaram mesmo a sofrer diversas lesões e amputações, inclusive físicas, e agora exibem profundas cicatrizes.[55] Tomemos como exemplo as máscaras e outros artefatos utilizados nas cerimônias de dança. A maioria deles chegou à Europa ostentando toucados, recobertos com os mais variados tipos de adornos (plumas de coruja, de águia, de abutre, de codorniz ou de galo, espinhos de ouriço, até mesmo mantos filamentosos de hastes pigmentadas de papiro). Esses adornos e estilos distintos, assim como o contexto em que foram chamados a fazer aparição, faziam deles receptáculos de sentido. Eram tão importantes quanto as qualidades

53. Tanto a fabricação quanto a conservação e restauração de objetos exigiam uma profusão de conhecimentos técnicos – saberes relacionados ao mundo botânico, vegetal, mineral e orgânico. A utilização da madeira, por exemplo, exigia um mínimo de conhecimento sobre seus componentes, especialmente aqueles que a tornavam resistente ao mofo e à ação do tempo. O mesmo se aplicava aos óleos e gorduras animais e a vários pigmentos e elementos como o fogo, cuja função era tornar os objetos imunes ao apodrecimento. A respeito disso, ler Pol-Pierre Gossiaux, "Conserver, restaurer: écrire le temps en Afrique", *CeroArt* 1, 2007.

54. Para Johannes Fabian ("On recognizing things: The 'ethnic artefact' and the 'ethnographic object'", *L'Homme* 170, 2004), é precisamente essa prática de "descontextualização" que é ínsita à coleta etnográfica.

55. Ver Gaetano Speranza, "Sculpture africaine. Blessures et altérité", *CeroArt* 2, 2008.

morfológicas dos objetos ou, como indica Gossiaux, a "articulação de sua geometria no espaço". Foram, contudo, sistematicamente despojados de "tudo o que parecia encobrir suas estruturas aparentes".[56]

Se, para a maioria dos povos que os produziram, a oposição entre mito e técnica, e depois entre técnica e rito, era por definição frágil, como podemos também estabelecer uma distinção entre os diversos usos das máscaras, estátuas, estatuetas e relicários, abanadores, remanescentes de plantas, ossadas humanas e amuletos, peles de animais, caulim, búzios e pó de sândalo vermelho, azagaias, tambores e outros objetos dedicados aos ritos de passagem ou iniciação, quais eram destinados a honrar os mortos ou a afugentar os maus espíritos e quais outros eram necessários para as práticas terapêuticas ou divinatórias?

Quem sinceramente é capaz de negar que o que foi tomado não foram apenas os objetos, mas com eles enormes jazidas simbólicas, enormes *reservas de potenciais*? Quem não é capaz de perceber que o açambarcamento dos tesouros africanos em larga escala constituiu uma perda colossal, praticamente incalculável e, consequentemente, dificilmente passível de ser compensada em termos puramente financeiros, uma vez que o que isso implicou foi a *desvitalização* de nossas capacidades de dar vida a novos mundos, a outras figurações da nossa humanidade comum?

Não se trata apenas de restituir materiais, estilos, decorações e funções. Como o sentido será restituído? Estará perdido de vez? Quem compensará o fato de que teremos que viver para sempre com essa perda? É algo sequer passível de ser compensado? Uma certa Europa não quer se incomodar com essas questões. Para ela, a restituição não é uma obrigação. Fiel a uma variante do legalismo herdada de sua longa história, considera que só há obrigação quando houver uma imposição legal. Aos seus olhos,

56. Ver Pol-Pierre Gossiaux, "Conserver, restaurer: écrire le temps en Afrique", art. cit.

toda restituição é, independentemente do que se possa dizer, uma modalidade entre outras de pagamento. Não há nada que se deva pagar sem que haja uma dívida. Logo, toda restituição pressupõe a existência, confessada ou não, de uma dívida. A Europa, porém, acredita que não é nossa devedora e que não somos seus credores. Que, portanto, não existe dívida alguma a ser honrada. E que, se houvesse, não seríamos capazes de a compelir. Não seria compulsória. Ela acredita que, no estado atual das coisas, os meios previstos por lei não nos permitem obrigá-la a restituir nossos objetos. Se existe uma obrigação de restituição, ela não é obrigatória. O que caracteriza a obrigação propriamente dita é a perspectiva de punição em caso de não cumprimento. E se, apesar de tudo isso, ela acabar por restituir esses objetos, será voluntariamente, num ato de generosidade e liberalidade, não como uma obrigação para com quem quer que seja. Nesse caso, como em outros, não se trata de fazer justiça, mas de praticar um ato livre e espontâneo. Mas restituir não é uma questão de graça e bondade. Restituir é uma obrigação. Há obrigações das quais não há como se desincumbir dentro das prescrições da legislação existente. Nem por isso deixam de ser obrigações. Há outras que podem ser cumpridas voluntariamente, por um dever de consciência. Mas há muito já deixamos de acreditar nos efeitos dos apelos à consciência.

Para que seja genuína, qualquer restituição deve ser baseada em um reconhecimento equivalente à gravidade do prejuízo sofrido e dos danos infligidos. Não há absolutamente nada a restituir (ou a devolver) quando se considera que nenhum dano foi provocado; que nada foi tomado que exigisse algum tipo de permissão. É nesse aspecto que o ato de restituir é indissociável do ato de reparar. "Restabelecer" ou "restaurar" (o outro nome para restituição) não é o mesmo que "se arrepender". De resto, uma coisa não é condição para a outra. Da mesma forma, qualquer restituição sem compensação (ou restauração) é, por definição, parcial. Mas há perdas irreparáveis que nenhuma compensação jamais será capaz de corrigir – o que não significa que não seja necessário compensar. Ter compensado não significa ter apagado o dano. Não decorre daí nenhuma absolvição. Compensar, como ressalta Kwame Anthony Appiah, equivale a oferecer-se para reparar a relação.[57] Mais do que isso, a restituição é uma obrigação nos casos em que tenha havido uma destruição consciente, maliciosa e voluntária da vida de um outro. Nos sistemas de pensamento pré-coloniais, os danos mais nefastos eram aqueles que comprometiam aquilo que Placide Tempels chamou de "força vital".[58]

Nos contextos em que a vida era frágil, em que era passível de ser minada, qualquer ataque à integridade do ser e à intensidade da vida, por mínimo que fosse, merecia reparação. Em seu sentido pleno, a reparação (ou restituição) implicava que os danos sofridos fossem estimados. O cálculo dos danos podia ser expresso em termos econômicos. Mas, em última instância, era pela medida do valor da vida que eles eram estipulados. Era a medida da violação da vida que fora sofrida que, no fim das contas, servia de base de avaliação para a indenização ou a restituição.[59] Em consonância com essa filosofia, a verdadeira restituição é, portanto, aquela que contribui para a restauração da vida. A lei que a fundamenta está mais orientada para a pessoa do que para os bens e a propriedade. Não existe restituição sem reparação. Quando se trata, porém, de danos e interesses materiais, estes não têm outro propósito senão promover essa restauração da vida.

Tampouco pode haver restituição genuína na ausência disto que deve ser chamado de *capacidade de verdade*. Nessa perspectiva,

---

57. Kwame Anthony Appiah, "Comprendre les réparations. Réflexion préliminaire", *Cahiers d'études africaines* 1 (173-174), 2004.
58. Placide Tempels, *A Filosofia Bantu*. Trad. Amélia Arlete Mingas e Zavoni Ntondo. Luanda: Kuwindula (Faculdade de Letras da Universidade Agostinho Neto), 2012.
59. *Ibid.*, p. 37.

devolver constitui um dever incondicional – o infinito irredutível que é a vida, toda vida, essa forma de dívida que, por princípio, é impossível de saldar. Para a Europa, restituir nossos objetos significa deixar de vir até nós com a atitude de alguém para quem apenas a própria realidade conta e se impõe. A Europa não pode fingir que nos restitui nossos objetos enquanto permanece convencida de que se é sujeito apenas na insistência da própria distinção, não no tipo de reciprocidade que exige o mundo reticular que o nosso se tornou. Cada vida singular conta. A história não é apenas uma questão de força, é também uma questão de verdade. Autoridade e dignidade não são mero condão da força e do poder. Por isso somos instados a honrar a verdade também, não apenas a força e o poder.

A verdade é que a Europa nos tirou coisas que nunca poderá restituir. Nós aprenderemos a viver com essa perda. Ela, por sua vez, terá que assumir seus atos, essa parte sombria da nossa história comum, da qual ela tenta se desvencilhar. O risco é que, ao devolver nossos objetos sem se explicar, ela conclua com isso que está nos privando do direito de lembrá-la da verdade. Ninguém está pedindo a ela que se arrependa. Mas, para que novos laços sejam forjados, ela deve honrar a verdade, pois a verdade é a professora da responsabilidade. Essa dívida de verdade é, por princípio, indelével. Ela há de nos assombrar até o fim dos tempos. Honrá-la exige um empenho para reparar a trama e a face do mundo.

CON-
CLUSÃO

Tantos outros caminhos se abriam à nossa frente. Poderíamos ter enveredado por tantas outras rotas. Na realidade, nada nos condenava a encalhar nesta praia.

Pode ser que amanhã já não haja diferença entre as máquinas de calcular, essas que fabricamos, e nós mesmos, máquinas de calcular procriadas. Talvez seja este o século em que a humanidade finalmente haverá de ingerir seus artefatos. Formará uma unidade com eles e com o mundo exterior, que por isso mesmo terá desaparecido, sepultado nas próprias entranhas.

Ao fim e ao cabo, teremos feito uma aliança com todos os veículos do mundo, com todos os enxertos, e os mistérios da carne finalmente se terão reconciliado com os da máquina. Abolido o segredo, sem que nada tenha tomado seu lugar, a fábrica de sonhos explodirá e desaparecerá em uma enorme nuvem de fumaça. Assim será o golpe de misericórdia da humanidade. A era pós-histórica poderá finalmente se abrir para um oceano de matéria sintética e líquidos mecânicos.

Não haverá mais acidentes, nem religiões, nem Estados, nem polícia, nem fronteiras, nem raças, nem idiomas, nem ereções e nem falos. Por toda parte, próteses tubulares mecânicas, dentes de plástico, parafusos e chips implantados nos corpos. Por todo lado, a metamorfose, o dispêndio e o prazer do desperdício, no abismo de êxtase em que o cosmos se terá convertido.

Transcender nossos limites corporais, a fronteira final, sempre foi nosso sonho. Isso nos terá custado a Terra.

Atualmente, o caminho do choque está escancarado, e muitos se questionam sobre aquilo que chamam de "possibilidade do fascismo", enquanto a democracia liberal, horizonte de expectativa desprovido de substância, continua a desmoronar. Pouco importa que o artigo 13 da Declaração Universal dos "Direitos Humanos" afirme que todo habitante da Terra "tem direito à liberdade de locomoção e residência dentro das fronteiras de cada Estado". A Terra já não pertence a todos e, ao mesmo tempo, dificilmente haverá um "de onde se vem" para onde voltar. Tudo se resume ao cálculo. Não há mais *direitos permanentes*. Todos são revogáveis. Ao mesmo tempo, as tecnologias computacionais e as grandes corporações tentaculares continuam a nos cercar e a exercer um controle insondável sobre nossos desejos e comportamentos.

Portanto nossa época não é apenas estranha. É propícia a todo tipo de excessos sem propósito aparente.

Era o caso não muito tempo atrás. A questão na época era como reformar o olhar e emergir da crise de uma forma que não levasse ao nada.

A "possibilidade do nada" ressurgiu, e com ela a da "besta bruta". Desde o advento dos tempos modernos, sempre se presumiu que desse nada e dessa "besta bruta" o negro fosse a manifestação ofuscante, a um só tempo germinal e crepuscular. Na realidade, num ato formidável de projeção fantasmática, a Europa havia rebatido para cima desse sujeito inexistente (o negro) sua própria parcela de escuridão. É por isso que o debate sobre a saída da "crise da humanidade europeia" se tornou inseparável da questão negra e, além dela, da questão da "Terra inteira".

A questão negra, quer dizer, a questão da "Terra inteira", a Europa sempre se colocou, sempre a partir de uma posição de exceção, como se não fizesse parte dela. Mas a história subterrânea da metafísica ocidental, da qual a tecnologia é tanto a ossatura, o esqueleto, quanto a carne, é sustentada pela figura do negro ou assombrada por ela. Essa figura não surge de fora, do limiar ou dos confins dessa Europa que se arrogou o título de humanidade final. O negro, impensado na metafísica ocidental, é seu alicerce e uma de suas projeções mais significativas – o negro enquanto nome da "Terra inteira" ou, pelo menos, das suas entranhas.

Sempre foi assim, e principalmente à luz do que sua suposta ausência de rosto e de nome escondia, em vista do que suas formas deformadas traduziam e, o que é ainda mais avassalador, em função dos múltiplos usos a que podia ser submetido. Ontem, de fato, "quando a febre do ouro drenou no mercado a última gota de sangue índio", lastimava René Depestre, "voltaram-se para a torrente muscular da África, para garantir um alívio para o desespero. Teve início então a corrida pelo inesgotável tesouro de carne negra".[1] Corpo-carne, corpo-minério, corpo-metal, corpo-ébano, povo escorchado e rapinado, bradou ele, como se pretendesse ressaltar o drama de uma humanidade encerrada na noite do corpo e, mais além, o drama da "Terra inteira", aberta em suas entranhas mais profundas, começando pela África, seu berço e sua *primeira terra natal* (Aimé Césaire).

Por mais que nos primórdios do mundo estivesse a África, no negro a Europa enxergava apenas uma grave ameaça à humanidade do homem. Para o único homem tido efetivamente como o padrão do humano, o negro recordava não apenas o que ele havia sido e do que ele havia escapado, mas também aquilo que ele corria o risco de voltar a ser – a ameaça de *regressão* a um estado do qual supunha ter se livrado para sempre. O negro não representava afinal a extinção do sujeito, aquilo que embarga/tolhe o espírito? Não estava ele definitivamente fadado à perda? A "perda do negro" – e consequentemente a perda da "Terra inteira" – não

---

1. René Depestre, *Minerai noir*. Paris: Présence africaine, 1956, p. 9.

deveria deixar nenhum vestígio, nenhuma marca nas ranhuras do tempo e na memória da humanidade. Tanto sua presença quanto sua perda eram ininscritíveis.

Quando os nossos se apoderaram dessa figura alucinatória no entreguerras, foi para fazer dela o contraponto radical ao mito de que a Europa seria o local da realização final da humanidade. Mas hoje talvez devêssemos ir mais longe. Talvez ela seja o lugar onde a humanidade encontrará seu fim, o local do seu sepultamento. Para nossos predecessores, a figura inquietante do negro não servia apenas para colocar em novos termos o complexo problema da relação entre cultura e raça ou entre história e estética. Era também uma forma de questionar as possibilidades de emancipação para toda a raça humana, um pré-requisito, ou pelo menos era assim que pensavam, para superar a contradição entre força e justiça, para reinventar a Terra e, diríamos hoje, para repará-la.

Pois essa é a escolha derradeira. Ou a reparação ou o funeral. Não haverá fuga para nenhum exoplaneta. A Terra será o oásis a partir do qual "a humanidade inteira" realizará o gigantesco trabalho de regeneração do vivente. Ou então será o túmulo universal, seu mausoléu, na continuidade do período geológico da história do universo.

Esse mausoléu não abrigará os restos mortais da humanidade, mas sua múmia. O funeral da humanidade não acontecerá em profundo sigilo, mas em meio ao mais absoluto tumulto. Isso despertará uma infinidade de paixões e invocará a história íntima de cada um e cada uma. Alguns chegarão munidos de funestas lembranças e de mortíferos venenos, enquanto outros trarão presentes, todo tipo de objetos inúteis, bugigangas, rum, cocaína e tabaco, peles de animais e espingardas de caça, algumas cabras e enormes espelhos, fetiches surrados e, quem sabe, um pouco de incenso. Tudo será questionado. Mas o tempo para respostas há muito já terá passado.

Uma nova política da reparação não implica apenas uma re-distribuição dos lugares ocupados por uns e outros, pelos seres humanos, de um lado, e por tudo o mais, do outro. Ela também convida a outras formas de negociar e resolver os conflitos decorrentes das diversas maneiras antagônicas de habitar o mundo, a um amplo rearranjo das relações. A reparação exige renunciar às formas exclusivas de apropriação, reconhecer que o incalculável e o inapropriável existem e que, por isso, não pode haver posse ou ocupação exclusivas da Terra. Instância soberana que é, ela pertence apenas a si mesma, e ninguém pode confinar sua reserva de matéria germinal, nem à partida nem por toda a eternidade.

Dados Internacionais de Catalogação na Publicação (CIP) de acordo com ISBD

M478b   Mbembe, Achille

Brutalismo / Achille Mbembe ; traduzido por Sebastião
Nascimento. - 2.ed - São Paulo : n-1 edições, 2022.
256 p. ; 14cm x 21cm.

Tradução de: *Brutalisme.*
Inclui índice.
ISBN: 978-65-81097-27-1

1. Ciências Políticas. I. Nascimento, Sebastião. II. Título.

2022-2523

CDD 320
CDU 32

Elaborado por Vagner Rodolfo da Silva - CRB-8/9410

Índice para catálogo sistemático:

1. Ciências Políticas 320
2. Ciências Políticas 32